华侨高等教育研究 2023

—— (1-2) 合辑 ——

陈颖 ◎ 主编

中国国际广播出版社

图书在版编目（CIP）数据

华侨高等教育研究.2023/陈颖主编.--北京:中国国际广播出版社,2023.8
ISBN 978-7-5078-5365-0

Ⅰ.①华… Ⅱ.①陈… Ⅲ.①华侨教育－高等教育－研究－中国 Ⅳ.①G74

中国国家版本馆CIP数据核字(2023)第138361号

华侨高等教育研究.2023

主　　编	陈　颖
责任编辑	张　玥
校　　对	李美清
装帧设计	文人雅士文化传媒

出版发行	中国国际广播出版社有限公司 ［010-89508207（传真）］
社　　址	北京市丰台区榴乡路88号石榴中心2号楼1701
	邮编：100079
印　　刷	廊坊市海涛印刷有限公司

开　　本	710×1000　1/16
字　　数	257千字
印　　张	19
版　　次	2023年11月　北京第一版
印　　次	2023年11月　第一次印刷
定　　价	82.00元

版权所有　盗版必究

编委会

主　　任　吴季怀

副 主 任　曾志兴　陈　颖

编　　委　（以姓氏音序排列）

　　　　　　蔡振翔　陈　捷　陈庆俊　陈雪琴　陈　颖

　　　　　　刁　勇　杜志卿　冯　桂　缑　锦　胡培安

　　　　　　胡日东　黄富贵　黄华林　黄远水　蒋晓光

　　　　　　荆国华　林宏宇　林怀艺　马海生　秦　旋

　　　　　　冉茂宇　宋　武　苏桂芳　吴季怀　邢尊明

　　　　　　许少波　薛秀军　杨卫华　曾繁英　曾志兴

　　　　　　张认成　郑力新　庄培章

主　　编　陈　颖

英文译审　陈恒汉

目 录

华文教育

1   线上中文教学策略的构建研究 ………………… 李培毓　萧建南

15   海外中文教师职业幸福感及其影响因素研究
　　　　——基于东南亚国家的调查分析 ……………… 李　欣　杨雪萍

34   基于体演文化教学法的国际中文教育教学案例分析
　　　　——以中级文化课为例 ……………… 金子涵　崔华彧　郝瑜鑫

44   职前中文教师课件设计与制作常见问题考察
　　　　…………………………………… 洪桂治　侯一秀　范战胜

57   "中文+职业技能"背景下的专门用途汉语课堂教学探究… 臧胜楠

67   疫情对菲律宾华校的影响及后疫情时代我方应对之策
　　　　………………………………………………… 张江丽　谢婧怡

75   安哥拉来华留学生基础物理教学对策
　　　　——基于华文学院安哥拉留学生语言障碍的分析
　　　　………………………………………………… 林文英　陈建兴

86   立足在地化资源，讲好中国故事
　　　　——关于华侨大学境外生中国近现代史教学的思考 …… 关浩淳

93 侨校社会保障方向港澳台研究生培养特色与培养方案完善研究

　　——以华侨大学为例……………………………… 和　红　汤兆云

104 民族地区高校留学生教学面临的挑战与对策浅析

　　——以内蒙古自治区为例………………………………………… 恩　和

思政教育

113 吸收网络时政视频优点　提高思政课教学效果 …………… 翁永坤

121 高校思想政治理论课教师自信的三重逻辑探究

　　……………………………………………… 斯琴格日乐　黄　岳

134 英语教师课程思政能力提升路径初探

　　——以"中外文化经典"系列课程为例……………………… 杨敏敏

143 基于高等数学课程对思政目标与思政元素融合的思考 …… 陈文雄

151 中华优秀传统文化融入"马克思主义基本原理"

　　课程教学探究……………………………………………… 梅雪莲

教育教学研究

162 金融专业硕士产教融合培养模式研究：基于华侨大学的案例分析

　　………………………………………………… 徐小君　陈鹏军

175 应用型工科本科大学生专业培养双层次评价指标体系构建

　　——以泉州信息工程学院机械设计制造及其自动化专业建设为例

　　………………………… 顾立志　岳爱臣　高善平　宋金玲

195 合唱指挥动作语言与音乐语言的对立统一
　　　　——以严良堃诠释《忆秦娥·娄山关》教学法为例
　　　　　　　　　　　　　　　……………………………… 庄青青　余幸平

205 应用语言学专业"中文信息处理"课程教学策略研究 …… 王跃龙

212 公益创业教育如何作用于高校人才培养
　　　　——基于华侨大学"侨爱志愿服务项目社区服务学习"
　　　　课程设计分析……………………………………… 宋宸仪

221 融合自适应测试的微积分在线教学设计探讨 …… 陈应生　林荣德

232 福建省大学生结构设计竞赛风雨桥模型设计分析
　　　　………… 高盈皓　戴思婷　张竣斌　郑双杰　赵珧冰

248 基于阻尼器的高层建筑模型设计竞赛实践与总结
　　　　… 何泽宇　韩世瑶　辛　玥　郑双杰　叶　勇　宁西占　陈坤龙

269 药学专业"滴定分析实验"的教学改革与实践
　　　　——以华侨大学药学专业为例………………… 庄贞静　薛佳欣

高校管理

275 高校高层次人才引育问题与对策研究 ………………………… 张丽萍

284 高校档案馆、校史馆与文博馆一体化建设浅析
　　　　——以华侨大学为例……………………………… 任智勇

Contents

Chinese Language Education

1　Research on the Construction of Online Chinese Teaching Approaches in the Post-epidemic Era ················· Li Peiyu, Xiao Jiannan

15　An Investigation on the Job Satisfaction of Overseas Chinese Language Teachers Based on the Fieldwork in Southeast Asia: Current Situations and Influencing Factors ················· Li Xin, Yang Xueping

34　A Case Analysis of International Chinese Teaching Based on Performed Culture Approach: Exemplified by the Intermediate Level Culture Class
················· Jin Zihan, Cui Huayu, Hao Yuxin

44　An Investigation on Common Problems in Courseware Design and Production of Pre-service International Chinese Teachers
················· Hong Guizhi, Hou Yixiu, Fan Zhansheng

57　Research on Classroom Teaching of Chinese for Specific Purposes under the Background of "Chinese + Vocational Skills" ················· Zang Shengnan

67   The Impact of Epidemic on Chinese Schools in the Philippines and Some Countermeasures in the Post Epidemic Era ·········· Zhang Jiangli, Xie Jingyi

75   An Analysis of Teaching Strategies for Angolan Students' Language Barriers in Learning Physics in China ·············· Lin Wenying, Chen Jianxing

86   Telling Chinese Stories with Local Resources: Thoughts on Chinese Modern History Course for Overseas Students at Huaqiao University ··· Guan Haochun

93   Innovations of Course Design and Teaching Method for Overseas Graduate Students of Social Security Major at Huaqiao University
·· He Hong, Tang Zhaoyun

104   Challenges and Countermeasures of Foreign Students' Education in Colleges and Universities in Ethnic Regions: Taking Inner Mongolia as an Example
··· En He

Ideological and Political Education

113   Improving the Effectiveness of Ideological and Political Education: Benefits from Online Videos of Current Affairs and Politics ·········· Weng Yongkun

121   A Triple Logic Exploration on the Career Confidence of College Teachers for Ideological and Political Theory Courses ·········· Siqin Gerilie, Huang Yue

134   Towards the Improvement of Teachers' Ideological and Political Ability: Case Studies on the EMI Series of "Chinese and International Cultural Classics" ··· Yang Minmin

143   Some Thoughts on the Integration of Aims and Elements of Ideological and Political Education Based on Advanced Mathematics Course······ Chen Wenxiong

151 An Exploration on Integrating Excellent Traditional Chinese Culture in the Course of Basic Principles of Marxism ················· Mei Xuelian

Education and Teaching Research

162 Research on the Training Mode of Integrating Industry and Education for Masters of Finance in Huaqiao University ········ Xv Xiaojun, Chen Pengjun

175 The Construction of a Dual Level Evaluation Index System for Professional Training of Applied Engineering Undergraduate Students: Taking the Specialty of Mechanical Design, Manufacturing and Automation at Quanzhou University of Information Engineering as an Example
················· Gu Lizhi, Yue Aichen, Gao Shanping, Song Jinling

195 The Unity of Opposites between Action Language and Music Language in Chorus Conduction: Centering on Yan Liangkun's Interpretation of "Qin E Memories · Loushan Pass" as a Teaching Method
················· Zhuang Qingqing, Yu Xingping

205 Research on Teaching Strategies for the Course of Chinese Information Processing in Applied Linguistics ················· Wang Yuelong

212 How Does Social Entrepreneurship Education Promote Talent Training in Universities: An Analysis of Course Design of Qiao'ai Community Volunteer Service Project in Huaqiao University ················· Song Chenyi

221 Discussions on Internet Teaching Design for Calculus Course with Integrated Adaptive Testing ················· Chen Yingsheng, Lin Rongde

232　The Design Analysis of Wind-Rain Bridge Model in Fujian Province College Student Structural Design Competition
　　……Gao Yinghao, Dai Siting, Zhang Junbin, Zheng Shuangjie, Zhao Yaobing

248　The Practice and Summary of High-rise Building Model Design Competition based on Dampers ……… He Zeyu, Han Shiyao, Xin Yue, Zheng Shuangjie, Ye Yong, Ning Xizhan, Chen Kunlong

269　On the Teaching Reform and Practice of Titration Analysis Experiment Course of Pharmacy Major ………………………… Zhuang Zhenjing, Xue Jiaxin

College and University Management

275　Research on the Introduction and Cultivation of High Level Talents in Universities: Problems and Solutions ……………………Zhang Liping

284　A Brief Analysis on the Integration of Archives, History Museums and Cultural Museums in Colleges and Universities: The Case of Huaqiao University
　　………………………………………………………… Ren Zhiyong

华文教育

线上中文教学策略的构建研究①

李培毓　萧建南

摘　要：在新冠疫情的背景下，线上中文教学成为一种重要的教学样态。如何在线上中文教学实践中进行策略设计，对教学效果有着重要的影响。构建以交际教学策略、情景教学策略和概念构图策略为核心的教学策略模式，分别应用于"生词和语法教学"、"课文教学"和"应用练习教学"的环节，而后通过问卷及访谈来考察教学策略的有效性。研究结果表明，以这三个教学策略为核心设计的线上课堂能够增强线上课堂师生、生生间的互动，并有效提高教学效果。

关键词：线上中文教学；交际教学策略；情景教学策略；概念构图策略

引言

自新冠疫情暴发以来，国际中文教学受到严重冲击，传统的线下授课被

---

① 基金项目：2022年度华侨大学中华文化与世界文明研究院课题一般项目（YJYZX-202203）；华侨大学2023年本科教育教学改革研究一般项目（HQJGYB2311）。

迫转为线上，教学模式的改变也带来了一系列问题和挑战。其中课堂互动缺乏的问题尤为突出，包括师生互动及生生互动[1-2]。学习者方面，也存在学习动机及自主性下降的问题[3-4]。此外，线上教学模式的不成熟也限制了教师和学生的能动性发挥[4]。

对于以上问题，学界也进行了集中讨论，如提倡构建"多元互动的线上教学模式"，更新互动理念，丰富互动层次，互动模式可采用口头互动、文字互动等形式[5-6]。但对于教学设计过程的中心环节——教学策略的研究甚少。事实上，所有的问题都是从教学中暴露出来的，所有的转变和调整都要落实在课堂教学上，因此对线上中文教学策略的研究非常必要。

所谓的教学策略，是指教师及学生在课堂里所有的学习任务和教学活动，是教师事先刻意规划并选择之后的产物，一堂课可能包括多种不同的教学策略[7]。良好且适当的教学策略是教师开展有效教学的重要保证。教学策略的基本特征之一是灵活性，可以根据不同的教学目标、内容，将最适宜的教学方法、媒体技术和教学组织形式结合起来，实现特定的教学目标[8]。一节课的不同教学环节有不同的教学内容和教学小目标，所以不同环节采用何种教学策略是一个值得探讨的问题。本研究拟提出构建线上教学策略模式，以交际教学策略、情景教学策略和概念构图策略为设计基础，不同环节对应不同的策略，并通过实践验证该策略模式的有效性。

一、研究设计

（一）研究对象

本文的研究对象是来自日、韩、德、法、英、美等国共10位交换学生，年龄介于21岁到27岁之间，教育程度为本科及以上，中文水平为中级。本研究的授课课型为中级汉语口语课。授课方式为在线教学，教学平台为Microsoft Teams。在征得被试同意后，我们全程录制了教学过程。

（二）研究方法

本研究采用定性与定量相结合的形式，以录像的方式记录并观察每位研究对象的课堂表现，并对其进行问卷、访谈调查，通过分析每位研究对象的表现和反馈意见来评判教学策略的有效性。

问卷在Wang和Lin的基础上进行改编[9-10]，使用"Likert scale五度量表"进行设计，为了使调查结果更为可靠，我们在期中和期末进行了两次问卷调查。问卷内容具体分为四个部分：策略有效程度及策略喜好程度、课程的整体喜好程度、自我评估能达到学习目标的程度以及线上学习中文的整体意见。为了保证被试能理解问卷内容，我们同时附上翻译版本以利作答。访谈采用半结构式访谈，以视频会议为录像媒介，记录整个访谈过程，访谈的内容为对该课各项教学策略的意见，在整理成文字稿后，我们采用Bogdan和Biklen的持续比较法进行逐步分析[11]。

二、教学策略模式建构

（一）教学策略模式的理论基础

本文拟构建有效的线上中文教学策略模式并验证其有效性。该模式基于Brown所提出的"一堂课包括多种不同的教学策略"，具体包括交际教学策略（Communicate Teaching Approach）、情景教学策略（Situational Teaching Approach）和概念构图策略（Concept Mapping Approach）三种类型。

交际教学策略具有四个方面的特征，分别是在教学中重视语言的运用、侧重学生交际中语言的流畅性、强调学生的主动性和互动性、使学生意识到语言运用的多样性[12]。具体包括四个步骤，第一步是展示对话材料，讨论对话中的情景；第二步是模拟范例练习，包括情景对话和自由问答；第三步是学习语法和结构；第四步是自由表达，如说故事、角色扮演等。情景教学策略强调通过有意义的情景进行目的语基本结构的操练[13]，具体是指在教学过程中，把课本内容与实际情景紧密联系起来，这样既可以增强课堂的互动效果，也有助于学习者形成深刻的概念[14]。在线上教学的过程中，教师可以利用视频和音频进行情景导入；利用电子白板上传简报呈现文字、图片等内容，使学生运用已学知识进行情景操练；利用共同浏览网页功能播放视频，引导学生根据情景活用语言材料进行表达。概念构图策略在汉语教学中具有直观性、趣味性和交互性的特点[15]，在语言教学中能发展单独使用词语所不能传达的整体理解力[16]。在视频会议软件中，教师可利用电子白板上传未完成的概念图，并通过线上的讨论与互动、结合电子白板的绘图工具，实时对概念图进行增补或修正。基于上述研究成果，我们认为使用交际教学策略、情景教学策略和概念构图策略的线上课堂具有直观性、强操作性和高互动性，是重要的线上教学策略。

为了更好地把三种教学策略融入教学中，本研究流程参考了ASSURE的教学模式①。根据此模式，本研究的设计流程包括五个部分：其一是分析学习者，从一般特性和学习风格等方面分析教学对象的学习动机。其二是叙写目标，期望学习者通过线上教学活动获得的能力及能力到达的程度，确认学习者掌握的能力与教学目标的差距，确切掌握教学主题和教学目标。其三是选择和使用媒体，根据教学策略和教材内容，选用搭配的图片、影像等技术手段，结合线上教学工具呈现于课堂。其四是激发学习者参与，开展各种线上教学活动，让学习者重组新学的知识技能，多方激发学习者参与。其五是评价与修正，从问卷和访谈来评估整体教学策略的成效，归纳出学生的相关意见，并通过观看录像自我省视，改善教学设计。

（二）教学策略模式样例展示

我们以教材《汉语口语速成：提高篇》第七课课文二和第十三课课文一

---

① ASSURE教学模式是由美国印第安纳大学教授Robert Heinich、Michael Molenda以及普渡大学教授James D. Russell等三位研发出的一套教学模式，该模式以课堂中的教学媒体使用设计为重点，比一般教学模式更能精确地运用于教学设计以及课堂、课后的教学活动中。

为代表来展示教学策略模式是如何构建的。各自对应的情况如表1。

表1 各类所采用的对应情况

教学环节	教学内容	教学策略
生词和语法	看图学生词	情景教学策略
	看图造句	情景教学策略
	影片导入	情景教学策略
课文	概念构图	概念构图策略
	列表整理	概念构图策略
	重点提示	概念构图策略、情景教学策略
练习	角色扮演	情景教学策略、交际教学策略
	主题表达	情景教学策略、交际教学策略
	看图说故事	情景教学策略、交际教学策略
	口头分享	交际教学策略
	给建议	交际教学策略

1. 生词和语法环节

在生词和语法环节，我们采用了情景教学策略。在"看图学生词"部分，教师透过生词"走运"和"倒霉"动态图片的展示，将情景的建立与所学的词语进行联系。在"看图造句"部分，教师提供具有故事性的图片，让学生运用所学的语法点进行完整的表达，而新知识在情景中得到操练。在"影片导入"部分，以播放纪录片《宵夜江湖》第8集鲜活的广州为例，有声的动态画面为学习者提供生动的学习情景，观看影片后，教师通过提问的方式来了解学生对影片内容的理解，并顺带介绍中国广州夜晚美食生活的情况，最后进行生词和语法教学。

2. 课文环节

在课文环节，我们重点使用了概念构图策略和情景教学策略。"概念构图"是指课文的重要概念以概念图的方式呈现，教师以提问的方式引导学习者填补概念图空缺部分。学习者可通过完成概念的填写以及根据概念间的关系，搭建知识点的桥梁，有助于理解课文的内容。"列表整理"是以概念构图中的"阶层构图"为参考基础，根据课文主题，将概念由上而下列出，学生参考课文内容，以口述方式完成表格。此列表有助于梳理课文内容，把握重点。在"重点提示"部分，教师把重要的生词、语法用图片和文字展示，并请学生参考简报内容，练习将课文完整地叙述一次，以训练学生语言的叙述及整合能力。

3. 练习环节

在练习环节，我们主要运用了情景教学策略和交际教学策略。在"角色扮演"部分，学习者通过扮演电视台记者，模拟户外新闻连线的交际情景，做一则关于中国城市夜生活的报道。此内容能提高学习者的互动意识，将自己的思想及感情融入活动中，由角色交际扩展至自然交际。在"主题表达"部分，教师播放北京、上海、广州的城市介绍视频，学习者看完视频后需运用所学的生词和语法描述三座城市的异同。该内容可使学习者意识到语言运用的多样性。在"看图说故事"部分，选择一组题为"倒霉的一天"的漫画，学习者根据漫画的情节运用所学的生词、语法叙述漫画中的故事。图片引导的方式可训练学习者的口语表达能力。在"口头分享"部分，"口头分享1"为"情况对话"，设定主题为旅游，学习者以导游的身份介绍自己城市的夜生活，并与中国城市的夜生活作对比；"口头分享2"为"自由对话"，课文的主题是"倒霉和走运"，学习者就此主题口头分享自己倒霉或走运的经历。该内容能激发学习者语言使用的创造性。在"给建议"部分，教师扮演诉说者，诉说其遭遇，学习者则扮演倾听者，询问原因，给予建议。学习者在与他人的沟通过程中询问特定的信息、提供恰当的建议、给予回馈，并从他人的回应中评估自己是否已成功达到交际的目的。

上述教学内容配合教材主题，结合了线上教学软件的特点，根据交际教学策略、情景教学策略及概念构图策略进行教学活动设计，着重从具体的情境、真实的教材中练习语言，并将练习层次提升至超越句子或语篇的层次。

三、策略模式有效性调查

（一）策略模式有效性调查结果

根据所收集的问卷，我们对各项题目的均值进行了描述性统计及比较。在课程整体有效程度方面，总平均值为4.22，期中均值为3.94，期末均值为4.5，可见研究对象非常认同此次线上教学策略模式的有效性。学习者认为在此教学策略模式下，"发音"、"流利"、"交际策略"、"口语"、"听力"和"文化知识"等中文技能都得到了提升。研究对象也认为自己在线上课堂中学会的内容包括"与中文母语者练习语言沟通""中国文化的相关知识（如风俗民情）""了解他人对自己国家的观感和自己国家与中国的不同""运用中文讨论旅游的相关议题""运用中文描述内心喜怒哀乐的感觉""自我监控中文声调是否正确"等。可知学习者都认为此次线上课堂的设计有助于提高对课程内容的理解程度，提高了学习效率。

在课程整体喜好程度方面，期中与期末的平均值相同（M=4.50），即学习者对这两次课堂持正面的态度。通过分析访谈意见，可将他们喜欢课程的原因归纳如下：第一，有创意的教学策略及有趣的课程主题能让学习者持续保持学习动机；第二，在线互动环境较轻松自在；第三，能针对文化、发音、语法等部分进行更深入的教学。

三个教学环节的"策略有效程度"的平均值M=4.38，"策略喜好程度"的平均值M=4.49，由此可知被试对三个环节教学策略的意见皆为正面态度。

（二）具体策略模式的评估结果

在这部分，我们首先从整体来看各个教学策略的认可度，此处的"整体"涵盖了所有教学环节中用到该策略的情况。而后，我们具体到各个教学环节，考察各教学策略在不同教学环节的认可度，以及每个教学策略对应教学内容的认可度。

1. 交际教学策略的认可度

总体而言，学习者普遍认可交际教学策略的教学效果，"策略喜好程度"（M=4.73）略高于"策略有效程度"（M=4.71）。分阶段来看，期中（M=4.84）"策略有效程度"高于期末（M=4.65），"策略喜好程度"也是期中（M=4.75）略高于期末（M=4.71）。这样的结果主要区别在于"给建议"部分。但是两个阶段的评分均值均接近"非常同意"，所以学习者对交际教学策略的教学效果具有较高的认可度。从教学内容来看，认可度较高的教学内容有"角色扮演、口头分享1、主题表达、看图说故事和口头分享2"，认可度相对较低的是"给建议"。

（1）对"策略有效程度"的评估。期中阶段各部分均值为"角色扮演"（M=4.88）、"口头分享1"（M=4.88）、"主题表达"（M=4.75）。期末阶段各部分均值为"看图说故事"（M=4.81）、"口头分享2"（M=4.75）、"给建议"（M=4.38）。结合进一步的访谈结果来分析，学习者表示在"角色扮演"中学习生词可以温故而知新，并能灵活地进行语言练习，思考生词及语法的适用情况，属于批判性思考的训练。学习者认为"口头分享1"能创造性地应用新知识点在真实生活情景中进行自由描述及比较事物。学习者表示"主题表达"可练习应用生词及语法组词造句，实际检验了听与说的能力。"看图说故事"能让学习者将学过的生词和语法与漫画相结合并应用于开放性会话中，训练听说能力，真实地检验学习者的语言能力。"口头分享2"能使学习者运用中文分享自身经历，增强互动和批判性地思考、组织欲表达的内容。对于有效性认可度相对较低的"给建议"，学习者认为此内容在完成与教师的对话且提意见后，能通过互动来确认自己是否理解基本信息和延伸更多交际练习，进一步检验学习成效。但是也有部分学习者表示因为需要在改编的对话中给教师提建议，与教师对话会使学生紧张，因而具有挑战性。

（2）对"策略喜好程度"的评估。期中阶段各部分均值为"角色扮演"（M=4.75）、"口头分享1"（M=4.63）、"主题表达"（M=4.88）。期末阶段各部分均值为"看图说故事"（M=5.00）、"口头分享2"（M=4.75）、"给建议"（M=4.38）。结合进一步的访谈结果来分析，学习者认为"角色扮演"使课堂增加了临场感，可以运用已学的知识和不同的方式锻炼说话能力，同时也能自行检验学习成效。"口头分享1"涉及的情景与中国有关，学习者能练习即兴描述，实用且有帮助。学习者表示在进行"主题表达"的过程中得到了多重的思考方向和角度，有助于提高思考问题的能力。学习者表示"看图说故事"非常有趣，故事主题简单而富有趣味性，可通过叙述故事复习所学的语法知识。"口头分享2"的内容结合了真实的生活场景，富有趣味性且能较好地练习口头表达。至于喜好程度相对较低的"给建议"部分，学习者认为此项内容能扩展延伸课本内容，和教师一起对话时能训练自己听与说的能力。但是，有部分学习者的评分较低，他们认为自身的临场发挥能力较弱，较难在当下的情境中准确无误地完成此内容。

由意见反馈可知，运用交际教学策略设计的教学方案达到了教授语言的结构知识和使学习者灵活运用知识自由表达、培养其交际能力的教学目标。建议教师在"应用教学环节"多使用交际教学策略，充分发挥学习者的主观能动性。

2. 情景教学策略的认可度

总的来说，学习者普遍认可情景教学策略的教学成效，"策略喜好程度"（M=4.56）高于"策略有效程度"（M=4.51）。分阶段来看，期末（M=4.46）"策略有效程度"略高于期中（M=4.45），"策略喜好程度"也是期末（M=4.60）高于期中（M=4.44）。这表明情景教学策略利于学习者达到其学习目标，也证明了情景教学策略的教学成效。从教学内容来看，认可度较高的是情景教学策略中的"看图学生词"和"看图造句"，认可度相对较低的是"影片导入"。

（1）对"策略有效程度"的评估。期中阶段各部分均值为"看图学生词"（M=4.31）、"看图造句"（M=4.38）、"影片导入"（M=4.13）。期末阶段各部分均值为"看图学生词"（M=4.38）和"看图造句"（M=4.50）。结合进一步的访谈结果来分析，对于"看图学生词"，学习者认为用图片提供情境且搭配提问的方式使学习变得简单，有助理解和记忆。对于"看图造句"，学习者认为透过图片学语法的方式能使句子的学习转难为易，有利于根据生词、语法进一步练习自由组句。对于"影片导入"部分，学习者认为影片能增加课程的趣味性，训练听力，批判地思考和应用所学知识发表看法。

（2）对"策略喜好程度"的评估。期中阶段各部分均值为"看图学生词"（M=4.25）、"看图造句"（M=4.50）、"影片导入"（M=4.13）。期末阶段各部分均值为"看图学生词"（M=4.38）和"看图造句"（M=4.75）。结合进一步的访谈结果来分析，学习者认为"看图学生词"和"看图造句"提供的图片生动有趣，配合语境和情景可以帮助其快速学习该课内容，通过图片也更容易根据语法知识造句。对于喜好程度较低的"影片导入"部分，学习者表示，播放影片的方式使课堂变得有趣和生动，对此很喜欢。但也有少数学习者表示播放的影片年代过于久远，因此不太喜欢。

由以上反馈结果可知，运用情景教学策略创设的情境具有真实性、趣味性和针对性，创设情景是良好的导入课程手段，并达到了使学习者运用新的语言点在情景中操练的教学目标。建议教师在课程导入环节中灵活使用情景教学策略，通过创设真实的情景来增加线上课堂的趣味性和真实性。

3. 概念构图策略的认可度

从整体来看，"策略有效程度"（M=4.17）略高于"策略喜好程度"（M=4.15）。分阶段来看，期中（M=4.25）"策略有效程度"高于期末（M=4.10），而期中和期末的"策略喜好程度"是相同的（M=4.16）。虽然学习者对期中阶段的策略有效程度评价略高于期末阶段，但是两个阶段的评分均值均达到了"同意"，表明学习者认可概念构图策略的教学效果。从教学内容来看，认可度较高的教学内容有"概念构图"和"重点提示"，认可度相对较低的是"列表整理"。

（1）对"策略有效程度"的评估。期中阶段各部分均值为"概念构图"（M=4.31）、"重点提示"（M=4.25）。期末阶段各部分均值为"重点提示"（M=4.13）和"列表整理"（M=4.00）。结合进一步的访谈结果来分析，学习者认为"概念构图"能帮助自己将课文拆解成段落概念，易于课文的理解及学习。对于"重点提示"，学习者认为能协助自己将课文概念拆解成易于理解的几个部分，并能在描述的过程中练习生词并比较各种概念。对于"列表整理"，学习者认为列表的形式有助于分析课文结构并从整体框架理解课文内容，训练批判性思维。但也有学习者认为可以直接读课文，且有教师口头上的帮助，此部分的有效程度较低，可有可无。

（2）对"策略喜好程度"的评估。期中阶段各部分均值为"概念构图"（M=4.13）、"重点提示"（M=4.13）。期末阶段各部分均值为"重点提示"（M=4.25）和"列表整理"（M=4.13）。结合进一步的访谈结果分析，在"概念构图"中，教学者所展示的图文并茂的课件，会吸引自己主动了解课文并快速学习课文。学习者认为"重点提示"用关键图片和关键句型提示的方式相比于单纯文字叙述更有趣。对于"列表整理"，学习者认为课文改成列表的形式很好，一方面自己可以先看着表格想一遍，另一方面又很容易找到答案，难易适中。但同时有个别学习者表示，由于有提示，学习时会被正确答案束缚，比较不自由。

由访谈结果可知，运用概念构图策略设计的课程能促使学习者把新知识和旧概念联系起来，从段落到课文，促进学习者对知识的理解和掌握。"概念构图"在教学上具有直观性、逻辑性的特点，有助于梳理课文内容、划分课文层次，亦能训练学习者的逻辑思考能力，建议教师在课文教学环节多使用概念构图策略。

结语

本研究构建了以交际教学策略、情景教学策略和概念构图策略为核心的教学策略模式，并在课堂恰当运用了三种教学策略，与单一教学策略研究相比，这样的设计可以更准确地反映出教学策略的针对性。交际教学策略实施的关键是要形成以学习者为主体的、大班课堂加小组讨论的课堂形式[17]。线上课堂使用交际教学策略，能更加凸显以学习者为中心的教学理念，也能促进学习者之间的交流。此外，交际教学策略具有提高汉语综合能力、发展学习者团结精神和创造轻松课堂氛围的优点[18]。我们还发现，在运用交际教学策略的在线教学中，学习者的交际能力、思考能力和协作能力得到了明显的提升。运用情景教学策略导入课程，可以增加生词和语法学习的趣味性，这得到了学习者的认可，有效性和喜爱度都比较高。前人研究也指出，在课程导入和生词教学中运用情景教学策略，能在短时间内提高学习者的学习兴趣和成果[19]。已有研究也指出，教学中的概念构图应用可以使学习者更直观地了解知识点，激发学习的创新思维，是很好的教学和反思工具[20]。此次采用概念构图策略使课文内容的学习富有层次性和逻辑性，也增强了线上教学的直观性和逻辑性。问卷和访谈的调查结果显示，以这三个教学策略为核心设计的在线课堂能够增强线上师生、生生间的课堂互动，并有效提高教学效果。

本研究也存在一些不足之处。在研究对象方面，因修课人数限制，所以选取的研究对象较少。在评估成效方面，后续可根据学习者的口语录音，了解运用策略前后他们的流利度、精准度情况，以检验学习者的学习成效。

参考文献

［1］林秀琴，吴琳琳.关于线上国际中文教学的调查与思考［J］.国际汉语教学研究，2020（4）：39-46.

［2］史金生，王璐菲.新冠疫情背景下高校留学生线上汉语教学调查研究［J］.语言教学与研究，2021（4）：23-33.

［3］金海燕.从参与度方面看美国中小学线上汉语教学［J］.语言教学

与研究，2020（5）：9-10.

［4］王辉. 新冠疫情影响下的国际中文教育：问题与对策［J］. 语言教学与研究，2021（4）：11-22.

［5］巴丹，杨绪明. 多元互动应是线上语言教学设计的重心［J］. 语言教学与研究，2021（2）：1-2.

［6］邵明明，白乐桑. 线上教学课堂互动模式探讨［J］. 语言教学与研究，2021（2）：4.

［7］Brown H D. Teaching by principles：An interactive approach to language pedagogy［M］. 2rd ed. White Plains，NY：Pearson Education，2003：39-40.

［8］李康. 教学策略及其类型探析［J］. 西北师大学报（社会科学版），1994（2）：75-78.

［9］WANG Y. Supporting synchronous distance language learning with desktop videoconferencing［J］. Language learning & technology，2004，8（3）：90-21.

［10］LIN C C. EFL college students' perceptions of videoconferencing-assisted English learning［J］. English teaching & learning，2007，31（1）：77-116.

［11］BOGDAN R C，BIKLEN S K. Qualitative research for education：An introduction to theory and methods［M］. 5th. Boston，MA：Allyn and Bacon，2006：73-75.

［12］MALEY A. Reconciling communicative with traditional approaches to language teaching：can it be done?［J］. Foreign language teaching and research，1984（1）：7.

［13］刘珣. 对外汉语教育学引论［M］. 北京：北京语言大学出版社，2000：242.

［14］赵玉霞. 情景教学在对外汉语教学中的应用探索［J］. 湖北成人教育学院学报，2008，14（4）：90-91.

［15］王涛. 可视化表征在汉语作为第二语言教学中的应用探索［J］. 汉

字文化，2021（1）：149-152.

[16] 张倩苇. 概念图及其在教学中的应用[J]. 教育导刊，2002（1）：25-27.

[17] 王丽萍. 外语教学如何进入交际互动课堂[J]. 外语与外语教学，2004（10）：22-25.

[18] 李纯玮. 浅析项目交际法语言教学引入对外汉语课堂[J]. 语文建设，2013（8）：16-17.

[19] 窦曼玲. 情景法在汉语教学中的运用[J]. 语言与翻译，2001（3）：63-65.

[20] 刘富逑，王卫军. 概念图教学应用效果的调查分析[J]. 远程教育杂志，2009，17（3）：59-62.

华侨大学　华文学院

海外中文教师职业幸福感及其影响因素研究[①]

——基于东南亚国家的调查分析

李 欣 杨雪萍

摘 要：东南亚国家长期存在师资流动性大的问题，影响了师资队伍的稳定性，当前亟须对该地区中文教师的职业幸福感进行调研。通过对马来西亚、泰国、新加坡、菲律宾、印度尼西亚和缅甸等六个国家2000多名中文教师进行问卷调查，发现当前东南亚六国中文教师的整体职业幸福感处于中等水平，物质幸福感明显低于精神幸福感和社会幸福感。研究还发现，东南亚六国中文教师的职业幸福感在年龄、最高学历和教龄这三个方面存在显著的差异，并受到动力因素和压力因素的共同影响。为了提高东南亚中文教师的职业幸福感，从提高社会地位、提升专业素质、关注身心健康和完善学校管理这四个方面提出相关建议。

关键词：东南亚；中文教师；职业幸福感

随着"一带一路"的实施和中国在世界影响力的提升，作为"二十一世纪海上丝绸之路"的重要节点国家，东南亚国家的中文教育进入了蓬勃发

[①] 基金项目：教育部中外语言交流合作中心2021年国际中文教育研究课题"'一带一路'沿线国家中文教师职业生存状态研究"（21YH01C）。

展的新时期。作为全世界华侨华人最集中的地区，东南亚国家在文化根源上深受中国文化的影响，习俗相通[1]。因此，东南亚国家的中文教育历史悠久且具有特色。目前已有六个东南亚国家将中文教育纳入国民教育体系[2]。比如泰国是第一个将中文教学列入国民教育体系的国家；随后印度尼西亚也在2001年将中文纳入国民教育体系中；新加坡和马来西亚都拥有从小学到大学完整的中文教育体系；菲律宾在2011年把中文纳入其"特别语言项目"。"一带一路"的倡议激发了东南亚国家人民学习汉语的热情，引发汉语热潮，同时也产生了一些问题，如中文教师社会地位低、薪资待遇不好等，这些都易造成东南亚中文教师的职业心理状态不稳定，亟须对该地区的中文教师的职业幸福感进行调研。在东南亚国家中，泰国、新加坡、马来西亚、菲律宾、印度尼西亚和缅甸作为中文教育发展较好的国家，对这六个国家的中文教师的职业幸福感进行调查分析有利于深入了解东南亚地区中文教师的职业心理状态，具有重要现实意义。

一、研究现状

关于职业幸福感的研究，最早可见于1988年Scott的报告 *Careful Planning or Serendipity? Promoting Well-Being through Teacher Induction*，探讨了通过入职培训来减轻新手教师的焦虑与压力，以此提高教师职业幸福感的机制与途径，拉开了教师职业幸福感研究的序幕。20世纪以来，各国政府开始关注教师的职业幸福感，纷纷结合本国实际情况出台相应的措施来保障教师的工作和生活品质。国内外学者对教师职业幸福感的研究也取得了显著成果，当前研究主要集中于职业幸福感的内涵研究、影响因素以及策略建议等方面。

作为一种主观感受，职业幸福感表现为个人通过自身努力在工作中实现自我价值，从而产生的满足感和愉悦感。不同学者对于职业幸福感内涵的界定有着不同的看法，Wright和Cropanzano（2004）认为职业幸福感是个体工作中的主观幸福感，是员工对于所有与工作有关的事务的认知和情感的积极及消极的体验[3]。Horn等学者（2004）提出职业幸福感是个体对工作各方面的积极评估，表现在情感、动机等方面[4]。有学者认为教师职业幸福感具有满足性、愉悦性等特征，比如刘慧英等学者（2017）认为职业幸福感是指个体从工作中获得的满足感、安全感、愉悦感和价值感等综合的情感体验[5]。也有学者认为教师职业幸福感来自自身价值得到实现或自身潜能得到发挥，如苏会佳（2017）提出"教师职业幸福感是指教师在从事教育教学工作时感受到这个职业可以满足自己的需要，能够实现自身价值，并且能够产生愉悦感"[6]。

学者们从不同角度对教师职业幸福感的影响因素进行了研究，大致分为外部因素和内部因素。其中，影响教师职业幸福感的外部因素大致可分为职业因素和社会因素两个方面，其中职业因素主要包括职称、人际关系、工作环境等[7]；社会因素指的是教师社会地位、家长对教师工作的评价等[8]。同样，影响教师职业幸福感的内部因素可以分为态度因素、能力因素和生理因素三个方面，态度因素更多倾向于教师的心理状况与信念感[9]和职业认同[10]等；能力因素指教师的教育教学能力；生理因素指教师的身体健康状况[11]。但教师的职业幸福感不止受单方面的影响，还受到多因素的相互影响，如Juan（2013）的研究中发现教师职业幸福感受价值观、动力、能力素养、满意度和情感的交互影响[12]。

职业幸福感的提升策略引起了学者们很大的关注，学者们主要从社会、学校以及教师自身这三个方面来进行研究。如赵岚等学者（2022）提出要倾听教师诉求，丰富政策内涵；加强学校的人文关怀以及增强社会理解与支持[13]。而李广等学者（2022）提出从教师的专业素养的提升和专业尊严的塑造角度来提高教师的职业幸福感[14]。也有学者只从改善人际关系这一小方面来提出策略，如Lysaker（2004）提出良好的师生关系有益于教师提升职业幸福感[15]。柳海民等学者（2021）则提出通过提升教师人际和谐感和道德感来增加职业幸福感[16]。

经过文献查阅发现，现有关于教师职业幸福感的研究大多将关注点放在高校教师、乡村教师和小学教师这些群体。对于海外中文教师职业幸福感的专门研究较为薄弱，现有研究国别较为单一，如学者蔡秀琴和田友谊（2018）对马来西亚独立中学华文教师进行研究，发现中文教师的职业幸福感较高，容易实现自己的人生价值[17]。除了国别单一，国家间的横向比较也较为缺乏，本文将在多国别及跨国别方面进行尝试。

二、调查设计及数据说明

（一）调查设计

根据相关文献并结合东南亚中文教师的自身特点，研究人员在参考Ryff（1995）编制的心理幸福感量表[4]的基础上设计了东南亚六国中文教师职业幸福感问卷。设计的问卷包括教师基本信息、职业幸福感量表与影响因素三部分。除了东南亚六国中文教师基本信息以外，其余题项均采用李克特五级量表式，用数字1至5来表示受试者对题项所述内容的满意程度，分值越高，代表受试者对题项内容的满意程度越高。其中，职业幸福感量表部分以ERG理论为基础对职业幸福感进行划分，该理论由美国学者奥德弗在马斯洛的需求层次论的基础上修改而成，认为个人的职业幸福感主要来自生存、相互关系和成长三个方面的需要。基于此，本研究将中文教师的职业幸福感题项分为三个维度进行设计，分别是物质幸福感、社会幸福感和精神幸福感。而影响因素部分则从身体健康、地区认同、工作负面情绪等方面来进行设计。从正式发放问卷的试测结果来看，最终确定了30个题项。

问卷调查采用简单随机抽样，通过电子问卷进行发放，问卷使用问卷星、谷歌表单、电子邮件等平台，主要针对东南亚六国中文教师，从2022年6月至2023年2月进行问卷的发放和收集。在泰国华文教师公会、菲律宾华文教育中心和新加坡华文教研中心等东南亚国家华教机构、多个中文教师团队及个人的帮助下，共计回收有效问卷2065份，问卷中六个国家的样本量依次为马来西亚515份、泰国502份、菲律宾376份、新加坡341份、印度尼西亚

176份、缅甸155份。问卷的信度为0.923，效度为0.945。问卷的信度和效度较高，所测量的结果可以较好地反映东南亚六国中文教师的真实状态。

（二）研究对象：基本调查样本的东南亚六国中文教师群体特征分析

根据回收的问卷对调查对象的基本信息进行了数据统计，发现调查对象存在如下特征，如表1所示。

表1 东南亚六国中文教师样本特征

基本信息		样本数	百分比	基本信息		样本数	百分比
性别	男	528	25.6%	家庭背景	华裔	1574	76.2%
	女	1537	74.4%		非华裔	491	23.8%
年龄	30岁及以下	682	33.1%	专业	汉语国际教育	454	22.0%
	31-45岁	992	48.1%		文史类	613	29.7%
	46-55岁	254	12.3%		理工类	190	9.2%
	56岁以上	134	6.5%		其他	808	39.1%
学历	博士	58	2.8%	教龄	0-5年	554	27.1%
	硕士	456	22.1%		6-10年	578	28.2%
	本科	1146	55.5%		11-15年	416	20.3%
	大专	296	14.3%		16-20年	191	9.3%
	大专以下	109	5.3%		21年及以上	309	15.1%
任教机构	中小学	1418	56.4%	任教对象	学前儿童	543	16.7%
	个人创办补习班	157	6.2%		小学生	1060	32.6%
	周末制学校及机构	315	12.5%		初中生	800	24.6%
	大学	99	3.9%		高中生	497	15.3%
	孔子学院及课堂	101	4.0%		大学生	184	5.7%
	其他	428	17.0%		社会人士	172	5.3%

注：1.调查问卷中，有17人在教龄这格没有进行填写，因此人数加起来不足2065人。2.任教对象和任教机构这两道题是多选题，所以合计的数量不是2065，这部分百分比的各项数据，均四舍五入保留一位小数，此因可能出现一些项目的百分比相加之和大于100%的情况。

首先，东南亚六国中文教师以华裔居多，性别结构失衡，学历呈现"中间大，两头小"的特征。东南亚六国中文教师女性居多，占七成左右，男女教师比例约为3∶7，性别结构不合理也是如今中文教师的常态。华裔身份的中文教师占七成左右，非华裔身份的中文教师占三成左右。东南亚六国的师资学历主要以学士学历和硕士学历为主，相较于早期的中文教师，当前的东南亚中文教师学历水平已有大幅提升。这是因为东南亚大部分国家都在为提高中文教师的学历采取相应的措施。以菲律宾为例，菲律宾华教中心于2004年启动造血计划，所培养的中文教师学历均为本科。菲律宾华教中心在2013年就与中国华文教育基金会、中国华侨大学联合举办硕士研究生班，很大程度上推动中文教师的学历水平提高[19]。

其次，东南亚六国中文教师年龄呈现年轻化，师资结构相对较为合理。年龄30岁以下教师的人数占33.1%，31—45岁的教师占48.1%，46—55岁的教师占12.3%，56岁以上的教师占6.5%。可见中青年教师成为东南亚六国中文教育的重要力量，但在31—45岁和46—55岁这两个年龄段所占比例落差大，存在断层现象。近些年来，东南亚六国都通过各种途径培养年轻的中文教师来补充师资，使得当前师资队伍朝年轻化发展。由于部分国家师资短缺，六七十岁的教师仍需在工作岗位上兢兢业业的工作。按照我国学者连榕（2008）的教师发展阶段的划分理论[20]，教龄在5年及以下的新手教师和教龄在16年及以上的能手教师各占两成左右，教龄在6—15年的熟手教师占五成左右，可见教龄分布整体呈现椭圆形，说明东南亚六国中文教育师资结构虽未达到理想状态，但相对较为合理。

最后，东南亚六国中文教师专业背景多元化，主要任职于中小学。东南亚六国的中文教育广义上主要由各国政府教育体系的官办教育机构、华文团体主办的华校和孔子学院三部分组成[21]。这与我们的调查结果大致上一致。东南亚六国中文教师主要任职于中小学，其中私立中小学占33.8%。这也说明中小学成为中文教育的主要教学场所。再加上部分国家的汉语补习学校不断涌现，也吸引了一部分教师前来任职。在问卷中将任教对象设置为多选题，调查结果显示东南亚六国中文教师的任教对象主要以中小学生为主，其中小学生占32.6%，中学生占39.9%。从专业背景上看，大部分教师的专业背景主要是文史类（占比29.7%）和其他（占比39.1%）；此外本专业毕业的教师占比22%，理工科专业背景的教师为9.2%。这些数据表明东南亚六国中文教师背景多元化，以非科班为主。而如何发挥不同教师在中文教育中的学科优势，获得成就感，拥有幸福感是值得关注的问题。

三、东南亚六国中文教师职业幸福感现状

（一）东南亚六国中文教师职业幸福感总体描述

本研究采用因子分析的主成分分析法，经过方差最大正交旋转后，共得到3个因子，解释总方差64.07%，特征值均超过1。说明得到的这三个因子解释程度较高。在ERG理论和文献查阅的基础上，这里将其分别命名为物质幸福感、社会幸福感和精神幸福感。其中，物质幸福感主要是教师对学校工作环境、学校管理以及薪资待遇等的感受；社会幸福感对应的是教师在人际关系中所产生的情感体验，比如与领导、家人、同事等的关系；精神幸福感对应的是教师在工作中获得的成就感、自我价值的实现以及个人能力的提升。

进一步描述性分析发现，东南亚六国中文教师的职业幸福感处于中等偏上，高于中间值3，均值为3.69，这三个方面的幸福感从高到低依次为社会幸福感（3.78）、精神幸福感（3.73）和物质幸福感（3.56）。

在物质幸福感方面（见表2），东南亚六国中文教师在薪资待遇上的幸福感最低，均值为3.43，而且只有13.7%的教师对目前的薪资待遇十分满意。从已有的文献数据来看，东南亚国家的中文教师工资和福利待遇不高。马来西亚、菲律宾的中文教师月工资在2000元左右，其余四国的中文教师收入也不高[22]。因此，仅凭工资大多数教师难以维持正常生活。在学校条件上，东南亚六国中文教师对于"学校奖惩公正"这一选项的均值为3.51，说明东南亚六国中文教师对于学校的一些管理感到不满意。以菲律宾国家为

例，由于华校的经费紧张难以高薪聘请懂管理有经验的教育管理者，管理者的管理理念不符合现状[23]，使得教师对于学校的一些管理不满意。

表2 东南亚六国中文教师物质幸福感描述性分析

子层面	题项	均值	标准差
学校条件	学校设施条件良好	3.65	.868
	学校重视中文教学	3.89	.843
	学校提供教学资源	3.63	.928
	学校公平对待所有教师	3.80	.932
	学校奖惩公正	3.51	.939
薪资待遇	满意当前薪酬待遇	3.46	.958
	收入符合预期	3.40	.926

在精神幸福感方面（见表3），东南亚六国中文教师在价值实现上的均值为3.63。虽然大部分中文教师在工作上感到很有成就感，但对晋升机会并不是很满意。在东南亚六国中，除马来西亚外，其他国家一般将汉语作为学校开设的一个科目，更多的是作为国民教育体系的外语教学[24]，导致中文教师职业发展路径不完善，自我价值实现所带来的幸福感较低；在专业发展上，东南亚六国的中文教师对自身拥有的进修机会并不是十分满意，均值为3.60。仅有17.3%教师觉得学校经常提供学习和进修机会。培训机会少导致中文教师专业发展受限。当前各国的师资培训多关注体制内教师，以马来西亚为例，自从KPLI①、DPLI②中学组师资课程先后被教育部取消后，目前培养中学中文师资的国民教育机构仅依靠苏丹依德理斯师范大学汉语教育课程，每年培养人数不过数十人而已。而且，师训项目多数面向国民体制内学校，面向民办学校的培养项目不足[25]。

---

① KPLI指的是马来西亚大学毕业生师范课程。这项课程是供已具备大学学历并已获学位的非主修教育专业大学毕业生申请。该课程由马来西亚教育部于2004年开办，2007年停办。

② DPLI指的是学士毕业生师范文凭课程。该课程是为已具备大学学历非主修教育系的学员开设的。该课程于2007年开办，开设三年后被马来西亚教育部取消。

表3　东南亚六国中文教师精神幸福感描述性分析

子层面	题项	均值	标准差
价值实现	参与部门决策	3.53	.988
	获得工作成就	4.08	.838
	拥有晋升机会	3.28	.997
专业发展	研究教学问题	3.87	.803
	进行教学反思	4.01	.791
	拥有进修机会	3.60	.951

在社会幸福感方面（见表4），东南亚六国中文教师在人际关系中感受到的幸福感较高，但与同事和谐相处的幸福感一般，均值为3.23。首先，这是由于教师处于共同的部门，存在一定的竞争关系，比如职业晋升、自身在领导心目中的喜爱程度等会使教师产生竞争心态，形成竞争关系[26]。其次，由于部分东南亚中文教师同时在多所学校或者机构代课，缺少与其他教师培养人际关系的时间和精力，造成教师之间疏远。最后，教师的性格和处事风格也会影响人际关系[27]，例如一些中文教师性格内向、不善交际，这就不利于他们与同事保持较好的人际关系。

表4　东南亚六国中文教师社会幸福感描述性分析

子层面	题项	均值	标准差
人际和谐	领导抱有期望	3.83	.841
	同事相处和谐	3.23	1.104
	工作氛围良好	3.73	.873
	受到学生的喜爱	4.06	.762
	受到家人的支持	4.04	.889

（二）国别差异：基于国别的中文教师职业幸福感的描述性分析

由图1可以看出，东南亚六国中文教师职业幸福感从高到低依次为菲律宾（3.89）、缅甸（3.79）、泰国（3.72）、马来西亚（3.65）、印度尼西亚（3.55）和新加坡（3.51）。菲律宾职业幸福感均值最高，新加坡职业幸福感均值最低。此外，东南亚六国中文教师的社会幸福感和精神幸福感明显高于物质幸福感。这说明如何从物质条件方面增加教师的职业幸福感已成为各国关注的问题。其中，菲律宾在职业幸福感的各维度的均值最高，新加坡与此相反。

经过进一步数据分析，发现菲律宾只在薪酬待遇这一方面均值比较低，其他方面均值都较高。原因如下：第一，菲律宾华教中心一直致力于菲律宾的中文教学改革，同时积极与中国大陆合作，通过"请进来走出去"等方式来帮助华校中文教师提高汉语教学水平，从而菲律宾中文教师易在教学中获得成就感。第二，菲律宾中文教师师资年龄结构呈现"两头大，中间小"的特征，大部分老教师都是菲律宾中文教育发展到鼎盛时期培养出来的[28]，在工作岗位上兢兢业业，对中文教育事业贡献力量，从中获得较高的幸福感。第三，大部分菲律宾中文教师的薪资和福利水平与其他职业相比存在不小差距。这些年来，菲律宾华文教育界一直在动员社会力量改善教师福利，通过提高教师福利，增加教师的职业幸福感，比如资助范围从医疗补助扩大到困难补助[29]。

新加坡中文教师的职业幸福感低与中文地位、师资管理有关。首先，中文在学校教学中的地位日趋下降[30]。虽然国家采取一些措施来改革中文地位，如扩大以中文为第一语言的中小学范围等，但中文依旧被当成外语进行学习，这种现象不管是在华裔家庭还是非华裔家庭都是非常常见的。同时在一些学生心目中，中文似乎是影响他们学习其他科目以争取优越成绩的一个包袱，甚至是累赘[31]。学生对中文学习的积极性不高，并且中文不被重视，这些都会影响教师的教学热情，从而产生职业倦怠。其次，师资管理随意性[32]。一些幼儿中文教师只能被动接受各种培训活动，培训活动的实用性不强，且私立托儿所中文教师参加培训的机会和教研的机会不多，阻碍了幼儿中文教师的专业发展。

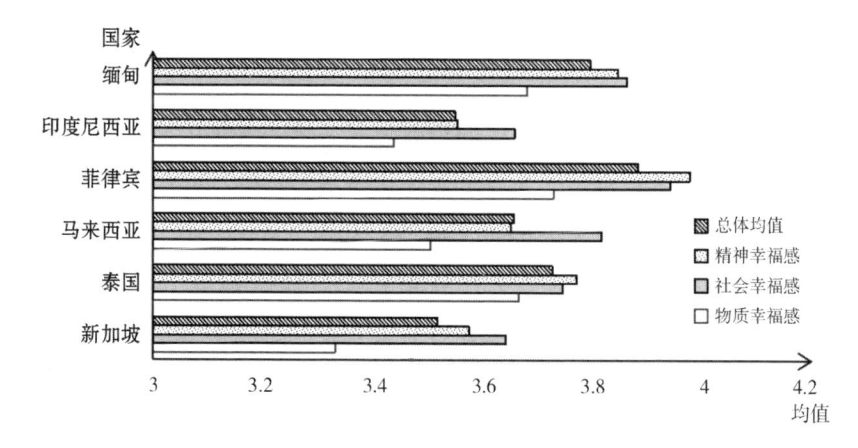

图 1 东南亚六国中文教师职业幸福感国别差异

（三）群际差异：东南亚六国中文教师职业幸福感差异性分析

经过对样本进行单因素方差分析，发现东南亚六国中文教师在年龄、学历和教龄这三个方面存在显著的差异性，如表5所示。

表 5 东南亚六国中文教师职业幸福感差异性分析

自变量		均值	标准差
年龄	30岁及以下	3.6517*	0.62512*
	31-45岁	3.6589*	0.55073*
	46-55岁	3.7717*	0.50311*
	56岁以上	3.9725*	0.55812*
最高学历	大专及以下	3.6472***	0.59300***
	学士	3.6557***	0.57133***
	硕士	3.7620***	0.54744***
	博士	4.1055***	0.60915***
教龄	0-5年	3.6444***	0.58824***
	6-10年	3.6505***	0.57760***
	11-15年	3.6603***	0.58904***
	16-20年	3.6774***	0.54714***
	21年及以上	3.8571***	0.57593***

注：***表示$p<0.001$，**表示$p<0.005$，*表示$p<0.05$。

其一，年龄越大，东南亚六国中文教师职业幸福感越高。其中，30岁以下的东南亚中文教师的职业幸福感均值最低，56岁以上的东南亚中文教师的职业幸福感均值最高。从业多年的老教师大多都是各国中文教育事业鼎盛时期培养出来的，他们对中文教育事业的热情最为高涨，并把中文教育当作一项高尚的事业，从中感受到较高的职业幸福感。而30岁以下的年轻中文教师在薪资福利待遇较低的情况下，其积极性在很大程度上会被挫伤，成就感低，尤其与导游、中资企业的翻译等高薪职业进行比较，其职业幸福感就呈现较低水平。

其二，东南亚六国中文教师的职业幸福感随学历的提升而增加。这一结果与一些学者的研究相一致。东南亚国家（除缅甸以外）把中文教育纳入国民教育体系，这意味着中文教师门槛的提高。以印尼为例，印尼教育部早有规定，在国民学校任教的教师必须获得学士学位[33]。这一政策给一些没有本科学历的中文教师带来危机感，从而其职业幸福感均值较低。随着知识更新越来越快，社会对于高层次语言人才的需求越来越多，具有博士学历的中文教师更能满足当前中文教育学科的发展需要，为中文教育作出贡献，实现自己的人生价值。

其三，东南亚六国中文教师的职业幸福感随着教龄的增加而缓慢增加。其中0—5年的新手教师职业幸福感均值最低，有21年及以上教龄的教师职业幸福感最高。相较于新手教师而言，有21年及以上教龄的教师教学经历较为丰富，对学校的管理（如考核方式）也较为熟悉，在人际关系上也更加娴熟，所以其整体的职业幸福感较高。相反，新手教师教学经验较少，教学压力比较大；对自身的职业规划也不够清晰，与其他高薪行业相比，心理容易产生落差，这些都会导致低水平的职业幸福感。

（四）影响因素：东南亚六国中文教师职业幸福感回归分析

为了更好地探究东南亚六国中文教师职业幸福感的影响因素，研究人员对职业幸福感产生潜在影响的自变量进行因子分析，根据结果得到两个因子，即动力因素和压力因素。动力因素包括"身体健康""地区认同"和"工作有意义"；压力因素包括"教学压力""同事压力""情绪压力"。将职业忠诚度作为因变量，用Y表示，影响因素作为自变量，用X表示，根据他们之间的关系得到模型，如图2所示。

为了探究上述影响因素是否对职业幸福感产生显著影响，我们通过多元线性回归方程进行验证。经过数据分析，各变量的方差膨胀因子VIF值均小于3，说明该模型不存在明显的共线性，相应的F值具有统计意义。$p<0.001$，说明本模型具有一定的合理性，适于分析；调整后的$R^2=0.643$，说明该模型具有较强的解释意义。表6显示了东南亚六国的中文教师的职业幸福感是动力因素和压力因素共同影响的结果。

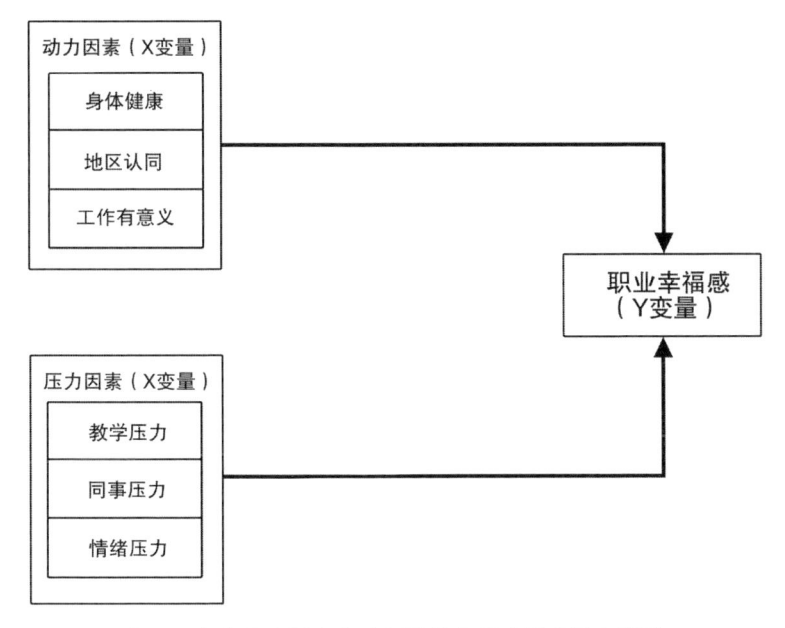

图2 东南亚六国中文教师职业幸福感影响因素模型

表6 东南亚六国中文教师职业幸福感回归分析

维度	变量	系数
动力因素	身体健康	.136*
	地区认同	.236***
	工作有意义	.121***
压力因素	教学压力	−.181***
	同事压力	−.068***
	情绪压力	−.207***

注：***表示p<0.001，**表示p<0.005，*表示p<0.05。

在动力因素中，"身体健康""地区认同""工作有意义"均对教师的职业幸福感产生显著的积极影响（p<0.05）：身体越健康、地区对教师职业的认同度越高、从工作中获得的意义越大，教师的职业幸福感就越高。其中，地区对于教师职业的认同，每提高一个单位，教师的职业幸福感大约提高0.24倍。这说明教师的职业幸福感有一部分源自社会对教师职业的认同。因此，如何提高教师当前的社会地位，提高教师职业幸福感，是需要进一步思索的问题。

在压力因素中，"教学压力""同事压力""情绪压力"均对教师的职业幸福感产生显著的负相关（p<0.05）：在教学上感受的压力越大、从同事身上感受的压力越大，工作上的负面情绪带来的压力越大，教师的职业幸福感就越低。也就是说，东盟六国的华校如果能够提高教师的专业水平、关注教师之间的竞争心理、减轻工作中带来的负面情绪，教师的职业幸福感将会大大提高。特别是情绪压力，每降低一个单位，教师的职业幸福感将提高0.21倍。

四、研究结论与建议

（一）研究结论

根据调查数据，得出的研究结论归纳如下：

东南亚六国中文教师的职业幸福感处于中等水平，其均值为3.69，有很大的提升空间。在各子维度上，社会幸福感均值最高，物质幸福感均值最低。由于薪资待遇、福利待遇等不高，导致东南亚六国中文教师低水平的物质幸福感。在职业幸福感的国别差异中，菲律宾因中文资深教师较多、华教中心的支持等原因而居于榜首；在群际差异方面，年龄越大，教龄越长且学历越高的东南亚中文教师的职业幸福感也越高。

在影响因素方面，动力因素"身体健康""地区认同""工作有意义"对东南亚六国中文教师的职业幸福感产生显著的积极影响，其中"地区认同"的推动作用最为显著。压力因素"教学压力""同事压力""情绪压力"对东南亚六国中文教师的职业幸福感产生显著的负面影响，其中"情绪压力"的负面影响最为显著。

（二）相关建议

第一，提高社会地位是提高东南亚中文教师职业幸福感的最佳途径。

社会地位是影响教师职业幸福感的重要因素，源于公众定位、社会评价以及薪资待遇[34]。从已有的文件和相关数据来看，东南亚中文教师的社会地位不高。本文的分析结果也显示东南亚中文教师的职业幸福感受社会认同的影响。提高教师的社会地位首要就是提高教师的薪资待遇[35]。正如1966年联合国教科文组织颁布的《关于教师地位的建议》中所强调的："应当承认改善教师的社会及经济地位，改善他们的生活与工作条件，改善他们的就业条件和职业前途，是解决教师所有问题的最佳途径[36]。"因此，提高教师社会地位和经济资本是提高教师幸福感的关键。此举不仅能够稳定当前教师的队伍，而且也能吸引更多优秀人才长期投身于中文教育事业。

第二，提升专业素质是提高东南亚中文教师职业幸福感的动力来源。

此次调查发现，教龄长的东南亚中文教师职业幸福感明显高于教龄低的东南亚中文教师。并且，教学压力对教师的职业幸福感产生显著的负相关。可见，教师的职业幸福感源于教师专业素养的提升[37]。因此，学校要有计划、有组织地给教师提供校内外专业培训机会，让教师通过培训加强自身的专业知识、专业能力等，提升教师的文化资本，在教学中找寻适合自己的教学风格，实现自我价值，从而在职业发展道路上不断前进。此外，学校还可以采取"老带新"的帮扶措施，教学经验较少的年轻教师与教学经验丰富的老教师结成"对子"，帮助年轻教师更快地适应教学环境，减轻教学压力。

第三，关注身心健康是提高东南亚中文教师职业幸福感的基本保障。

此次调查发现，身体健康和情绪压力对教师职业幸福感产生显著的影响。可见，拥有健康的身心状态对提升教师的职业幸福感具有十分重要的意义[38]。华校作为教师生存的重要场所，应承担起提高教师职业幸福感的责任。首先，要关注教师的身体健康。教师只有拥有好的身体状态，才能够更好地处理工作事务。其次，也要关注教师的心理状态。一些东南亚中文教师由于教学、工作量等因素会产生一些负面情绪，华校等用人单位应建立与教师的沟通机制，及时为中文教师进行压力疏解。

第四，完善华校管理是提高东南亚中文教师职业幸福感的外在支持。

研究表明，一个被视为有能力组织集体开展有效工作并思想开放的"好"的行政主管人员，常能成功地为其学校引进重大的、促进质量提升的举措[39]。此次调查发现，东南亚中文教师对学校的管理存在诸多不满，如职业发展路径过窄、奖惩制度不公等。因此，华校管理应以教师为本，完善中文教师职业发展路径，比如教师晋升方式、教师技能考核方式等，为中文教师提供成长支持。

参考文献

[1] 洪柳."一带一路"背景下东盟国家汉语教育发展研究[J].河北师范大学学报（教育科学版），2018（20）：110-118.

[2] 赖林冬."一带一路"背景下东盟孔子学院的发展与创新[J].南洋问题研究，2017（3）：37-52.

[3] WRIGHT T A, CROPANZANO R. The role of psychological well-being in

job performance: a fresh look at an age-old quest [J]. Organizational dynamics, 2004(33): 338-351.

[4] Horn J E, Taris T W, Schaufeli W B, et al. The structure of occupational well-being: a study among dutch teachers [J]. Journal of occupational and organizational psychology, 2004(77): 365-375.

[5] 刘慧英, 张丽琴, 包慧君. 积极心理学视角下高校辅导员职业幸福感提升途径[J]. 大学教育, 2017(5): 162-164.

[6] 苏会佳. 中小学教师自我情绪智力与职业幸福感的关系研究[D]. 信阳: 信阳师范学院, 2017.

[7] 刘强, 傅其娅. 我国教师职业幸福感研究的现状、热点及趋势: 基于Citespace的文献计量分析[J]. 兵团教育学院学报, 2022(32): 47-55.

[8] 郑孝玲. 国内教师职业幸福感研究文献综述[J]. 教书育人, 2011(36): 67-69.

[9] 刘强, 傅其娅. 我国教师职业幸福感研究的现状、热点及趋势: 基于Citespace的文献计量分析[J]. 兵团教育学院学报, 2022(32): 47-55.

[10] 王姣艳, 万谊, 王颖. 特殊教育教师职业认同对职业幸福感的影响: 一个有调节的中介作用机制[J]. 中国特殊教育, 2020(3): 35-41.

[11] 夏斌. 中小学教师职业幸福感研究综述[J]. 吉林省教育学院学报, 2020(36): 56-59.

[12] PABLOS-PONS J D, COLAS-BRAVO P, GONZALEZ-RAMIREZ T & etal. Teacher well-being and innovation with information and communication technologies; proposal for a structural model [J]. Quality & Quantity, 2013(47): 2755-2767.

[13] 赵岚, 伊秀云. 中小学高级教师职业幸福感的现实困境与纾解之策[J]. 现代教育管理, 2022(2): 94-101.

[14] 李广, 盖阔. 中小学教师职业幸福感调查[J]. 教育研究, 2022(43): 13-28.

[15] LYSAKER J, MCCORMICK K M, BRUNETTE C C. Hope, happiness,

and reciprocity：A thematic analysis of preservice teachers'relationship with reading buddies［J］. Reading research and instriction，2004（44）：21-45.

［16］柳海民，郑星媛. 教师职业幸福感：基本构成、现实困境和提升策略［J］. 现代教育管理，2021（9）：4-80.

［17］蔡秀琴，田友谊. 马来西亚华文独立中学教师职业幸福感的现状调查与对策研究［J］. 教师教育学报，2018（5）：111-124.

［18］RYFF C D，KEYES C L M. The structure of psychologi-cal well-being revisited［J］. Journal of personality and social psychology，1995（69）：719-727.

［19］赖林冬，江连鑫. 菲律宾华文教育转型升级路径［J］. 云南师范大学学报（对外汉语教学与研究版），2023（21）：33-41.

［20］连榕. 教师教学专长发展的心理历程［J］. 教育研究，2008（2）：15-20.

［21］曹云华. 全球化、区域化与本土化视野下的东南亚华文教育［J］. 八桂侨刊，2020（1）：3-14，36.

［22］周玉. 东盟六国华校办学经费及华文教师待遇问题调查研究［D］. 广州：暨南大学，2017.

［23］赖林冬，江连鑫. 菲律宾华文教育转型升级路径［J］. 云南师范大学学报（对外汉语教学与研究版），2023（21）：33-41.

［24］郑通，蒋有经，陈荣岚. 东南亚汉语教学年度报告之二［J］. 海外华文教育，2014（2）：115-133.

［25］余可华，邓晨佑，徐丽丽. 马来西亚本土华文师资培养现状、问题及对策［J］. 华文教学与研究，2017（4）：57-64.

［26］项冰，林培锦. 人际关系视角的教师群体凝聚力形成研究［J］. 闽南师范大学学报（哲学社会科学版），2021（35）：101-106.

［27］项冰，林培锦. 人际关系视角的教师群体凝聚力形成研究［J］. 闽南师范大学学报（哲学社会科学版），2021（35）：101-106.

［28］杨静林，黄飞. 新世纪以来菲律宾华文教育的新发展及其困境［J］. 八

桂侨刊，2017（1）：36-41，72.

［29］菲律宾华文教育界为菲律宾华教事业注入新动力[EB/OL].（2022-08-19）. https://www.chinaqw.com/hwjy/2022/08-19/338402.shtml.

［30］郑通，蒋有经，陈荣岚.东南亚汉语教学年度报告之四［J］.海外华文教育，2014（4）：339-354.

［31］吴元华.华语文在新加坡的现状与前瞻［C］.国家疆界与文化图像国际学术会议，新加坡南洋理工大学，2004.

［32］陈巧芳.新加坡私立托儿所华文教师专业发展途径调查研究［D］.泉州：华侨大学，2019.

［33］林奕高.印尼华文教师现状调查研究［J］.华文教学与研究，2011（2）：4.

［34］刘强，傅其娅.我国教师职业幸福感研究的现状、热点及趋势：基于Citespace的文献计量分析［J］.兵团教育学院学报，2022（32）：47-55.

［35］蔡秀琴，田友谊.马来西亚华文独立中学教师职业幸福感的现状调查与对策研究［J］.教师教育学报，2018（5）：111-124.

［36］Recommendation concerning the Status of Teachers[EB/OL].（1966-10-05）. https://www.unesco.org/en/legal-affairs/recommendation-concerning-status-teachers.

［37］李广，盖阔.中小学教师职业幸福感调查［J］.教育研究，2022（43）：13-28.

［38］赵岚，伊秀云.中小学高级教师职业幸福感的现实困境与纾解之策［J］.现代教育管理，2022（2）：94-101.

［39］蔡秀琴，田友谊.马来西亚华文独立中学教师职业幸福感的现状调查与对策研究［J］.教师教育学报，2018（5）：111-124.

华侨大学　华文教育研究院

华侨大学　华文学院

基于体演文化教学法的国际中文教育教学案例分析[①]

——以中级文化课为例

金子涵　崔华彧　郝瑜鑫[②]

摘　要：首先对体演文化教学法的相关研究进行综述，在此基础上对其特点进行系统梳理，进而通过分析国际中文教育中级文化课的案例，提出该教学法存在的不足及相对应的策略，以期对国际中文教育教学实践有所启示。

关键词：体演文化教学法；汉语教学；课堂设计

由美国俄亥俄州立大学吴伟克教授开创的体演文化教学法（Performed Culture Approach）是一种新型的二语教学法，该教学法将语言、文化与交际相结合，通过体会、演练的方式来帮助学习者更好地了解、掌握教学内容，认识目的语国家的文化，从而培养其使用目的语进行交际的能力。吴伟克教授认为第二语言习得的目标是能够让学习者在目的语环境中作出恰当的反

[①] 基金项目：教育部中外语言交流合作中心2022年国际中文教育研究课题重点项目资助（22YH37B）。

[②] 作者简介：金子涵，华侨大学华文学院汉语国际教育专业在读研究生；崔华彧，华侨大学华文学院汉语国际教育专业在读研究生；郝瑜鑫，博士，教授，硕士研究生导师，研究领域为第二语言习得、国际中文教育、华文教育。

应,完成交际任务,且交际的过程符合目的语国家的语言文化,因此需要在学习的过程中进行交际活动的演练。"体演"顾名思义,体即体会,演即表演。通过"表演"使学习者加深目的语表达和文化的理解,构成语言文化记忆,为之后的真实情境互动奠定基础。当学习者面对真实目的语情境时,会触发相似的记忆,运用所学完成交际任务,从而提升语言交际能力。体演文化教学法对于提高学生的跨文化交际能力有着独特的优势,该教学法颠覆了一系列传统的教学理论,为第二语言教学提供了崭新的思路和方法。

目前,国内关于体演文化教学法的研究类型多样,多数是针对不同水平的汉语学习者的运用研究(陈铭兰[1],赵涵雪[2],夏华腾[3],叶凤琴[4]),课程类型上也多为不同等级水平的口语教学(万书言、李春雨[5],阮红环[6],武萌[7]);张斯[8]则结合了医学留学生的特点,研究体演文化教学法在汉语口语教学中的应用;也有研究者基于体演文化教学法对某一教材中的课文进行具体的教学设计(范芳芳[9],张麒[10],李瑶瑶[11]);朱婷、薄彤[12]作为一线教师,将菲律宾的中学生作为教学对象,利用体演文化教学法进行了课程设计。同时,也有学者对体演文化教学法在中国传统文化中的教学进行相关研究(车静文[13],谢一鸣[14],李浩然[15],陈良玉[16]);张彦琦[17]、柳续尧[18]分别对"如何利用体演教学法进行端午节文化教学"展开研究,时雅丽[19]则是在体演文化教学法框架下对传统节气文化进行课程设计。然而,据我们所知,鲜有学者基于体演文化教学法对中国传统节日——春节进行相关的研究。

春节是中国最隆重、盛大的传统节日,对学习汉语的二语者来说,了解春节的基础知识、起源、传说及文化内涵是必不可少的。在学习的过程中可以感受春节的欢乐氛围,体会春节在中国的意义,感悟阖家欢乐、辞旧迎新的文化内涵,从而激发学习者对中国文化的兴趣,提高他们学习汉语的积极性;语言与文化在学习和练习中相互作用、相互促进,对提升学习者的交际能力也有极大的帮助。因此,本文将以传统节日——春节为例,探究如何通过体演文化教学法进行相关的教学实践,并提出该教学法存在的不足及对策。

一、体演文化教学法的特点

语言与文化密不可分，吴伟克教授开创的体演文化教学法充分体现了在学习目的语的过程中文化教学的重要性和必要性。我国的传统节日种类繁多，为了使学习者更好地了解中国的传统习俗及文化，除了简单的介绍、讲解外，我们还利用体演文化教学法，让学习者在真实的体会、表演中感受博大精深的中华文化。

（一）体演文化教学法重视文化教学

语言是文化的载体，学习语言的同时也要了解目的语国家的文化。[20]语言不是孤立存在的，掌握好一门语言，不仅是学习目的语国家的词汇、短语、语法等知识，更重要的是懂得如何在不同的场景和情境下使用，且符合当地社会的交际合作原则，从而与目的语社团人员完成一次成功的对话。在传统的汉语教学中，教师多以语言知识的教学为主，学习者利用教科书式的语言很难在真实的目的语环境中进行有效交际。而体演文化教学法打破了这一禁锢，将学习者所需掌握的语言知识融入目的语文化的框架中，重复模仿和演练符合目的语社团文化的交际行为，让学习者更充分地感受交际的"临场感"，在体会、演练的过程中学习知识，并提升交际能力。

（二）体演文化教学法以学生为中心

在课堂教学中，教师和学习者间的定位是极其重要的。传统课堂教学中，教师的角色占主流，学习者是知识的接受方，尽管在多种教学法中都提倡突出学习者的主体地位，强调给学习者提供更多发挥的空间，但在真实的课堂中，面对中文学习者，中文教师通常以讲解知识、示范教学为主。学习者的自我学习能力、交际能力很难得到大幅度提高。而体演文化教学强调一种新型的师生关系，教师和学习者可以是"教练"和"运动员"，也可以是"编剧"和"表演者"；教师的主要目的是训练学生能够独立自主地解决学习和交际中可能遇到的问题，并培养其运用目的语进行交际的能力。在课前，教师需要选择合适的教学内容和脚本，课上组织学生进行真实的演练，每个"演员"都有自己的身份、台词、道具等，学习者需根据剧本中设定的地点、时间、环境等进入角色，并在练习、排练、表演的过程中对特定的场景和目的语文化有更深刻的理解、体会。而教师作为"导演"需要统筹布局，更多的是做一个幕后人员。同时，作为策划者，在学习者表演时，适时、恰当地给予一定的指导和评价，从而完成教学任务，实现教学目标。

（三）体演文化教学法以体演为中心

体演文化教学法强调在学习语言的过程中通过模拟目的语国家的文化背景，运用表演的方式提升交际能力。过去，许多传统的教学法更多强调对语言能力的掌握，包括语音、词汇、语法等语言知识，而体演文化教学法更注重对交际能力的培养。体演文化教学法主要运用"文化体演"的方式，将语言知识转换为具体的文化场景。学习者需要做的不再只是阅读教科书上的内容、死记硬背知识点，而是在真实的情境中交际，在演练中了解目的语社团的所思所想。通过多次操练，学习者能够在体演的过程中对目的语的语言知识、交际方式以及习俗等各方面的知识有全面的了解和体会，继而进行实际的运用。同时，这种学习方式能充分调动学生各种感官——视觉、听觉、动觉、触觉，多模态、多感官的输入还有助于充分调动学习者的积极性。

二、基于体演文化教学法的课堂实践

在运用体演文化教学法来教授学习者学习中国的传统习俗、文化时，除了理论知识的讲解外，教师通过编写"剧本"的方式对教学内容进行扩展、延伸，有助于学习者更好地学习与巩固所学知识。本小节以《中国传统文化与现代生活——留学生中级文化读本Ⅱ》第一课为例，利用体演文化教学法进行教学。本课程的教学对象是来自印度尼西亚、缅甸、越南等东南亚国家的留学生，他们已掌握了1000个左右的汉语词汇。课程分为两个课时，由理论课和实践课组成，每课时为50分钟。第一节理论课主要是对前一课的知识进行复习，并学习生词、句型、语法、课文等内容，使学生对春节有基本的认识和了解。第二节课为实践课，主要的教学内容如下：

（一）课前安排

首先，教师带领学生布置教室，将课桌、板凳摆放呈弧状，留出空间供学生进行体演活动；其次，教师组织学生装扮教室：摆放抱枕、鲜花，贴春联、"福"字等，营造温馨、舒适的氛围。特别注意的是，各位"演员"也需根据不同角色特点，利用服装、道具等装饰。例如，饰演陈教授的"演员"可以佩戴镜框、贴胡须，从而更好地进入状态。最后，教师分发剧本、道具等，"演员"分组准备。体演活动任务分配如下：每组3人，一人饰演陈教授，两人为学生，其中一人饰演莫妮卡，一人饰演林珊珊。

（二）组织教学

教师组织学习者依次进行表演，教师充当导演，分配角色，并对学习者进行相关指导。演出完毕后，教师可根据学习者的表演情况进行适时、适当的评价。首先应给予肯定，接着对学习者的语音、语调、情感、表情等进行评价与建议。

（三）体演材料

时间：正月初三

地点：陈教授家

人物：陈教授、莫妮卡、林珊珊

故事背景：莫妮卡与林珊珊相约前往陈教授家拜年。

林珊珊：*新年好呀！莫妮卡。*

莫妮卡：*珊珊，新年快乐！*

（到了陈教授家）

林珊珊/莫妮卡（齐声）：*新年好！陈教授！*

陈教授：新年好！莫妮卡、珊珊，欢迎你们来到我家。

莫妮卡：陈教授，祝您身体健康，万事如意！

林珊珊：陈教授，祝您新年快乐，心想事成！这是我们准备的新年礼物，希望您喜欢。（边说边双手将礼物递给陈教授）

陈教授：你们太有心了，我太高兴了。快进来坐。

（三人坐下）

陈教授：这是你们第一次留在中国过春节吧，你们了解关于春节的习俗吗？

莫妮卡：教授，我知道春节要贴对联、放爆竹！

林珊珊：还有吃团圆饭！

陈教授：不错。关于团圆饭，还是大有讲究呢！团圆饭也叫年夜饭，就是大年三十全家人团聚在一起吃饭。这一天对中国人来说是非常重要的。

林珊珊：原来是这样，那团圆饭都会吃些什么呢？

陈教授：那可太多了！我们年夜饭最不能缺的就是鱼，象征着年年有余；有些地方还会吃栗子鸡，寓意大吉大利。

林珊珊：（拍手）好有趣呀！听您给我们讲了这么多有意思的中国习俗，我们对这个节日更感兴趣了！

陈教授：（笑）我今天也特别高兴！这样吧，你们俩留下来吃午饭吧。

莫妮卡：不了，不了，教授，您太客气了。

林珊珊：是啊，陈教授，太麻烦您了。我们待会得先回一趟学校。

陈教授：真是太遗憾了，那我就不留你们了，你们回去注意安全啊。

（起身，向门口走）

莫妮卡：好的，陈教授。

莫妮卡/林珊珊：陈教授，再见！

（出门）

陈教授：同学们再见！

（谢幕，退场）

教师根据学习者的表演进行评价，并提出相应的问题：

1. 春节有哪些特别的习俗？

2. 团圆饭在哪一天吃？

3. 中国人的团圆饭都会吃什么？

4. 春节大家如何互相问候？

5. 同学之间、同学与长辈之间的问候语相同吗？

6. 你还知道哪些春节的习俗？

（四）课堂小结及教师评语

教师总结课堂的整体效果，并给予有针对性的点评。肯定同学们积极地参与到表演、互动中，在真实的情境中体验和感受中国的春节、习俗和文化。教师再针对个别同学的突出表现进行详细点评，并做课堂总结。比如：马丁同学表现得非常好！首先，他认真复习了上节课学习的词语、句子和课文；表演也完成得很出色，特别是说到"真是太遗憾了，那我就不留你们了，你们回去注意安全啊。"还加入了丰富的表情和手势，这是值得大家学习的！最后，有一个小问题需要注意一下，"年年有余"中的"余"的声调。

三、体演文化教学法的不足及建议

体演文化教学法是一种新兴的教学法，相较于传统的教学法，它充分体现了以学生为中心的原则，以实用性、趣味性、互动性为特色，开辟了二语教学的新路径。尽管如此，该教学法对教师的要求较高，难度也很大。同时，体演文化教学法也存在一定的不足，在实际的课堂教学中需要克服很多困难。比如该教学法强调以体演为中心，相关的理论教学容易被忽视；教师作为"导演"和"教练"，忽视了学习者的主观能动性和创造性。针对这两点不足，分别给出相应的教学建议。

（一）理论知识与体演活动相结合

与传统的教学法不同，体演文化教学法重视实践，强调通过体会、演练的方式来提升学习者的交际能力。这种教学法开创了二语教学的先河，打破了教师对语言、语法知识"一味输入"的局面。体演文化教学法以其极具实践性的特点为课堂注入了新的活力，但在课堂中，理论知识输入不足甚至是缺失不利于学习者学习目的语。对此，在教学的过程中，教师应强调理论知识的重要性，引起学习者的重视。倘若没有理论知识作为基础而空谈实践，所建立起来的知识结构无疑是不牢固的。教师在讲解相关理论知识的同时要注重方法的多样性、趣味性，以此来增强学习者的学习兴趣，巩固所学的理论知识。此外，在正式表演之前，教师也应该引导学习者对此前涉及的理论知识进行复习、巩固。只有在巩固理论知识的基础上进行体会、演练，做到理论与实践相结合，才能使学习者对语言、文化、交际有更深刻的了解和体会，进而在体演活动中感悟中国文化，提升交际能力。

（二）充分发挥学习者的主观能动性

体演文化教学法强调以学生为中心，通过教师所创设的情景，引导学习者在用中学。该教学法形式新颖、趣味性强，有利于促进学习者积极地参与课堂活动，巩固所学知识，从而提升自身的交际能力。但"演出剧本"大多是由教师准备的，舞台的背景布置、道具的准备以及学习者的动作、表情都是由教师决定的。学习者只是根据教师的指令进行表演，该模式固然对学习者的语言知识、交际能力有一定的帮助，但一定程度上忽视了学习者的主观能动性与创造性。针对这一问题，教师可以鼓励学习者积极地参与到剧本的设计、道具的选择中来，集思广益，听取学习者意见，不断完善教学内容。参与的方式可以多样化，可采取问卷调查的方式，以匿名的形式让学习者大胆地发表自己的想法；也可以采取小组讨论的形式，让学习者提出适当的建议。无论使用何种教学法，我们的目的都是为了让学习者学到更多的理论知识、提高他们的交际能力，而充分考虑学习者的意见与需求有助于教师不断改进、完善教学计划，有利于提高学习者的参与性和学习的积极性，从而提高课堂效率。

体演文化教学法在众多教学法中脱颖而出，是由于其运用独特的方式，以学习者为中心、以体演为中心，重视文化教学，使学习者能够在有趣的表演中学习、掌握目的语知识，提升交际能力。尽管体演文化教学法方式新颖，受到了教师和学习者的推崇，但仍然存在一些不足，一方面，相关的理论知识教学容易被忽视；另一方面，忽视了学习者的主观能动性。对此，我们在前人研究的基础上，提出相应的教学建议，第一，强调理论知识的重要性，将理论知识与体演活动相结合；第二，鼓励学习者参与到教学设计中来，充分发挥学习者的主观能动性与创造性。总之，教师需合理利用体演文化教学法，扬长避短；学习者需巩固所学，勇于实践，进而提升交际能力。

参考文献

［1］陈铭兰.基于体演文化教学法的初级汉语综合课教学设计［D］.西安：西安石油大学，2021：15-42.

［2］赵涵雪.体演文化教学法在对外汉语中级口语线上教学中的应用研究［D］.沈阳：沈阳大学，2021：19-55.

［3］夏华腾.体演文化教学法在初级汉语听说课中的实践及效果分析［D］.广州：暨南大学，2020：30-90.

［4］叶凤琴.体演文化教学法在初级汉语教学中的应用研究［D］.苏州：苏州大学，2020：16-50.

［5］万书言，李春雨.体演文化教学法在初级汉语口语课中的应用［J］.天津师范大学学报（社会科学版），2021（5）：36-41.

［6］阮红环.中级汉语口语教学中的体演文化教学法［J］.文教资料，2019（22）：38-39，49.

［7］武萌.基于体演文化教学法的中级汉语口语课教学设计［J］.文渊（高中版），2021（10）：3904-3905.

［8］张斯."体演文化"教学法在医学留学生汉语口语教学中的应用研究［J］.语文教学通讯：学术（D），2019（1）：78-80.

［9］范芳芳.基于体演文化教学法的初级汉语听说课教学设计：以《你喜

欢中餐还是西餐》为例［D］.安阳：安阳师范学院，2021：14-39.

［10］张麒.体演文化教学法在对外汉语初级综合课上的应用：以《HSK Ⅱ》第四课为例［J］.汉字文化，2020（17）：188-189.

［11］李瑶瑶.体演文化教学法在突尼斯中级汉语口语教学中的应用研究：以《节日的礼物》为例［D］.大连：大连外国语大学，2020：20-42.

［12］朱婷，薄彤.体演文化教学法在对外汉语文化教学中的应用：以菲律宾帕多中学为例［J］.现代交际，2021（8）：194-196.

［13］车静文.《论语》礼仪文化与体演文化教学法［D］.青岛：青岛大学，2020：29-65.

［14］谢一鸣.体演教学在对外汉语习俗文化教学中的应用研究［D］.沈阳：沈阳师范大学，2019：28-39.

［15］李浩然.面向来华留学生的中华社交礼仪教学设计［D］.沈阳：沈阳大学，2018：15-33.

［16］陈良玉.基于体演文化教学法的中华饮食文化教学［D］.苏州：苏州大学，2018：29-44.

［17］张彦琦.课外阅读在初中语文作文教学中的重要性浅谈［J］.读写算，2020（13）：169.

［18］柳续尧.对外汉语中端午文化课的体演教学探析：以《风光汉语》第十三课为例［D］.曲阜：曲阜师范大学，2020：19-38.

［19］时雅丽.体演文化教学法在汉语国际教育节气文化教学中的运用研究［J］.作家天地，2022（7）：103-105.

［20］曲抒浩，潘泰.美国"体演文化"教学法简论［J］.教育评论，2010（5）：160-162.

华侨大学　华文学院

华侨大学　华文教育研究院

职前中文教师课件设计与制作常见问题考察

洪桂治　侯一秀　范战胜[①]

摘　要：多媒体课件设计与制作能力是职前中文教师教育技术能力培养的基础内容之一。以职前中文教师试讲与实习活动中的100份多媒体课件为研究材料，从内容、形式、效果三个维度分析其在多媒体课件设计与制作中常见的问题，并从汉语本体知识学习、教学意识、逻辑思维等方面探究问题出现的原因，进而对职前中文教师的教学课件设计与制作能力培养提出了具体建议。

关键词：多媒体课件制作；职前中文教师；教学意识

引言

多媒体课件具有文本、图形、动画、声音、视频图像等多种媒体集成的优势，是教师创设教学情境的有力工具，在激发学习者学习兴趣、优化课堂教学、提高教学效率方面具有重要作用。近年来，多媒体技术被广泛应用于

---

① 作者简介：洪桂治（1984— ），女，福建南安人，副教授，研究生导师，博士，主要从事词汇语义学、教育教材、华文教育学等方面的研究；侯一秀（1998— ），女，河南安阳人，华侨大学华文学院研究生，主要从事国际中文教材方面的研究；范战胜（1998— ），女，河南驻马店人，华侨大学华文学院研究生，主要从事国际中文教材方面的研究。

各教学领域,教师制作、使用多媒体课件已是常态。在国际中文教学中也不例外。在职前中文教师的能力结构中,教学能力的培养是核心。多媒体课件制作与使用关涉教学设计、教学方法、现代教育技术应用,是职前中文教师教学能力的外在表现之一,也是一项重要的训练内容。本文所述"职前中文教师",指在汉语国际教育及其相关专业开展系统知识、教学技能学习的本科生或专业硕士研究生,是将走上国际中文教育岗位的"准教师"。

20世纪90年代,有关多媒体辅助教学的研究开始出现[1]。此后,学界关于多媒体课件的研究逐渐增多,主要分为两类:一是论述课件功能及其在教学上的优势,围绕课堂教学实例,对多媒体课件的应用进行调查与分析,如李千驹[2]、王茜倩[3]、马亚兵[4]等;二是针对课件本身,从理论上探讨课件制作的原则,如宋继华[5]、陈静[6]、车正兰[7]等。在培养实践中发现,职前中文教师在多媒体课件设计与制作上问题较为突出,但现有研究鲜有关注。这项能力的培养亟待重视。

一、研究设计与实施

(一)研究目标

运用内容分析的方法,对职前中文教师的课件制作现状进行描摹,对课件中出现的常见问题进行归类、分析,对问题的成因进行探究,进而对职前中文教师课件设计与制作能力的培养与提升提出可行性建议。

(二)研究材料

本研究选取了100份职前中文教师在教学实践中制作的课件作为研究材料。这些课件的应用场域包括线下、线上汉语课堂,既有真实的一线汉语教学课堂,也有虚拟的"磨课"场景;教学时长从15分钟到45分钟不等,但均具有完整的"起、承、转、合"教学过程;教学对象涵盖学龄前儿童、青少年和成年人;课件制作流程包括单独备课和集体备课;教学内容或来自标准化教材，或依据海外中文学校自制的课程大纲编写。简而言之，这100份研究材料观照到了职前中文教师课件制作实践的诸多情境。

（三）研究的学理依据

要对职前中文教师课件设计与制作的情况进行考察，确立课件的评价维度或标准至关重要。近20年来，学者从不同视角、不同方向对多媒体课件设计与制作的要点进行了具体的分析。一是划分课件评价的维度。如沈孔禹认为要从教学效果、课件类型、材料选取、课件结构等方面对课件进行考察和评价[8]；余彤辉则主张从课件内容、设计思想、制作质量、技术等四个维度着手[9]。二是提出课件评价的标准。陈静提出了实用性、简单性、交互性、可拆卸组合性和技术性五个标准[10]；黄超则主张课件应该具备科学性、教育性和规范化的特点[11]。三是从细节处出发，提出具有操作性的建议。如郭力从色彩的使用，字体字号的选择，动与静、图片与文字、无声与有声的结合、课件内容和课件制作条件等五个方面提供了具体建议[12]；刘跃军提出要抓住重难点，强化教学设计，强化教育学、心理学原理在课件制作中的运用，使用多种信息表现形式，结构清晰明了，善于运用绘图工具和空白版式，改进外观，合理运用动画效果和放映顺序等[13]。

在前人的研究基础上，我们通过归纳、分类、排序，进一步将课件评价的标准提炼为以下三个维度，具体如表1所示。

表1 本研究采用的课件评价标准

维度	标准	具体含义
内容	准确性	（1）是否符合教育学、心理学、语言学等相关科学规律。 （2）是否符合现代汉语相关规范。
	完整性	（1）是否完整呈现教学目标指导下的教学内容。
	针对性	（1）是否针对重难点进行了突破。 （2）是否针对学习者进行了个性化或本土化的调整。

续 表

维度	标准	具体含义
形式	灵活性	（1）各环节是否模块化。 （2）各模块之间是否可以灵活地拆卸组合。
	技术性	（1）是否运用了丰富且合理的多媒体资源。 （2）是否通过技术手段优化了课件展示效果。
	艺术性	（1）是否排除了无关干扰，页面是否简洁明了。 （2）字体设计、图片搭配、色彩使用、动画切换等是否能给使用者带来美的感受。
效果	实用性	（1）是否能切实提高学习者的语言水平。 （2）是否能启发学习者而非对其进行简单的知识灌输。
	趣味性	（1）是否能激发学习者的兴趣。
	便捷性	（1）课件是否便于促进师生互动和生生互动。 （2）是否便于传输、播放。

上述维度是对职前中文教师课件设计与制作所提出的"标准"，但在"标准"的落实中，存在"优秀—良好—合格—不合格"的层级差异。而在实际学习过程中，职前中文教师的课件制作水平和教学水平以"合格高度"为基础目标，竭力向"优秀高度"看齐。本文在评价研究材料时，基于上述标准，以"合格高度"加以审视。

（四）研究过程

对每一份研究材料进行编码，参照表1标准进行考察，对研究材料呈现出的问题进行逐一记录、归类、统计与分析，并探究其形成原因，最终形成建议并获得启示。

三、研究结果讨论

（一）问题类型

1. 内容维度下的主要问题类型

从内容维度进行考察发现，其问题主要有以下几种类型。

第一，教学内容有误，或不符合现代汉语相关规范。知识错误是课件的"硬伤"，是不容存在的。但本研究中有15%的材料存在这方面的问题。如搭配错误（"我喜欢戴围巾"误为"我喜欢穿围巾"）、词性标识错误（对"回信"的释义是"答复来信"，动词；语例却是"收到了……的回信"，名词）、病句（"我7∶50一起床就去教室"误为"我7∶50一起床，7∶55就去教室"）等。同时，研究材料中还存在大量拼音和标点符号使用不规范的情况。"留学生在学习汉语的过程中存在着大量的标点使用偏误，对标点符号的认知也停留在非常肤浅的表层，这都或多或少影响着正常的汉语学习。"[14]拼音和标点符号作为汉语学习的"脚手架"，在学习过程中起着至关重要的作用，但也是课件制作过程中很容易被忽略的细节。100份材料中有85份带有拼音，其中48份出现了不规范的问题。例如，有49%的课件未顾及"ɑ"和"a""g"和"g"的区别；有12%的课件在拼音拼写、声调标注上出现了错误；有25%的课件在句号、省略号、逗号、问号等标点符号使用上有不规范的问题；有25%的课件出现了遗漏标点符号的情况。此外，图文不符限制了教学内容的精准传达。存在这一问题的材料占24%。如牙膏的配图似胶水，香皂的配图像海绵，仰光的配图不是这座城市的标志性物什。

第二，媒介语使用不当。对于媒介语在汉语课上的使用，学界有两种基本态度：一是反对与限制，二是主张适度使用[15]。通常来说，媒介语在学习者阅读、理解目的语有障碍时出现为宜；媒介语的选择视学习者而定。在本文的研究材料中，媒介语使用存在问题者占23%。如，学习"我不喜欢羊"这个句子时，页面上以拼音辅助发音，以图片辅助意义理解，以汉字强化认读，但制作者还呈现了相应的英语解释。再如，讲解拼音时，对拼音中"韵母"的解释直接用"finals of chinese pinyin"。该课件的阅读者是缅甸幼童，他们无法快速独立地完成英语的认读，媒介语的出现形成负效应。因此，在此处，媒介语不该存在。

第三，教学内容偏离教学重点，针对性较弱。具体表现在：第一，内容讲解浮于表面，不够清晰透彻。存在这一问题的材料占22%。例如，在讲解"随便"时，提供了例句"我随便翻了翻那本诗集，立即就被吸引住了。"和一张"钱拿去随便花"的图片，各个义项的释义、词性、例句、练习均无涉及（"随便"）；讲解"丢"时，释义为"失去"，配以"丢钱包、丢垃圾"的用例，涉及"遗失、失去"和"扔"两个义项，反而给学生带来困惑。第二，内容冗余，无关信息分散学生注意力。存在这一问题的材料占2%。例如，出现"兼类词、比喻义"这种不在学习者学习内容中的语言学信息。第三，练习内容偏离教学重点。存在这一问题的材料占10%。如在学习"公司"一词时，制作者设计的练习题却都在问学生怎样去公司，重点放在了"交通方式"上，而忽略了"公司"这一教学重点，无法针对教学内容进行精准练习。第四，用词超出学习者现有水平。存在这一问题的材料占2%，未考虑学习者的认知水平，加大了学习难度。如对入门学习者使用"温故知新、活灵活现"等词。

2. 形式维度下的主要问题类型

从形式维度进行考察发现，其问题主要有以下几种类型。

第一，课件模块交互度低和目录页缺失削弱了课件灵活性。存在这一问题的研究材料占比约85%。课件应该提供简单便捷的导航功能，实现各模块之间的交互控制。实现交互的主要方式有：触发器、超链接、路径动画[16]。但研究材料中均未使用这三个实现交互控制的主要手段。刘跃军提出："课件的第二张应制作为目录幻灯片。"我们认为，目录页的存在并非必然，但它的存在是对教师的指引，起着提纲挈领、分解课堂目标、传达课程结构的重要作用[17]。100份材料中只有15份设有目录页，比例偏低。

第二，字体、排版、色调、图片设计不当减弱了课件艺术性。本文所涉材料，几乎都存在这一问题。"多媒体课件应符合受众心理特点，遵循教学规律，尊重知识内在法则，体现心理学原则及美学的美感效应。"[18]尽管大多数制作者选用了精美的课件模板，但是在与自己的教学内容进行适配的过程中，还是出现了字体不规范、不恰当、不美观的问题。有的从头到尾使用同一字体，未能区分纲要与具体内容；有的大量出现使学习者难以辨清的幼圆、行楷、隶书；有的随意混用多种字体；有的直接使用模板自带的花体字，导致学习者连本课生词究竟是什么都很难明晰。此外，排版不整齐、颜色搭配随意，大小、字体、颜色变化无常，整体色调突兀，页面设计过于紧凑或宽松，段首没有空格等不规范问题，都使课件的效果大打折扣。"课件的制作要遵循简单、方便、易懂的原则，背景简洁、不要滥用背景音，图画要清晰。"[19]现实情况是，研究材料中的课件清晰度不高、有水印残留、与教学内容关系牵强、图文不符、置放杂乱等问题较为突出。

3. 效果维度下的主要问题类型

从效果维度进行考察发现，其问题主要有以下几种类型。

（1）课件模板"拿来主义"减弱了课件实用性。优秀的课件模板能给观者带来更多活力和视觉冲击，应用成熟的图片效果也能节省制作者的时间，但对模板"拿来就用"，未予调配，就产生了一系列问题。具体表现为：第一，模板上过于零散、杂乱的装饰性图案分散了学生注意力。存在这一问题的材料占26%。第二，模板风格与教学内容不匹配。存在这一问题的材料占12%。如课文《我的自行车是红色的》一课，课件模板选用了卡通风格的几个小朋友坐在英文字母上玩耍；再如课文《我把袋子放在桌子上了》一课，套用的模板是卡通水果和植物风格，均与课文主题无关，既没有关注到学习者的"成年人"身份，也没有关注到与课文主题的匹配度。第三，模板上的代字符号未删除。存在这一问题的材料占4%。课件模板上一般会有很多供作者修改或删除的代字符号。有些课件中的代字符号未被删除或覆盖，散布着无意义的内容，分散学生注意力。

（2）练习环节未能有效利用多媒体优势，缺乏趣味性和实用性。存在这一问题的材料占42%。"第二语言教学相较其他学科的教学，往往显得单调乏味。因而，其教学的内在动力——趣味性原则就显得格外重要。"[20]互动性、趣味性强本是多媒体课件的优势，运用多媒体课件进行操练本应事半功倍，但是在练习环节的课件中，出现了练习不充分、实用性和趣味性不强等问题。其中，"练习不充分"包括练习环节缺失、练习数量少、练习形式单一等情况；"实用性与趣味性不强"指教师难以操作（如动画按钮太过隐蔽、操作太过繁复）和难以激起学生兴趣（如单一的选词填空练习、听写词语和句子、看图说词）等。这些问题都会削弱学习者参与课堂的积极性，影响教师对学习者的反应进行及时准确地反馈，也不利于课件的广泛分享和重复利用。

（3）多重因素减弱了课件便捷性。具体表现为：第一，模板的字体影响观看，难以保存和传输。存在这一问题的材料占32%。制作者在套用模板时，沿用了模板中的非常用字体和较浅的颜色，使学习者难以分辨，也为课件在不同设备上的播放增加了不确定性。第二，有些模板内嵌了自动播放功能，但是制作者未加修改，导致课件在课堂上自动播放。教师失去对课件的控制，课堂节奏被打乱。存在这一问题的材料占1%。第三，动画、视频未设置妥当，传输之后无法播放。存在这一问题的材料占1%。第四，动画和切换顺序颠倒，重复播放，可控性差。如练习题的答案比题干先出现、第三题比第二题先出现、例句比生词先出现、同一图片反复闪现等现象。存在这一问题的材料占5%。

（二）问题产生的原因

上述问题的出现，可归结为以下原因。

一是汉语本体知识基础不够扎实，教学设计"想当然"。掌握准确、实用的汉语本体知识是汉语学习者学习汉语的第一目的，一名合格的中文教师应该具备扎实的汉语本体知识。但在研究材料中发现一些职前中文教师对所教本体内容（如词汇的词性、释义、搭配，拼音、标点的使用等）并没有透彻地了解和清晰地分辨。这体现了课件制作者在汉语本体知识上的薄弱基础。在教学设计中，制作者也只是站在"教师"和"课件制作者"的角度，"认为"连接页用成语可以增加课件的精致度，传播中华文化，而没有考虑学习者的接受程度；"认为"可爱的图片可以吸引学习者，而没有考虑学习者对于这些图片的认知可能与教学内容产生偏差。这些"想当然"的教学设计都说明职前中文教师群体对相关教育学、心理学、第二语言习得等理论的掌握不够充分，实践不够彻底。

二是教学意识不强，未能与学习者换位移情。教学意识是指教师对课程教学标准和教学任务的敏感性和自觉程度。它会反映在教师对课程性质、教授目的、教学内容、教学对象、教学理论与教学方法等要素的意识上。从本文考察的课件来看，职前中文教师的"教学对象"意识尤为薄弱，未能站在学生的视角理解教学内容、检验教学效果，以致出现了严重模糊教学重点、重点内容边缘化、字体忽大忽小、背景凸显影响教学内容呈现等诸多问题。

三是严谨意识不足，缺乏课件制作检验流程。本文所涉材料出现了诸多细节问题，制作完成后未进行检验是重要原因。另外，如标点符号混用、拼音书写不规范、媒介语拼写失误等都是稍加留意就可纠正的，却未受重视。可见，制作者对课件、对教学内容的"责任"意识尚未建立。

四是逻辑思维不足，缺乏对教学全过程的把握。研究材料中出现的问题表明，制作者大多采用"目录、复习、词汇、语言点、课文、练习、布置作业、结尾"的流程推进教学，未能结合教学内容展开针对性设计，未能理清课程脉络，哪些环节需要重点突破，哪些环节可以精简，哪些环节之间有怎样的逻辑关系，各个环节有何作用，这些问题都需要制作者有更加清晰的逻辑思维，才能将其作用于课件，使课件呈现明确的逻辑关系，进而使课堂循序渐进，重点突出。

五是信息技术素质有待精进。音频时长冗余可以进行裁剪；声音过大或过小可以通过课件制作软件一键调节；视频太长可以调整倍速播放；图片过多，堆放杂乱可以通过设置图片格式来解决；动画重复播放可以删减动画窗格；逻辑不通可以通过设置自定义放映来理顺课件逻辑等。诸如此类的课件制作技巧，在研究材料中鲜见使用。

六是审美能力有待提升。制作者对课件中图片、字体、多媒体资源、颜色、板式、风格等元素的选用和搭配都体现了制作者的审美能力和风格特征。课件中各种颜色的黑体字混杂、模糊的图片未经处理简单叠放、页面编排头重脚轻等问题，均是制作者审美能力不足导致的课件"美感"流失。

七是对网络资源过度依赖。这里的"网络资源"包括课件模板、视频、音频、动画、图片等各种网络多媒体资源。研究材料显示，所有的课件都套用了网络上的模板。这些资源没有好坏之分，但有是否合适之别。制作者需要摆脱对网络资源未加分辨、不做加工、拿来就用的过度依赖。

四、本研究对培养和提升职前中文教师课件制作能力的启示

职前中文教师是国际汉语教学的生力军，课件设计与制作是信息社会必备的基础技能。因此，应加强对职前中文教师信息技术素养的培养，提升其课件设计与制作能力。具体而言，可从以下几个方面实现。

第一，强化专业意识，筑牢专业根基。刘跃军曾以认知心理学中的"学习过程不是从外界刺激产生感觉开始，而是从个体的学习动机和由此产生的对于感觉信息的选择注意开始"和"概念形成"规律两大研究成果，对具体的课件制作进行了指导[21]。与全职的一线中文教师相比，职前中文教师的一大优势是尚有相对完整独立的时间进行理论学习。职前中文教师应该在校内加强现代汉语本体知识、二语习得理论、教育学理论、跨文化交际等理论知识学习，才能从学习者角度出发，避免在做课件时使用不符合学习者习得规律的多媒体资源、触犯学习者文化禁忌的图片或例句，从而优化课件质量。

第二，强化教学意识，明确教学重点。职前中文教师应该在制作课件之前仔细研读教学内容和材料，明确教学重点，包括重点词汇、语法点等，才

能避免在课件制作中出现多种形式的教学重点偏离现象，真正提高学习者的语言水平。

第三，强化责任意识，秉持严谨态度。国际中文教育事业事关国家形象。课件中每一处细小的失误都有可能打击学习者学习汉语的兴趣和信心，影响学习者对中文教师和中国的印象。职前中文教师必须在真正走上国际中文教学一线之前，培养严谨认真的态度和注重细节的习惯。这样才能最大程度保证课件内容的准确性，优化汉语教学效果。

第四，锻炼逻辑思维，精进课程设计。多进行课堂观察与分析，厘清教学流程，反复打磨教学环节，增强各环节内在联系，并使用简洁明了的题头展示教学环节，帮助学习者建立课堂目标，实现内在激励，提高学习效率。

第五，精进自身技术，提高制作效率。职前中文教师还应该不断精进自己的计算机技术水平，从而提高课件制作效率、减少不必要失误，丰富展示和练习手段、增加课件与学习者的互动，提高课件艺术性和技术性。真正发挥多媒体课件提高汉语教学效果的作用。

第六，提高审美能力，积累审美经验。职前中文教师应该多学习和尝试颜色搭配、字体设计、图片比对，从而提高自身审美能力，丰富审美经验。在制作课件的过程中始终保持对"美"的追求，使课件给学习者以"美"的感受，从而吸引学习者，增强学习效果。

第七，批判利用资源，对其适当加工。信息时代下，多媒体资源已十分丰富，恰当运用可以提高教学效果。但我们应当带着批判的眼光去审视这些多媒体资源，对其进行加工，使之更适合于自己的课件和教学内容。

第八，寻找教学机会，提高教学水平。教学经验的积累可以帮助职前中文教师更准确地抓住教学重点、更精准地练习语言项目、更好地取舍教学材料和网络教学资源，这些都会为其制作课件提供元认知监控，从而优化课件质量，改善教学效果。职前中文教师应该在校内多参加各种教学技能大赛、教学技能培训、校内实习岗位选拔等教学实践，在校外多参与教学实习，进行独立教学尝试。在实践中积累经验，增长技能，提高课件制作水平。

综上，职前中文教师的多媒体课件制作能力虽为一项基本能力，但是还存在着较大的提升空间。职前中文教师应该更加严谨专业、增强教学意识、承担责任、锻炼思维、精进技术、提高审美能力、保持批判、积累经验、提高课件制作水平。

参考文献

［1］韩雪冬.新手中文教师多媒体课件制作与运用的调查研究［D］.北京：北京语言大学，2021.

［2］李千驹，乌丽亚·米吉提.论多媒体课件制作与预科汉语教学［J］.当代教育理论与实践，2011（1）：95–96

［3］王茜倩.多媒体课件在对外汉语教学中的应用：以《四十一课 西红柿炒鸡蛋》（博雅汉语初级起步篇2）为例制作多媒体课件［D］.济南：山东大学，2012.

［4］马亚兵.对外汉语综合课教学中多媒体课件的应用研究［D］.哈尔滨：黑龙江大学，2016.

［5］宋继华，徐娟，许见鸿.对外汉语教学网络课件开发的理论原则［J］.北京师范大学学报（人文社科版），2004（2）：133.

［6］［10］陈静.多媒体课件制作［J］.云南民族大学学报（哲学社会科学版），2004（4）：155–157.

［7］［19］［20］车正兰.对外汉语多媒体教学课件制作研究［J］.时代教育（教育教学），2012（5）：107–111.

［8］沈孔禹.为需要制作课件［J］.中学语文教学，2002（11）：10.

［9］余彤辉.课件评选流程及标准［J］.中学语文教学，2002（11）：6–7.

［11］黄超，孙宝玉.多媒体课件制作存在的问题及对策［J］.职教论坛，2009（1）：54–57.

［12］［18］郭力.多媒体课件制作原则及应注意的问题［J］.陕西师范大

学学报（自然科学版），2006（2）：206-208.

［13］［17］［21］刘跃军.PowerPoint课件制作与优化［J］.中华文化论坛，2008（1）：75-77.

［14］亓文香.对外汉语教学中的标点符号教学刍议［J］.国际汉语学报，2012（2）：81-86.

［15］莫修云.零起点汉语教学媒介语使用调查研究［J］.北京城市学院学报，2021（1）：54-58.

［16］佟寅菲，韩蓉.基于PPT的对外汉语汉字交互式课件设计研究：以汉字字形认知为例［J］.汉字文化，2021（13）：165-167.

华侨大学　华文教育研究院
华侨大学　华文学院

"中文+职业技能"背景下的专门用途汉语课堂教学探究[1]

臧胜楠[2]

摘　要：在"中文+职业技能"的发展趋势下，专门用途汉语教学呈现出较强的实用性、实践性和时效性，但同时也存在教学资源、教学语言、教学评价等方面的问题。新时期专门用途汉语课堂教学应充分考虑学习者的认知特点，灵活运用多种第二语言教学法，设置接近真实的工作场景，设立语言和专业双重目标，以任务组织课堂活动，以产出激发学习热情。教师应实现专业化自主发展，努力提高综合素养，解决教学中的实际问题。

关键词："中文+"；职业技能；专门用途汉语教学

一、研究背景

随着世界多极化、经济全球化、社会信息化、文化多样化的深入发展，国家之间的联系日趋紧密，政治、经贸、科技、人文等方面的交流合作不

---

[1] 基金项目：本文系2021年国际中文教育研究课题青年项目资助，项目名称为"基于内容教学法的商务汉语教学模式研究"（21YH75D）。

[2] 作者简介：臧胜楠（1987— ），女，山东日照人，华侨大学华文学院副教授，博士。

断增强。语言是人类沟通的重要工具，各国人民学汉语的热情持续升温，相比单纯的汉语言文化知识学习者，既懂汉语、又懂技术的复合型人才更符合国际市场的需求。2018年12月，时任国务院副总理孙春兰在第十三届孔子学院大会上首次提出"汉语+"概念，倡导、鼓励孔子学院因地制宜开设技能、商务、中医等特色中文课程。2019年12月，国际中文教育大会特别设立了"中文+职业技能"项目专题论坛，共同探讨国际中文教育与职业教育的融合。2020年11月，教育部中外语言交流合作中心与南京工业职业技术大学共建的全国首家"中文+职业技能"国际推广基地正式启动。2020年12月，语合中心与泰国教育部职业教育委员会在线签署《关于开展"中文+职业技能"合作的谅解备忘录》，共同启动建设语言与职业教育学院。2021年7月，全国首家职业教育孔子学院正式落户南京工业职业技术大学。2021年10月，中共中央办公厅、国务院办公厅印发《关于推动现代职业教育高质量发展的意见》，明确提出打造中国特色职业教育品牌，探索"中文+职业技能"的国际化发展模式。据统计，目前全球已有40多个国家和地区开设了"中文+职业教育"特色项目[1]。

"中文+职业技能"促进了国际中文教育的转型升级和孔子学院的可持续发展，已然成为近两年学术界的热点话题。刘旭分析了"一带一路"建设中的政治、经济、社会和技术宏观环境，提出了"一带一路"建设中国际汉语职业教育的发展策略[2]。胡建刚、贾益民界定了国际职场汉语的概念，确立了国际职场汉语教学"汉语+职业技能+国际化"的人才培养模式，提出了教学中应遵循的五个基本原则，并构建了一个科学合理的教学体系[3]。2021年7月，在首届"一带一路"行业汉语人才培养高峰论坛上，郑通涛阐述了行业汉语的定义、内涵、特点，以及提出这一概念的必要性和重要性，认为行业汉语直接服务于国家经济建设，是中外文化交流中最重要的领域[4]。无论是"职场汉语"还是"行业汉语"，都是"中文+职业技能"背景下产生的概念，是对"专门用途汉语"概念的进一步发展。李泉曾对专门用途汉语进行了定义，认为其是针对普通汉语教学而言的、用于某种专业领域、特定范围和固定场合的汉语。专门用途汉语包括一般所说的"专业汉语",如理工专业汉语、工科专业汉语、中西医专业汉语等,也包括与跨文化语言生活、语言交际密切相关的"业务汉语",如商务汉语、经贸汉语、旅游汉语、工程汉语、酒店汉语等[5]。"中文+职业技能"的概念是中文在前,职业技能在后;"专门用途汉语""职场汉语""行业汉语""商务汉语"等概念以汉语为中心语,是最重要的成分。可见,无论使用什么样的称谓,我们都应该以语言作为重点,遵循第二语言教学研究的规律和方法。现有成果多集中在宏观层面,对汉语和职业技能结合的必要性、可行性、"是什么""教什么"进行了分析,而对"怎么教"的研究还不够深入,对课堂教学的讨论较少,这将是本论文的研究重点。

二、新时期专门用途汉语教学的特点

在积极倡导和大力发展"中文+职业技能"的背景下,专门用途汉语教学呈现出了新的特点。

(一)实用性

早期的专门用途汉语教学主要针对来华留学生,有相当数量的汉语预科生。为了帮助他们日后更好地学习相关专业,教学内容以专业汉语为主,而行业或职场用语相对不足。课程种类是既定的,缺乏针对性和地域性。而现在的专门用途汉语教学已经"走出去"了,顶层设计与现实需求紧密结合,根据技能类别、适用人群、地域特点等因素,开设了内容丰富的特色课程[6],如在巴基斯坦开设"中文+焊接技术"课程,在卢旺达开设"中文+竹编技术"课程,在肯尼亚开设"中文+服装纺织"课程,在泰国开设"中文+高铁"课程,在日本开设"中文+空乘"课程等,促进了当地的经济、就业。学习者将语言作为谋生利器,希望将所学知识用于求职或提高薪资待遇。

（二）实践性

早期的专门用途汉语教学学术性较强，以专业词汇和句法为主要教学内容，以精读、读写、听说等为主要训练方式，为学习者将来学习专业知识打下语言基础[7]。而现在的专门用途汉语教学强调知识与技能并重、并行，传统的课堂讲授模式逐渐落伍，教学场地由线下延至线上，从课内走向课外，组织学生参与文化实践和企业实习，提升学生的跨文化交际能力、职业技能实操和职业综合素养[8]。教学内容不再局限于课本，学习者希望将理论与实践相结合，将语言与职业技能相结合，能够直接用于日后的工作场景。

（三）时效性

在早期专门用途汉语教学中，学习者通常在汉语水平达到一定程度才进入专业汉语的学习[9]，学习普通汉语是必经之路，势必花费更多时间和精力。而如今国际市场风云变幻，行业竞争日趋激烈，"中文+职业技能"的范围日趋扩大，绿色能源、机器人技术等新兴产业不断加入，亟须相关的复合型人才。现在的专门用途汉语教学面向很多汉语零基础学员，一到两年的基础汉语学习显然不再适用。学习者希望通过短期强化、集中培训，在最短的时间内获取知识和技能，迅速用于实际工作中。

与以往的专门用途汉语教学相比，现在的专门用途教学的实用性、实践性和时效性更为突出，学习者不仅要在短时期内掌握大量的专业术语和表达方式，而且要将课堂上的知识转化为技能，即学即用，活学活用。

三、新时期专门用途汉语教学存在的问题

专门用途汉语内涵丰富，并随着时代的发展不断地发生变化。目前国内外的"中文+职业技能"项目层出不穷，可以说是实践先行，缺乏理论的指导。课堂教学中主要存在以下问题。

（一）教学资源问题

最初的专门用途汉语教材主要针对经贸及商务方面，例如20世纪80年代北京语言学院和北京外贸学院联合编写的《外贸洽谈500句》。现在市面上的教材种类繁多，数以千计，仅国家开放大学出版社的"工业汉语"系列教材，就包括环境监测与治理、矿山安全生产与管理、焊接技术与自动化、冶金工艺与安全、电气自动化技术、机电一体化技术、机械加工技术、首饰制作工艺等专业。海外编写的教材也占了一定比重，如塞舌尔的《航空汉语800句》、几内亚的《工程工地常用汉语》、肯尼亚的《海关汉语》、坦桑尼亚的《坦桑尼亚旅游汉语实用教程》等。教材的研发耗时漫长，一些事物来不及编入或更新，这就需要教师自己针对教学内容查漏补缺。海量的网络资料都可以成为教学资源，较为系统的专门用途汉语课程有北京语言大学的"商务汉语"、暨南大学的"医学汉语"、浙江大学的"通用学术汉语"等。孔子学院推出了"中文+机器人""中文+变频器""中文+传感器"等课程，能够为教师参考和使用。教师也可以综合运用网上的图片、视频、音频等，营造真实的工作场景，这就要求教师有较强的资源搜集和整合能力。

（二）教学语言问题

专门用途汉语是第二语言的教学，而第二语言的教学语言主要有目的语、媒介语和体态语。根据内容型教学法和其他交际型教学法的教学原则，最好将目的语作为教学语言，让学生掌握汉语的思维和表达方式。但是，有些专业词汇晦涩难懂，学生理解起来十分困难，会降低教学的效率和效果。如警务汉语中的"逮捕"是一个复杂的概念，在《公安刑事办案程序通论》一书中有11页的论述，在《现代汉语词典》中的定义长达百余字。教师在实际教学中应该以旧带新，化难为易，用通俗的口语解释，并提供情景和例句。在一些有针对性的培训项目中，对于已经掌握了专业知识，却没有相应的第二语言知识的学习者，直接使用媒介语进行翻译也未尝不可。因此，专门用途汉语教学语言以目的语为主，辅以体态语和直观手段，必要时可使用翻译，这就要求教师不断深化专业知识，有较强的语言表达和转换能力。

（三）教学评价问题

传统的课堂教学评价方式为教师点评，以形式是否正确、表达是否贴切为评价标准，旨在指出学生的语言习得偏误。专门用途教学的目标是双重的，既有语言目标，也有专业技能目标，学生"懂了"不等于"会了"，"会说"不等于"会做"，所以不能使用单一的评价方式，而应将过程评价和产品评价、语言评价和专业评价、教师评价和学习者自评、互评结合起来，提供有效、快捷、全面的反馈。例如在商务汉语教学中，学习者的任务是进行商务谈判。有的学习者语言形式标准，但因缺乏谈判技巧，导致谈判破裂；有的学习者语言能力不足，却因为善用谈判策略，取得了预期的效果。在谈判结束后，教师点评学习者的准备和演练过程、语言形式和谈判结果，并鼓励学习者之间互相评价，反思自己在谈判过程中的表现。教师也可以转换思路，以工作中的招聘者、管理者角度进行点评。教师在评价中应充分发挥主导作用和中介作用，因此在教学过程中要全面观察、仔细记录、及时反馈。

四、新时期专门用途汉语课堂教学的设计思路

专门用途汉语应该遵循第二语言教学的规律。根据新时期专门用途汉语教学呈现出的特点和存在的问题，将从以下第二语言教学法中汲取课堂教学设计思路。

（一）情景教学法

情景教学法是一种较为传统的教学法，认为语言学习中最重要的是提供真实自然的语言环境，强调眼、耳等器官以及大脑整体去感知和认识语言材

料[10]。现代教育技术的发展使情景教学法更加可行，教师通过语言、教具及各种教辅设备，再现不同的会话场景，使学习者犹如身临其境，从而提高教学效果。在普通汉语教学中，再现的是购物、问路、用餐、看病等日常生活场景。在专门用途汉语教学中，则要呈现接近真实的工作场景，例如家政汉语中"与雇主沟通一天的饮食安排、向雇主汇报孩子或老人的状况"[11]。在客观条件允许的情况下，可以把课堂搬到实际工作场景中，变虚拟的情景为真实的情境，让学习者学习并掌握最自然的语料。

（二）内容教学法

内容教学法是将语言学习和学科知识学习完全结合起来的一种教学法，第二语言既是学习工具，也是学习内容[12]。在普通汉语教学中，学习者早已掌握母语中的日常交际语言，第二语言学习不会提高他们的认知水平。"你叫什么名字？""他是哪国人？""这是什么？"……这样的教学内容只会让成年人感到幼稚和无奈。在专门用途汉语教学中，学习者不仅不懂得特定领域的语言表达方式，而且很可能不了解相关专业知识和技能，使用内容教学法可以达到事半功倍的效果。学习者直接用第二语言学习专业知识，认知与语言能力同时发展，也会同时获得社会交际语言、学术语言或工作语言。

（三）任务教学法

任务教学法与内容教学法都属于交际教学法流派的分支，它们都非常关注语言的意义，但前者更强调在"做中学"，使学习者在完成第二语言使用任务的过程中习得第二语言[13]。任务的类型多种多样，不仅包括日常交际任务，也包括工作场景中的任务。例如在商务汉语教学中，教师让学生查阅两份产品报告，分析两种产品的优势与劣势，分组讨论将上市哪种产品，并由一名组员汇报结果、说明原因。学生需要用已有的语言知识和非语言知识来完成任务，教师则帮助他们理解任务内容，扫清语言障碍，维护课堂秩序，随时答疑解惑。最终的课堂教学聚焦语言形式，学生通过任务习得了专业用语和表达方式。

（四）产出导向法

产出导向法是针对我国外语教学中"学用分离"的弊端而提出的教学法，也是第二语言教学进入"后方法"时代后产生的一种新的教学法。该教学法主张让学习者先尝试输出，当学习者"知不足""知困"，产生了学习欲望，教师再提供相关输入，促成教学目标的实现[14]。在专门用途汉语教学中，许多学习者知道怎么做，却不知道怎么说，专业技能受制于语言能力。例如在艺术汉语教学中，教师询问学生观看京剧表演后的感受，并让他们尝试用汉语介绍京剧的艺术特色和表现形式。再如在高铁汉语教学中，教师假设在高铁工作场景中，一位中国乘客需要补票，让学习者尝试用汉语解释和沟通。学习者意识到自己表达能力的欠缺，由此调动学习语言的积极性。

由此可见，新时期的专门用途汉语教学设计思路应充分考虑学习者的认知特点，灵活运用多种第二语言教学法，做到"教学有法，教无定法"。在实际教学中，具体问题具体分析，针对不同的课程类型，设置接近真实的工作场景，设立语言和专业双重目标，以任务组织课堂活动，以产出激发学习热情。

"中文+职业技能"涉及的学科和领域非常广泛，而不同的专门用途汉语差别较大，本文从第二语言教学的角度出发，试图寻找课堂教学中的共性和规律，提出了设计的思路和存在的问题。"中文+职业技能"是国际中文教育发展的核心方向，目前已取得了一定的经验和成效。可是，教师接到教学任务，却没有相应的指导培训，导致课堂教学不够规范，个人色彩和随意性较强。教师要么只懂第二语言教学，要么只懂专业领域知识，国际中文教育发展缺少同时拥有两种知识和技能的复合型人才，"双师型"师资队伍建设刻不容缓。教师也应努力实现专业化自主发展[15]，努力提高综合素养，应对教学问题。未来的研究应转向具体的课堂教学，为教师提供切实有效的指导。

参考文献

［1］孟源，尚若凡.推动"中文+职业教育"协同"走出去"［N］.中国教育报，2022-05-17（5）.

［2］刘旭."一带一路"建设中国际汉语职业教育发展研究［J］.广西社会科学，2020（11）：175-179.

［3］［11］胡建刚，贾益民.国际职场汉语教学探讨［J］.世界汉语教学，2022，36（3）：294-305.

［4］王崴，曾小燕.中石大外国语学院举办首届"一带一路"行业汉语人才培养高峰论坛[EB/OL].（2021-07-14）.https://www.cup.edu.cn/news/sx/420330c09fcb424b8869019de4af927b.htm.

［5］李泉.论专门用途汉语教学［J］.语言文字应用，2011（3）：110-117.

［6］教育项目研究组.构建"中文+职业技能"教育高质量发展新体系［J］.中国职业技术教育，2021（12）：119-123.

［7］张黎.现代专门用途汉语教学的形成［J］.国际汉语教育，2013（2）：99-107，180-181.

［8］赵岩.高职院校国际学生"中文+职业技能"课程体系的探索与实践：以铜仁职业技术学院为例［J］.河北职业教育，2022，6（4）：54-59，70.

［9］宋继华，马箭飞，朱志平，等.职业中文能力等级标准的构建［J］.语言文字应用，2022（2）：2-14.

［10］张萍，张君.外语教学法流派理论与实践[M].沈阳：辽宁人民出版社，2017：70.

［12］戴庆宁，吕晔.CBI教学理念及其教学模式［J］.国外外语教学，2004（4）：18-22.

［13］刘壮，戴雪梅，阎彤，等.任务式教学法给对外汉语教学的启示［J］.世界汉语教学，2007（2）：118-125.

［14］文秋芳."产出导向法"与对外汉语教学［J］.世界汉语教学，2018，32（3）：387-400.

［15］彭湃，胡晓研.专门用途中文教师的培养模式及自我发展［J］.东北师大学报（哲学社会科学版），2017（3）：109-114.

华侨大学　华文学院

疫情对菲律宾华校的影响及后疫情时代我方应对之策

张江丽　谢婧怡

摘　要：新冠疫情对菲律宾华校造成了重创，集中体现在：华校生源锐减，运营困难；本土华文师资"质""量"齐缺；网络设备不能满足在线教学的要求；外派师资短缺。后疫情时代我们应该做好以下工作，帮助菲律宾华校尽快恢复正常：做好顶层设计，加深线上线下合作；以疫情为契机，推动菲律宾华文教育信息化；提供绿色通道，加大线下派出；多项措施并举，提高华校教师福利；加大"造血"力度，提升华文师资质量。

关键词：新冠疫情；菲律宾华校；影响

一、新冠疫情期间菲律宾学校的基本情况

2020年1月30日，菲律宾确诊了首例新冠肺炎患者。鉴于疫情的迅速传

---

① 基金项目：国家社科基金一般项目（21BYY170）；中外语言交流合作中心国际中文教育研究课题青年项目（21YH10D）；世界汉语教学学会全球中文教育主题学术活动计划（SH22Y17）；同济大学语言文字推广基地双强项目重点课题（TJSQ22ZD03）；国务院侨办2022年度华文教育研究课题一般项目（22GQB181）；北京华文学院年度项目（HW-22-B03）。

播，时任总统杜特尔特下令自2020年3月10日起禁止学生到校上课，随后菲律宾施行了长时间的封锁措施。根据菲律宾教育部2022年第34号令，2022—2023年新学年将恢复线下课程。到2022年11月2日，所有公立、私立学校将不再被允许实施远程教学和混合式教学[1]，都应恢复一周五天的线下面授课程。菲律宾是新冠疫情期间全世界最晚重启完整实体授课的国家之一。

新冠疫情对菲律宾各级各类学校都产生了不同程度的影响。仅在疫情暴发的第一年，菲律宾就有900多所私立学校被迫关闭，超过一百万学生辍学[2]。菲律宾的停课影响了58327名学生和4488名教师。据统计，至少有100万名学生从私立学校转学至公立学校就读。菲律宾的华校作为菲律宾教育体系中的私立学校，在疫情期间同样也不可避免地受到了巨大的冲击。

二、新冠疫情对菲律宾华校的主要影响

1899年菲律宾大清中西学堂成立，这是菲律宾第一所华校。到2023年，菲律宾的华文教育已经走过了124年的历史。目前，菲律宾共有160所华校，近1000名华文教师，6.8万余名各族裔华文学习者[3]。2019年新冠疫情暴发以来，菲律宾的华校由于种种原因，受到了前所未有的冲击。据菲律宾华文教育研究中心（下文简称"菲律宾华教中心"）的调查显示，疫情形势下，70.56%的华校因疫情而生源减少，52.38%的华校因网络问题或者缺少电脑等相关设备而无法进行网课，48.05%的华校消减了华文网课课时，38.96%的华校缺少华语师资[4]。从这组数据可以看出，疫情对菲律宾华校的影响非常广泛，它对菲律宾华文教育事业造成了重创。疫情对菲律宾华校的主要影响集中体现在以下四个方面：

（一）华校生源锐减，运营困难

在菲律宾，华校属于私立学校系统。作为私立学校的菲律宾华校收费相对较高，教学质量相对较好，是家庭经济条件较好的华裔家庭及一些重视汉语的非华裔家庭的首选。受新冠疫情的影响，一些华校学生，其家庭收入大

幅下降，他们已无法承担起在私立学校学习所需的费用，导致一部分学生流失。因菲律宾公立学校实行义务教育，免收学费，家庭的经济压力较小，这部分学生基本上都分流到了当地的公立学校。还有一部分家长虽仍能支撑孩子在华校的学习费用，但是对线上教学的质量表示担忧，普遍认为线上进行华文教学的效果不尽人意，教学质量难以得到保证，因此他们将孩子转学至英语私立学校就读，这也加剧了华校生源的流失。据统计，约有65.81%的华校生源流失[5]。

菲律宾华校的创办人多为当地的企业家。受疫情影响，一些菲律宾华校创办人经济上也遇到了困难，加之大量生源流失，很多华校入不敷出，正常的教学活动和基本的运营已很难维系。其中生源大多来自贫寒家庭的华校受影响最大，如：百年老校——菲律宾中山学校、中西学院、马尼拉爱国中学等。这些学校生源流失严重，收支严重失衡，学校前景堪忧。

（二）本土华文师资"质""量"齐缺

新冠疫情期间，菲律宾华校普遍采用线上教学的模式。在菲律宾，本土华文教师以年龄偏大的老一代华文教师为主，他们不熟悉电脑操作，不了解在线教学平台，对在线教学模式更是非常陌生，很难胜任线上教学。一些年龄较大的华文教师在进行简单培训后，可以使用在线教学平台，但这只是线上开展华文教学的起点。教学过程中，如何在线上教学环境中与学生有效互动，吸引学生的注意力，做好线上教学管理，与线下授课达到近乎相同的教学效果，这些对华文教师的现代教育技术水平、持续学习能力、综合素质和创新精神都提出了更高的要求。

由于生源流失，一些华校入不敷出，大量华校被迫停课或转为线上教学，学校自身运营出现问题。在待遇福利方面，很多华校往往只为教师保留底薪，甚至停发工资。大量华文教师迫于生计离职，一些教师外流到公立学校系统寻找更高薪、更稳定的工作。还有一些华文教师离开华文教育系统，转而投身到其他收入待遇相对较好的行业。值得注意的是，流失的师资中有很多优秀的青年教师，其中一部分是曾经得到过中国政府资助、在中国进行过系统的华文教育等相关专业学习的青年教师。这实在是菲律宾华文教育界的一大损失。

（三）网络设备不能满足在线教学的要求

在线教学期间，菲律宾的一些普通家庭无法支付网络费用，不能为学生提供稳定的网络。很多家庭没有电脑供学生在线学习，一部分学生只能使用智能手机上课。在新冠疫情初期，一些缺乏家庭网络设施的学生最初尝试去网吧上课，但在新冠疫情扩散后，菲律宾的网吧也被迫关闭，这让很多孩子被迫处于停课停学的状态。还有一些家庭，学生没有自己独立的学习空间，不能保证他们在安静的环境中上课，在线教学随时面临很多干扰因素，教与学的质量都不同程度地受到了影响。此外，在线教学的课后巩固环节——家庭作业多通过APP或在线软件提交，这一环节更多依靠家长对学生学习的投入和关注度。一些年龄相对较小的学生既缺少相关的设备，又缺乏自我监督管理的能力，很难按照教师要求保质保量按时提交家庭作业，这导致课后复习巩固环节缺失，学习效果很难保证。以上众多因素叠加在一起，都让在线教学受到了很大的影响。与此同时，一些学生长期处于在线学习的状态，出现了一些心理问题。

（四）外派师资短缺

在新冠疫情之前，每年都有三四百名来自中国大陆的中文教师作为督学教师和志愿者教师被派往菲律宾，协助开展华文教育。新冠疫情期间，外派师资数量锐减。据菲律宾华教中心统计，2020—2021年度无一名中国教师派出到菲律宾指导和帮助华校，2021—2022年度有27名中国教师以网络授课的方式参与到了菲律宾的华文教育。新冠疫情期间，中国援助菲律宾的华文教师人数出现了断崖式的下降，在外派师资方面的缺口极大。有一部分疫情暴发之前进入菲律宾的中国华文教师，出于自身安全考虑，在菲律宾政府宣布封城以后，匆忙返回中国。但是在新学期开学时，中菲两国政府对出入境均有着较为严格的要求，外籍人士入境困难，来自中国的华文教师不能在线下开展指导和援助工作，当地的华文教学很难正常开展。来自中国的外派志愿者教师和督学教师数量减少、菲律宾本土教师不适应线上教学、一些本土华文教师流失等问题也加剧了菲律宾华校华文师资的短缺。

三、后疫情时代我方应对之策

后疫情时代，菲律宾华校面临着前所未有的巨大挑战。为尽快帮助菲律宾华校恢复正常的教学秩序，提升菲律宾华校应对危机的能力，留住华校的师资和生源，可以从以下五个方面入手。

（一）做好顶层设计，加深线上线下合作

新冠疫情期间，国侨办下属的各级侨办、各大院校与菲律宾华教中心合作，为菲律宾华校教师举办了各种线上研讨会、培训班、研习班，组织了各种网上夏令营以及各类竞赛活动。这在一定程度上提升了菲律宾华文教师资的质量，丰富了华校学生了解中国的渠道。但是，目前的在线培训也存在一些问题，如培训内容重复、培训时间交叉、培训效率不高、受训教师参差不齐、受训课程针对性不足、受训效果不理想等。总体来看，线上培训的效果不如线下培训的效果好。在新形势下，建议相关部门尽量开展线下的面授课程，这样既能提升培训效果，又能让华文教师借此机会走进中国，深入了解中国。同时，在安排培训课程时，建议相关部门可以对菲律宾各地华校师资情况进行实地调研，根据各地情况有针对性地制定长期的、系统的培训规划。由相关部门组织专家统筹规划培训单位和培训内容，全方位开展多层次的培训课程：既有学历培训，又有非学历培训；既有短期培训，又有长期培训；既有针对华文教育相关专业背景的师资培训，又有针对其他专业的师资培训；既有教师专业基础知识的培训，又有教学技巧和教学活动的实操培训，形成立体化、多需求的培训课程体系。通过系列课程培训，让菲律宾的

华文教师尽可能掌握华文教育的专业知识，尤其是让菲律宾华文师资队伍中的"业余选手"尽快向"专业选手"转型。此外，国内一些高校已研究出了一系列华文教育的相关标准，但是这些标准在菲律宾的认知度还较低，在华文教育全过程中的应用还很少。我们应想方设法将华文教育的教学标准、学生培养标准推广出去，让菲律宾的华文教育有规可循，有标可依。通过以上措施，逐步推动菲律宾华文教育迈向正规化、专业化和标准化的道路。

（二）以新冠疫情为契机，推动菲律宾华文教育信息化

应重新审视新冠疫情给菲律宾华校带来的危险和机遇。以此次新冠疫情为契机，着眼疫情催生的新业态，顺应华文教育信息化的大趋势，推动菲律宾华文教育进入新的发展阶段。可联合菲律宾华教中心合作开发在线教育平台、教学软件、教学设备，开发趣味性、互动性较强的高品质云端教学课程，加强具有科技含量的华文教育资源的开发和利用，将VI（视觉识别系统）、VR（虚拟现实）等新科技融入教学，打造适应新时代的华文教学产品，探索可推广、可复制、本土化的线上教学模式，逐步实现菲律宾华文教育资源的电子化、教学流程的模式化、教学资料的大数据化、教学工作的信息化。此举一方面可以应对未来随时出现的停课情况，真正实现"停课不停学"；另一方面，可以为广大有汉语学习需求的菲律宾各族裔人士提供有竞争力的学习产品，让一些没有条件在课堂学习汉语的汉语爱好者有更多接触和学习汉语的途径，推动中国语言文化的海外传播。

（三）提供绿色通道，加大线下派出

目前，菲律宾华校已经开始进行线下教学，急需大批华文教师支持。近来，中国的防疫政策进行了一系列调整，对菲律宾派出中国教师的工作应尽快重启。建议相关部门与菲律宾华教中心积极协调，加大中国志愿者教师和督课教师的派出力度。同时，在志愿者教师和督课教师派出的过程中，也期待中菲两国政府能在出入境、任教手续等相关方面为外派教师开通绿色通

道，加快派出速度。在教师办理派出手续但仍未抵菲的周期中，继续加大线上教学合作力度，尽快帮助菲律宾的华校恢复正常教学，逐步吸引一些华校学生回流。

（四）多方措施并举，提高华文教师福利

菲律宾的华校多为500人以下的小规模私立学校。它们多是当地华侨自发建立的，学校自负盈亏，财力有限，大部分华文教师的薪资和福利水平与其他职业相比存在不小差距。由于华文教师福利待遇不好，一些曾经受过中国政府资助的青年教师在完成服务期后选择退出教师队伍，转入薪资更高的其他行业。要想华文教师队伍长期稳定发展，必须想方设法提高教师福利。

建议相关部门联合菲律宾华人社团与侨界慈善人士成立"华文教师贡献基金"，为投身华教事业时间较长、贡献较大的华文教师提供奖励基金，调动教师们的积极性。同时还可以建立"临时关爱基金"，对于出现大病、受灾或者家庭困难的华文教师提供帮助，减轻他们的后顾之忧，提高华文教师福利待遇，留住华文教师的心。

（五）加大"造血"力度，提升华文师资质量

多年来，菲律宾联合中国政府开启的"华文师资造血计划"成果明显。目前已有两百余人从中国学成回国，投身菲律宾华教事业。这批毕业生是菲律宾华教的"精锐部队"，有年轻化、专业化的优势，很多人已经成为当地华校的骨干力量。此次新冠疫情期间，这部分年轻教师承担了大量的线上教学任务，发挥了不可取代的重要作用。但是从赴中国学习的高中毕业生的生源来看，大多集中在菲律宾大马尼拉、吕宋、米沙鄢、棉兰老这四个地区，其他地区的派出人数极少。建议加大菲律宾应届高中毕业生赴华学习的规模，在奖学金、学习交流、签证办理等方面提供便利，让更多优秀的青年教师加入华文教育队伍。

总之，新冠疫情对菲律宾华校造成了重创，菲律宾华校面临空前的挑

战，我们要多方面支持华校尽快恢复正常的教学秩序，助力菲律宾的华文教育事业早日新兴！

参考文献

［1］菲律宾教育部：11月2日起学生一律返校上课［EB/OL］.（2022-07-13）. https：//www.chinaqw.com/huazhu/2022/07-13/335066.shtml.

［2］疫情三年，菲律宾教育状况有多惨？上千所学校倒闭，百万学生辍学［EB/OL］.（2022-8-19）. https：//www.gdgte.com/2541.html.

［3］菲律宾华文教育界为菲律宾华教事业注入动力［EB/OL］.（2022-08-19）. http：//hk.crntt.com/doc/1064/4/6/5/106446503.html?coluid=0&docid=106446503&kindid=0&mdate=0819103617.

［4］马尼拉，一场新冠疫情下华文教育发展视频座谈会［EB/OL］.（2020-12-16）. https：//www.chinanews.com/hr/2020/12—16/9363315.shtml.

［5］黄溪连大使寄语菲律宾华文教育提出四点希望和建议［EB/OL］.（2020-12-17）. https：//www.sohu.com/a/438783369_206880.

北京华文学院　专修部

福建师范大学　海外教育学院

安哥拉来华留学生基础物理教学对策

——基于华文学院安哥拉留学生语言障碍的分析

林文英　陈建兴[①]

摘　要：安哥拉来华留学生班汉语基础物理教学困难主要源于两个方面：一是物理学科的学术性语言特征，二是学生的素质条件。一方面，物理概念定性表述语言呈现抽象性、概括性、严密性等学术语特征，需要很高的语言综合能力，基础物理课的学习需要思维延展和逻辑分析；另一方面安哥拉学生的汉语能力比较欠缺，且非洲文化背景塑造了他们擅长用感性方式表达自己的性格特征和倾向简单的线性思维方式。汉语基础物理课通过精心设计教学内容，演示物理概念的物理属性，展示呈现母语词形曲折变化特点的物理概念关系图，揭示物理概念表述中各个组成基本概念之间的逻辑关系等，调动学生已有的认识能力，发挥他们母语的正迁移作用使其参与学习活动，促进学生汉语语言综合能力和物理专业知识的提升。

关键词：安哥拉来华留学生；基础物理课；语言障碍；教学对策

---

① 作者简介：林文英（1968—　），女，华侨大学华文学院副教授，主要从事应用语言学研究。陈建兴（1967—　），男，华侨大学华文学院讲师，主要从事对外物理、中文信息教学。

引言

随着"一带一路"倡议的实施和"非洲人才培养计划"不断推进,安哥拉来华留学生人数不断增长。华侨大学从2014年开始开办安哥拉政府青年科技人才班,每年接收不超过30名安哥拉国籍优秀高中毕业生来校就读,学制为"2+4"模式,前两年学习汉语言,后四年学习专业课程。安哥拉学生经过两年的语言学习之后将升入华侨大学机械、电子、建筑、工程等工科学院学习各种科学知识和技术,为了让他们更好地适应中国大学的课程学习,学院除了开设常规的汉语课程,在二年级特别为他们开设了与大学理工科紧密联系的基础数学、基础物理、基础化学,一方面通过"以内容为依托的语言教学"模式提高他们的汉语水平,另一方面为他们的专业学习打下较好的学科础。

随着汉语的海外推广,对非洲裔学生汉语语言学习的研究蓬勃发展。向琴[1]、郭鹏岳[2]研究了非洲裔学生学习汉语的动机,余香莲、黄超[3]研究了非洲裔学生的汉语学习策略,熊丽君、龙霞[4]等研究了文化差异对非洲裔学生汉语学习的影响。而对非洲裔学生用汉语学习科学课包括数学、物理的研究则很少,研究数学教学对策的有一些,如章勤琼、张维忠[5],唐恒钧、张维忠[6]对非洲裔学生数学素养做了探讨。非洲裔学生物理学习特点和教学对策的研究尚无。从基础物理课程的学科语言特点入手,结合安哥拉留学生的性格特征、思维特征、学习特征,分析他们学习物理的语言障碍,并通过2015级和2016级安哥拉班留学生进行的教学成果问卷调查对比展示。"以物理学科内容为依托的汉语教学"模式,即在物理教学中有效融合物理专业内容学习和语言学习,有助于大大提高学生的汉语水平和对物理概念的理解,为针对非洲裔学生的物理教学和汉语教学提供建设性的参考。

一、物理学科语言特点造成安哥拉在华留学生物理学习的障碍

基础物理是一门综合性很强的学科,这是由物理学科的语言特点造成的。物理概念和规律是在对观察和实验得来的感性材料进行理性加工的过程

中形成的，因此高度概括、抽象。物理概念的定性表述意味着物理语言概括性、严密性、精确性以及复杂的扩充句式[7]。物理概念是物理学体系最基本的要素，物理教学的基本任务是物理概念的教学，让学生理解和掌握物理概念是物理教学成败的关键[8]。基础物理课概念多、定律多、公式多，使得基础物理课的学习极具思维延展性，比日常交际使用的汉语难度更大。

物理语言的上述特征使得其学科文体学术性极强，谨严、条理清晰、句子结构完整复杂、充满逻辑性、不带感情色彩。学术语言表达的概念是精准、确切，书面语的理解不能单靠猜测策略，而是需要更多的认知能力的参与。因此物理概念、物理规律的描述不像日常交际语言，根据情境、手势、语气等语言外的提示进行猜测只能做到一知半解，只有根据语言本身的形式及其蕴含的逻辑挖掘其中各个物理量之间的关系，并用相应的文字表述或相应的公式解读，才能完整把握整个概念并加以运用。以牛顿第一定律（惯性定律）为例。"一切物体总保持匀速直线运动状态或静止状态，直到有外力迫使它改变这种状态为止。"[9]定律中涉及"匀速直线运动状态""静止状态""外力"等三个物理概念、"一切""总"等数量概念，以及"直到"蕴含的先后或条件概念。根据语言逻辑关系，从惯性定律可推断出：第一，物体在不受力时，总保持匀速直线运动或静止状态。第二，物体的这种保持原来的匀速直线运动或静止状态的性质叫惯性。第三，物体运动状态的改变需要力。

换句话说，一个定律可以包括多个蕴含，理解一个定律意味着挖掘定律中各个物理概念的内涵及各个物理概念之间的关联，把简练的定律拓展到概念与概念之间的关联，综合性极高，需动用大量的记忆，要求学生具有相当的联想能力、分析能力、抽象能力以及数学能力，而这些素质正是安哥拉学生最薄弱的地方。

二、安哥拉在华留学生的素质条件

安哥拉留学生学习物理困难的另一个重要因素是两国文化差异，包括语言差异、思维方式差异、学习方式差异等。

两种语言差异是最大的障碍。安哥拉留学生大多是二十岁左右的青年，他们的母语大多是葡萄牙语，已经形成了葡萄牙语的认知系统和思维方式。葡萄牙语是形合重于意合的字母语言，汉语是意合重于形合的语言[10]，从字母的葡萄牙语言转向方块字的汉语跨度很大。学生的语言能力，包括语音的辨别、汉字的识别、汉语概念的范围、句子结构的厘清、句子含义的把握，都会影响学生对物理概念的理解。物理教学中，学生对物理规律的理解不仅与其认知能力一致，还和他们的语言水平一致。语言贫乏、读写能力差的学生，难以正确理解教材的意思，更难以展开合乎逻辑的分析。

非洲文化背景塑造了安哥拉留学生擅长用感性方式表达自己的性格特征和倾向简单的线性思维方式。非洲的传统文化是"口传文化"，由于口传文化没有文字记载，不易形成深厚的积淀，所以很难形成系统的思想理论体系。在口传文化的影响下，安哥拉学生思维方式相对比较直观、感性，缺乏深刻分析和严密推理。安哥拉学生快乐、活跃，喜欢直接交流，不喜欢写字，不喜欢做笔记，思维比较简单。这些性格特点在课堂上表现为：在汉语课上，他们与教师的互动非常活跃，非常敢开口，口语优势明显，但写的能力则相对逊色。他们不喜欢写字，作业中错字很多。这一方面是由于汉字结构复杂难记，但另一方面也与他们的学习习惯、学习方式有很大关系。

在语言学习策略方面，非洲留学生的元认知策略使用显著。安哥拉留学生学习汉语的动机非常明确：学好汉语，为进入大学学习专业知识打下良好的语言基础。因此他们学习汉语的主动性强，他们会主动结交中国朋友，使用微信，主动用汉语与教师交谈等。在交际过程中，他们积极使用社交策略和情感策略等交际策略，当交际活动遇到障碍时，他们往往用肢体语言、表情等传递自己的意思。日常交际中情境的启发和暗示作用强大，学生可以根据情境用简单的汉语去猜测，所以在日常交际，尤其是口语表达方面，安哥拉学生略胜一筹。但是，在语言学习过程中，过多倚重语言外的手段会导致学生将注意力投入到语言外的信息上，投入到语言本身的注意力减少，会阻碍语言能力的提升，安哥拉留学生在交际汉语中偏爱的交际策略不利于物理学科的学习。

三、课程教学以最大限度发挥留学生已有认知能力为指导思想

学生偏爱交际策略的语言学习方法与物理学科的学习特征之间的不协调必须通过科学的教学设计加以弥补。物理语言的学术性，需要学生从语言的逻辑关系、句子结构加以分析、推理，需要更多的思维活动，需要静心思考。教师通过设计合适的教学活动，让学生专注于汉语语言的表达特点，通过归纳、总结发现汉语表达的规律，进而促进语言学习；同时又能训练学生分析物理现象和逻辑推理的能力，从物理的角度去解释一些语言现象，语言能力和物理知识互相促进，形成良性循环。

用汉语学习物理知识，既要克服语言障碍，还要从汉字中抽象出物理学概念并构建物理学科知识体系。如果学生已经储备了葡萄牙语的物理学科知识，汉语物理现象的描述就能够在学生的大脑中找到映射，因为现象是客观的，只是不同语言的表述不一样。通过汉语物理现象的启发和刺激，学习活动可以从已经有的母语知识体系中检索到与汉语匹配的物理概念，即汉语物理现象（客观属性的呈现）→葡萄牙语编码→汉语物理概念的过程。这一过程的实现要求教师精心设计物理现象的呈现方式，呈现方式必须对学生具有足够的吸引力，能够刺激学生相关母语物理知识和概念记忆的搜索。

安哥拉班学生大部分是高中毕业生，学习过葡萄牙语开设的基础物理知识。表1是2015级安哥拉班（已学习组）和2016级安哥拉班（未学习组）葡萄牙语物理术语掌握情况调查结果。"力学"部分20个葡萄牙语物理术语中，未学习组掌握70%及以上的学生占70.37%，已学习组掌握70%及以上的学生占89.28%，说明安哥拉班学生有一定的葡语物理基础。但由于汉语和葡语的发音和书写系统截然不同，通过发音和书写系统激活学生的母语知识体系的机会不大，因此必须借助其他手段激活学生已有的母语物理知识，动用学生已有的认识系统参与，降低物理学习中的语言障碍，减少物理概念抽象化过程的困扰。

表1 未学习组和已学习组葡萄牙语物理术语掌握情况调查结果

未学习组（27人）	认识的葡萄牙语物理术语达70%及以上的人数	比例
	19	70.37%
已学习组（28人）	认识的葡萄牙语物理术语达70%及以上的人数	比例
	25	89.28%

四、教学对策

外语教学中有一条法则：所有的教师都是语言教师[11]。物理教师凭借他们的专业特长，深谙专业体系和专业学习特点，汉语基础物理课可以将语言能力的培养和专业知识的获得融合在一起，充分体现"内容为依托的语言教学"（Content-based Language Instruction）[12]理念，也符合安哥拉青年科技人才培养的宗旨。

鉴于安哥拉留学生汉语语言状况不佳（他们是在接受了两个学期汉语言学习的情况下学习基础物理）、所掌握的葡萄牙语物理知识有限以及他们简单的思维倾向，汉语基础物理课的宗旨应该是语言学习兼顾内容学习，学习的物理知识应该是基础性的，教学既要着眼学生的语言学习能力，展示学科的语言特点，给学生创造学习汉语的情境，还要提升学生的物理认知，消解学生已有的认知与物理学习所需认知之间的落差。课堂教学要凸显学科知识脉络，设计出利于学生解读、记忆的概念关系图，增强物理概念的可及性，并以此促进理解。下面以"力学"部分的教学为例探讨如何融合汉语语言学习和物理概念多维度的分析和解读。

（一）演示物理概念的物理属性帮助学生理解物理术语

物理概念是对物理现象的高度概括，物理术语是对物理现象的描述和定义，描述和命名词语的理解需要借助学习者的感觉经验[13]，即学习者对事物物理属性的感受和体验。说不同语言的人用不同的语言符号描述和命名客观的物理现象，物理现象的客观性使得说不同语言的人之间具有共同的理解基础，这也是说不同语言的人之间沟通交流的基础。例如，"弹力"的演示。

演示1：弹簧下面挂不同重量的物体，让学生测量弹簧延伸的不同长度并记录数据，以此体验下挂物体重量与弹簧延伸长度之间的关系。

演示2：固定一根松紧带的一端，让学生用不同的力量拉松紧带的另一端，仔细观察松紧带长度的变化，最后松开手，松紧带迅速弹回并打到手，以此让学生感受到"弹"的概念。

物理教学通过展示物理概念描述的物理现象，即物理术语的物理属性，让学生更直观地感受、体验物理现象，并在学生的记忆中刻画出解读物理概念的画面感。画面感符合安哥拉学生感性的学习方式，不仅有助于他们对物理概念的理解和物理术语的记忆，而且大大提升他们学习物理的兴趣。

（二）借助葡萄牙语词形曲折变化特点展示物理概念关系图

葡萄牙语属于曲折语，词与词之间的语法关系主要是靠词本身的形态变化表示[14]。派生法构词在葡语词汇中占有很大比例，"词根+词缀"的构词法是葡萄牙语词汇的一大特征。汉语语素以单音节为基本形式，有意义的单音节语素差不多都能充当词根语素，汉语中运用复合法组合词根语素、构成合成词的情况最多[15]。物理术语的构成充分体现了这一语言特点，物理概念术语多呈现两个或多个组成语素的平等并列，即"语素1+语素2+语素3+……+语素N"的"加法"构式。如果语素1和语素2学生都认识，学生对于"语素1+语素2"组合成的术语的接受度会更高。例如，下列几组概念的排列方式。

（1）带"力"字语素的术语：力→重力，力→弹力

力→摩擦力，力→支持力

力→作用力→反作用力

（2）带"速度"语素的术语：速度→加速度/减速度

速度→加速度→重力加速度

（3）带"运动"语素的术语：运动→直线运动/曲线运动

$$运动 \longrightarrow 曲线运动 \begin{array}{l} \nearrow 平抛运动 \\ \searrow 圆周运动 \end{array}$$

外语初学者总是试图发现所学外语的表达规律，通过掌握语言的规律可以大大减轻信息处理和记忆的负担。上述由同音节语素合成术语的概念呈现葡萄牙语词缀构词特点，顺应学生线性信息处理方式，让学生更乐意接受。学生理解各组成语素的概念并进行组合即可理解整个术语的概念，可以免除术语概念抽象化的过程，减轻学习负担。同时，这种"词+词"的术语产出方式可以引导学生对物理概念的"限定性"（qualitative）特征的注意，可以体现各个概念的内在联系，利于学生综合相关的概念。另外，带同音节语素的术语有助于引导他们注意语言表达的特点和规律，展开语言学习活动。

（三）揭示物理概念表述中各个组成基本概念之间的逻辑关系

分析挖掘物理概念表述中各物理术语之间的内在联系有助于学生把分散的物理概念进行关联、整合，加深理解，并将常常同现的词语形成预制的语言模块进行储存，减轻记忆负担，尤其是常见的属性关系、因果关系。例如，将"力"概念的阐述分解成"力的大小""力的方向""力的作用点"等三个要素展示该概念的物理属性比起解读"力是物体与物体之间的相互作用"的定性表述要形象、具体得多，"大小""方向""作用点"要素可以通过图解或学生的亲身体验感受，让学生感受该概念的物理属性可以增强概念理解、加强记忆。又比如，"运动"概念可通过"速度""时间""位移"等基本概念阐述，让学生明白"运动"的抽象概念可通过具体的要素体现，分析"运动"就是分析"速度""时间""位移"等要素的关系。虽然其中的"位移"是个比较陌生的术语，但通过实物展示物体位置的变化演示"位移"概念，可以让学生产生"位移"概念的画面感，产生更深刻的学习印记。这种将抽象概念分解成基本组成要素概念加以阐述的方法既可培养学生分析问题的能力，又让学生感受到一些术语常常同现的语言情境，达到语言学习的目的。

通过概念分析，学生还能把握同一词语在物理学科中的定义与日常汉语使用的区别，培养物理的思维习惯。力学中诸多概念术语，如"力""运动""速度""方向""质量"等，在日常交际汉语中也很常用，但是表达的概念不一样。通过概念的物理属性的展示和分析，学生可以更全面地感受到物理术语的抽象性。例如，"运动"不是"sport"，而是"motion"；"质量"不是"quality"，而是"mass"；"重量"不是简单的"weight"，而是"gravity"；"大小"不是"size"而是"magnitude"等。

通过演示物理概念的物理属性、借助葡萄牙语曲折词形变化展示物理概念、揭示物理概念之间的逻辑关系等手段优化概念处理，可以减轻学生学习负担，增强物理术语的可及性，提高学生对术语的熟悉度和识别度，从而增强物理概念的理解和接受，同时也增强学生的汉语语言能力。

五、初步成效（问卷调查结果）

安哥拉班开设基础物理课程有两个目的：一是提高学生的汉语语言能力，二是使学生掌握基础物理知识，为进入本科的专业学习打下一定的基础。为了调查该模式的教学效果和可行性，本课程于2017年6月在2015级（28人）和2016级（27人）两个安哥拉班对学生进行问卷调查。2015级学生开设物理课的时间是2016—2017学年的第一学期，2016级学生尚未开设物理课。问卷调查的内容是物理力学部分常见的20个术语，每个汉语术语都在括号中用英语和葡萄牙语注释。每个术语后面列出四个选项，即不认识汉字、明白汉语含义、明白英语含义、明白葡萄牙语含义，要求学生选出适合自己情况的选项。表2和表3是未学习组和已学习组对问卷中的汉语物理术语的认识情况统计。表2和表3中"70%及以上"和"20%及以上"两个限定值的选取，依据是认识的汉语物理术语达20%的学生只知道个别术语，听课非常吃力，认识的汉语物理术语达70%的学生基本可以听出或猜出教师解释的术语。两组显著差异的比例表明基础物理课程教学卓有成效，尤其是已学习组是在时隔一个多学期的情况下被问及上一个学期初所学知识，说明学生并不是考完试就把知识遗忘，而是把汉字和物理知识内化成长时记忆的一部分。

表2 未学习组和已学习组不认识的汉语物理术语比例

未学习组（27人）	不认识的汉语物理术语达70%及以上的人数	比例
	23	85.19%
已学习组（28人）	不认识的汉语物理术语达20%及以上的人数	比例
	4	14.29%

表3 未学习组和已学习组认识的汉语物理术语比例

未学习组（27人）	认识的汉语物理术语达20%及以上的人数	比例
	4	14.81%
已学习组（28人）	认识的汉语物理术语达70%及以上的人数	比例
	24	85.71%

结语

教学成果调查数据表明在教学实践中积极调动安哥拉学生的认知系统，设计出能够最大限度发挥学生母语思维的正迁移作用的学习材料可以极大地促进学生汉语语言综合能力和物理专业知识的增强，以物理内容为基础的汉语言教学模式是有益的、可行的尝试。

参考文献

［1］向琴.非洲留学生的汉语学习动机调查研究［J］.湖北经济学院学报，2012（2）：187-188.

［2］郭鹏岳.二语动机自我系统对汉语预期努力影响的实证研究［J］.语言应用研究，2016（10）：123-125.

［3］余香莲，黄超.非洲留学生汉语学习策略现状分析［J］.长春大学学

报，2016（2）：81-85.

［4］龙霞，熊丽君.中非文化差异对非洲来华留学生教育的影响［J］.重庆第二师范学院学报，2014（1）：133-136.

［5］章勤琼，张维忠.非洲文化中的数学与数学课程发展的文化多样性［J］.民族教育研究，2012（1）：88-92.

［6］唐恒钧，张维忠.民俗数学及其教育学转化［J］.民族教育研究，2014（2）：115-120.

［7］马守田.物理语言的特点及其在物理教学中的功能［J］.现代物理知识，2001（1）：47-48.

［8］保俊.物理概念的特点分析及教学建议［J］.云南师范大学学报，2003（3）：41-43.

［9］肖立峰.物理［M］.北京：北京语言大学出版社，2012.

［10］柴纹纹.汉语和葡萄牙语构词法对比研究［D］.北京：中央民族大学，2011.

［11］LYSTER R. A counterbalanced approach to counter-based language teaching［J］.外语与外语教学，2013（5）：5-9.

［12］邹文莉.高等教育英语教学的新模式探索［J］.外语与外语教学，2013（5）：10-13.

［13］梁瑞清."试论现象意思的多模态习得"［J］.外语与外语教学，2013（5）：22-25.

［14］李长森，崔维孝.实用葡汉翻译教程［M］.香港：香港城市大学出版社，2002.

［15］黄伯荣，廖序东.现代汉语［M］.北京：高等教育出版社，2002.

华侨大学　华文学院

立足在地化资源，讲好中国故事

——关于华侨大学境外生中国近现代史教学的思考

关浩淳

摘　要：华侨大学为境外生开设的中国近现代史（中华民族复兴简史）是一门特殊的通识课程。为帮助境外生深入了解中国近现代历史，应努力发掘、充分利用、系统结合福建在地化历史资料，整合泉州、厦门的城市资源，运用实践调查和课堂教学等多样方式，向学生讲述内容丰富、多姿多样、跌宕起伏的中国近现代历史和文化，阐释可信、可爱、可敬的中国形象，向世界传播中国声音，为服务国家对外战略贡献自身的独特力量。

关键词：华侨大学；境外生；中国近现代史；在地化资源

历史是一门特殊知识，拥有资政育人、传承文化的重要作用，涉及丰富的教学内容，给人润物细无声的感染和启示，对于民族共同体意识的维系，族类记忆、国家记忆、世界记忆和公众记忆的保存[1]，传统的延续具有特殊意义。华侨大学是中央统战部直属高校，不仅承担着努力教学、积极科研的主责主业，还肩负着开展统战、对外传播中华文化、促进世界文明交流互鉴的独特使命。作为承载上述职责的重要媒介，境外生教学既是一项包含专业教育的教学活动，也是一种重要的政治活动，不仅关系知识传授、学生成长,也关系国家统战任务的贯彻落实;既需要讲授者拥有深厚的知识储备、学术积累,也要求教师不断提高政治悟性、拓展学术视野、丰富教学内容。因此,将境外生通识课程"中国近现代史"("中华民族复兴简史")讲好、讲活、讲出感情,有助于让中华故事入脑、入心,有利于将港澳台学生培养成维护祖国统一的坚定支持者,将来自世界各地的华人华侨学生培养成中华文化的信仰者和传播者。针对如何将中国近现代历史讲出味道、讲出特色,充分运用当地优势,将在地化资源融入教学活动,是一个值得尝试的路径。

一、丰富而独特的在地化资源

福建在中国近现代历史上占据重要而特殊的地位。首先,福建是近代中国最早对外开放的地区之一。第一次鸦片战争后,福州、厦门被迫对外开放,留下许多近代历史遗迹,如外国建筑、教会学校、教堂、租界等,带有殖民色彩的行政机构、军事设施,还有音乐、绘画、照片等艺术形式。其次,福建在旧民主主义革命中具有自身"特色"[2]。"洋务运动"等历史事件在福建产生重要影响。马尾造船厂、福州船政学堂等记载着我国早期现代化的尝试,福建近代留学潮反映出中国人寻求富强的梦想,为中国早期海军的产生、发展作出重要贡献,诞生了林则徐、林旭、黄乃裳、严复、林纾、萨镇冰、黄钟瑛、陈嘉庚、林觉民、林语堂等各领域人才,为推动国家发展起到重要作用。再次,福建也是典型的革命圣地、红色摇篮,是红军的故乡、中央红军长征出发地之一、南方三年游击战争的主要活动区域,革命文化浓郁、红色资源丰富。这里不仅有"红色小上海"之称的汀州[3]、"闽北红色首府"的大安、"苏区乌克兰"的宁化,也有古田会议旧址、"中央苏区第一个兵工厂"的山塘兵工厂、"将军之乡"的才溪等,孕育了刘亚楼、叶飞、杨成武、邓子恢、张鼎丞、邓六金等革命人物,为毛泽东、朱德、周恩来、陈毅等老一辈无产阶级革命家开展早期革命活动提供了历史舞台。

华侨大学及其创办、发展所根植的闽南大地拥有丰富的历史资料、独特的在地化资源。作为著名侨乡,泉州、厦门两地华侨对福建影响甚巨,对中国近现代革命、新中国建设、改革开放事业等作出特殊贡献。泉州不仅有海外交通史博物馆、闽台缘博物馆、极具特色的传统村落，也有许多著名侨乡、大量侨批等独特华侨资源。厦门拥有被誉为"国际历史社区"的鼓浪屿，华侨博物馆、陈嘉庚纪念馆、陈嘉庚故居、厦门经济特区纪念馆等资源，也保留着厦门破狱斗争旧址、革命烈士陵园和革命烈士事迹陈列馆等红色文化遗址。此外，泉州、厦门两地还保存有大量的闽南古建筑、名人故居、华侨投资兴办的工业企业[4]等历史遗迹。作为以"华侨"命名的高等学府，华侨大学保留着丰富的校史资源，学校不仅建设有校史馆、陈嘉庚纪念堂等，也留下廖承志、叶飞等著名人物与学校的故事。

二、充分利用在地化资源开展历史教学

鉴于华侨大学所在地独特的华侨资源、丰富的红色革命底蕴、典型的地方色彩，可充分利用上述有形与无形历史材料，灵活运用全球史、现代化、区域发展等理论范式，结合华侨史、区域地方史、革命史等内容，开展生动的历史教学，让境外生在历史场景中体悟中国共产党的百年奋斗、中华民族的百余年抗争与复兴，在现实与历史对比中领略中国城市发展变迁。

（一）结合在地化资源，灵活利用史学理论

经几十年发展，历史学尤其中国近现代史研究，涌现出革命史观、现代化史观[5]、全球史观等许多史学理论和范式。这些史学理论在解释中国近现代历史问题上，固然有其合理性，但局限性也不可忽视。有鉴于此，中国近现代史教学，需在马克思主义唯物史观指导下，结合境外生来源广泛、思想文化和知识背景多元等特点，综合教学内容和在地化资源，灵活选择解释理论。首先，充分认识到"革命"是中国近现代史的主题、主调。授课时，向学生讲懂、讲透中国近代革命为什么发生、中国革命前进的动力、中国革命成功的经验等，帮助学生了解革命发生的背景、革命与改良的区别、革命在近代中国的积极意义等。其次，现代化是世界近现代历史发展趋势，包含

生产力和科技大幅提升、交通通信技术不断进步、文化教育事业和医疗卫生条件迅速发展等内容。解释中国近现代社会进步，尤其分析新中国社会主义建设、改革开放的巨大成就等可充分运用该解释框架。最后，中国近现代史属于全球史的一部分，近代中国在西方资本主义不断发展和世界殖民体系、贸易体系逐渐形成中被迫打开大门。与古代不同，中国近现代社会与世界的联系日益密切，科技、交通等发展，使得联系的层次、深度、频率等超越过去。考虑到境外生的不同教育背景、多元知识体系，应注意引入全球史观，从中外文明对比、中外文化交流互鉴、中国与世界其他国家的互动与联系中寻求问题的解释[6]。例如，基于鸦片战争时期全球贸易和白银流动，太平天国运动与美国内战的相互影响，维新变法运动与日本明治维新的比较，国际共产主义运动与中国革命、建设的联系，华人华侨与中国近代革命以及社会主义建设等，解释历史背景原因、揭示历史线索脉络。

（二）利用在地化资源，开展形式多样的教学

学生既要念"有字之书"，也要读"无字之书"；教师不仅教"死知识"，也需传授"活知识"。给境外生讲深、讲活中国近现代史，一方面，需注意将教材知识与周围环境联系起来，利用在地化知识开展教学。例如，讲述新中国史、改革开放史，可充分利用华侨资源、侨批资料等，让学生了解厦门"嘉庚精神"的内涵和来源、泉州"晋江模式"形成的华侨背景等；涉及新中国初期的教育发展史教学，可引入陈嘉庚、庄希泉等与厦门大学、集美华侨学生补习学校有关的故事，廖承志、何香凝、叶飞等与华侨大学有关的历史故事。另一方面，"纸上得来终觉浅，绝知此事要躬行"，积极组织、鼓励学生走出校园，利用周末、节日等特殊时间或闲暇，到周边研修，将参观实践与课堂教学结合起来，深化对教材知识的了解。例如，通过参观南靖、永定等地土楼，介绍晋江梧林的传统建筑、泉州博物馆和闽台缘博物馆的丰富侨批，参观鼓浪屿街巷和陈列馆照片、厦门华侨博物馆的历史文物，踏访陈嘉庚、叶飞、林觉民等近现代名人故居，瞻仰厦门革命烈士陵园、李

林烈士纪念园等,参观厦门大学、集美大学、华侨大学相关历史遗存等,帮助他们感悟客家文化与华侨的联系,引导他们用眼睛和双脚感受历史,在历史与现实交汇中体悟福建华侨华人与教育的关系、华侨事业对中国教育发展的贡献[7]。此外,教学时段和内容方面,注意区分不同历史阶段,灵活开展价值引领。讲述中国近代史,注意引导学生了解中国优秀传统文化、革命的正当性,体会中国先进知识分子不屈不挠的反殖民斗争;通过讲授中国被侵略、被殖民的近代历史,唤起港澳台和东南亚学生的相似记忆和共同情感。在中国现代史讲授中,需向学生讲清楚中华人民共和国初期探索现代化道路的曲折历程,宣传几十年改革开放重大成就,介绍中国发展经验和中国式现代化,高度肯定华侨华人对中国革命、改革开放事业的巨大贡献,强调世界文化多样性和开放、交往、交流的重要性,鼓励支持各国走符合本国国情的发展道路。

(三)发掘在地化资源,丰富课堂教学内容

除掌握教材知识外,教师还应努力挖掘在地化历史素材,灵活运用在地化知识辅助教学,增添课堂趣味性,提高学生学习兴趣,调动学习积极性。具体来讲,讲述鸦片战争,可将林则徐与福建等融入其中;涉及五口通商时,可依据厦门史志知识,讲述开埠之初的厦门历史、展览相关图片,分享徐继畬在厦门与传教士雅裨理的交往等。讲述洋务运动,可通过马尾造船厂、船政学堂、派遣学生留学欧洲等事件,严复、萨镇冰等历史人物的成长故事,突出福建对近代中国海军、造船、教育等方面的积极贡献[8],丰富学生对中国近现代史的认知,帮助他们深入了解福建。讲述中国近现代革命史,注意将林觉民等闽籍革命志士、《与妻书》背后的动人故事介绍给学生;讲述南洋华侨与孙中山、同盟会、辛亥革命的密切联系,闽西革命根据地的创建、古田会议的召开背景、毛泽东等老一辈无产阶级革命家在闽工作经历和历史故事,拓展中共(闽中)厦门工委高崎地下交通站、作为长征出发地之一的长汀等知识;讲"新文化运动"可谈谈鲁迅在厦门工作时期的创

作、文化名人林语堂等。讲授抗日战争，可介绍华侨与中国抗战，陈嘉庚、李林等人的抗日爱国事迹。讲述中华人民共和国成立后的科教文卫事业和外交，可深入发掘陈嘉庚与厦门大学、集美华侨学生补习学校的故事，廖承志与华侨大学的故事、林巧稚与其妇幼保健事业等历史材料。此外，高度重视与改革开放史相关历史资源的发掘，利用好厦门作为经济特区、泉州作为全国最具活力经济区之一的优势，充分运用厦门经济特区纪念馆、泉州的侨乡企业、两地的大中小侨校等资源，围绕厦门城市史、泉州地区城镇经济史、侨企和侨校发展史等具体案例，将相关企业、学校、人物等引入课堂辅助教学，加深学生对改革开放成绩的认识，鼓励他们继承老一代华侨的爱国传统，担负起讲好中国故事、传播好中国声音的新的时代责任，为学校和国家发展尽力，为中国与世界各国的交流交往作贡献。

结语

中国近现代史是一部中国人民反抗外国侵略的抗争史，是中国由传统走向现代的发展史，也是中华民族由封闭衰落走向独立发展的复兴史，在境外生通识教育中占据特殊地位。作为授课教师，既要在教授内容上把握重点和主次，根据学生情况适当调整、安排教学内容，也要注意历史逻辑的把握、价值观的引导、感情的渲染和培养；既要向境外生讲述中华民族在近现代饱受的苦难、欺侮、种种不平，也要展示近现代中国有识之士和中国共产党的不屈抗争、努力奋起、坚持奋斗精神，逐步走出苦难和悲情的叙述心态和历史表达，在中国近现代历史讲述与传播中不断增加阳光、自信、包容的色彩。通过努力发掘、充分利用、系统结合在地化资源，运用实践调查和课堂教学等多种多样方式，更加自信坦荡地阐释中国、宣传中国文化，向学生讲述可信、可爱、可敬的中国形象，向世界传播中国声音，为服务国家对外战略贡献自身的独特力量。

参考文献

[1] 姜义华，瞿林东.史学导论[M].上海：复旦大学出版社，2018.

[2] 中共福建省委党校《福建革命史》编写组.福建革命史（上）[M].福州：福建人民出版社，1991.

[3] 钟日兴，张雪英.简析汀州成为"红色小上海"的历史原因[J].古田干部学院学报，2022（1）：54.

[4] 林金枝.近代福建华侨投资企业的历史及其特点[J].中国社会经济史研究，1983（3）：97.

[5] 徐秀丽.中国近代史研究中的"范式"问题[J].清华大学学报（哲学社会科学版），2015（1）：40-50.

[6] 关浩淳.多维·整体·世界：全球史观与当下中国近代城市史研究[J].近代史学刊，2018（1）：208.

[7] 福建省教育科学研究所课题组.福建华侨华人捐资办学史[M].福州：福建教育出版社，2007.

[8] 沈传经.福州船政局[M].成都：四川人民出版社，1987.

华侨大学　马克思主义学院

侨校社会保障方向港澳台研究生培养特色与培养方案完善研究

——以华侨大学为例

和 红 汤兆云

摘 要：在港澳台研究生培养规模迅猛增加的大环境下，华侨大学社会保障教学团队积极实践价值引领、能力培养、知识传授相结合的育人理念，通过建设特色教材、打造高质量课程、多维提升学生素养等方式，致力让每位港澳台学生学有所得、学有所成、学有所为。在教学过程中，形成一带一路的社会保障合作、粤港澳大湾区发展特色、台湾地区研究特色、学生深度参与等港澳台研究生培养特色。

关键词：侨校；社会保障；港澳台研究生；培养方案

一、研究背景

招收和培养港澳台学生及华裔新生代留学生，是国家创办华侨大学的初心和学校新时代的使命，也是华侨大学不同于其他大学的办学特色和独特优势。近年来，作为内地拥有港澳台侨学生最多的高校之一，华侨大学的境外本科生和研究生规模都加速增长。华侨大学发布的2022级新生大数据显示，2022年录取境内外新生总数8555名，其中，境外生3152名，占学校新生总数之比为36.8%；香港中学毕业生内地升学报名人数是13190名，而华侨大学2022年录取香港学生1737名，占比为13.2%，位居内地省份录取香港学生生源数首位；华侨大学录取中国台湾学生307名，澳门学生293名。

从2020年开始，华侨大学开展面向全校境外应届本科毕业生推荐免试攻读本校硕士学位研究生工作，推荐对象为本校应届毕业港澳台、华侨、外国留学本科生。十年来，华侨大学累计培养各类境外研究生1500余人，毕业后广泛分布在泰国、印度尼西亚、越南、马来西亚、菲律宾、巴西、阿根廷等39个国家及中国港澳台地区，遍布海内外各行各业，服务统战侨务工作，为地区及"一带一路"国家经济社会发展作出了巨大贡献。2016年10月12日，教育部等六部门关于印发《普通高等学校招收和培养香港特别行政区、澳门特别行政区及台湾地区学生的规定》的通知明确提出："对港澳台学生教学事务应趋同内地（祖国大陆）学生，由高校指定部门归口管理。在保证相同教学质量前提下，高校应根据港澳台学生学力情况和心理、文化特点，开设特色课程，有针对性地组织和开展教学工作。政治课和军训课学分可以其他国情类课程学分替代。"

在境外研究生培养规模迅猛增加的大环境下，华侨大学社会保障教学团队积极实践价值引领、能力培养、知识传授相结合的育人理念，通过建设特色教材、打造高质量课程、多维提升学生素养等方式，致力让每位港澳台研究生学有所得、学有所成、学有所为。

二、社会保障方向港澳台研究生生源特点

第一，由于政治、社会、文化制度的差异，港澳台研究生对我国社会保障制度和政策的理解不够深刻。学校在公共课程上，特别针对港澳台地区学生开设"中国文化概论（学硕）"。这些课程突出中华优秀传统文化教育、核心价值观念教育、当代中国国情与发展教育，通过文化认知、文化理解、

文化认同、价值共识四个层次进行分类递进培养。学校实施分类融合培养，促进境内外学生同向融合发展。境外生的第一课堂、第二课堂紧密衔接，百村千人行、名家故里行、侨乡文化研习营等国情考察、社会实践活动丰富多彩；向外，也搭建和寻找更多的平台，帮助境外研究生深化对中华优秀传统文化的认识和理解。

公共课程的教学侧重文化价值层面，缺乏宏观、中观、微观的社会保障制度和政策层面的内容。正如郑功成在《社会保障推动发展成果惠及全体人民》一文中提到，现代社会保障是一个庞大的制度体系，是国家制度安排，也是国家赋予公民的法定社会权益，成熟的制度安排必定是统一、规范的制度安排[1]。社会保障本身是综合的制度体系，社会保障制度正处于快速发展的阶段，不仅政策变化周期短，而且国内不同地区在具体政策执行上也存在着诸多差异。教师知识信息内容更新压力大等种种问题，致使在教学过程中形成这样一个局面：学生学习了该门课程的全部内容，在思想上未能形成具有社会责任感的全局观念，在能力上没有提高，甚至不能根据法规作出正确的判断。再加上港澳台地区的社会保障和福利制度从制度架构到运行管理都存在着较大差异。这进一步对学生的学习和教师的教学提出了挑战。

由于我国境内与港澳台地区在基础数据教学模式上的差异，给港澳台研究生带来定量分析方法的学习困境，使他们对烦琐的数学公式与推导有一定的畏难情绪，如何让社会保障方向的港澳台研究生更好地理解实证研究中数学公式推导背后的逻辑并加以具体实证运用尤为重要。在研究方法上，社会保障研究从以定性研究为主走向定性与定量研究相结合，精算技术、模型应用已经深入社会保障学术领域。

社会保障涉及多个领域的经济学理论，其研究对象与宏观经济学、劳动经济学、微观经济学和公共经济学等均存在相互交叉融合的部分。例如，养老保险与宏观经济学中的生命周期理论、最优储蓄理论、跨期消费决策、经济增长理论等相关。相应地，养老保险制度对于储蓄、投资、利率、工资甚至人力资本投资的影响也已经纳入宏观经济学的分析框架。劳动经济学中关于劳动供给和需求的理论是分析社会保险对劳动参与影响的框架，包括养老保险、失业保险和生育保险对劳动供给的影响等。医疗保险与微观经济学中的信息不对称理论密切相关，医疗保险市场中的逆向选择和道德风险问题是微观经济理论中的经典问题，对医疗保险问题的研究也充实了微观经济理论。公共经济学强调效率与公平的权衡，是社会保险政策设计和分析的重要理论基础。政府参与社会保险的理由、社会保险的再分配功能、健康和医疗保险的公平性等内容均以公共经济学理论为基础。美国国家经济研究局（NBER）公共经济学领域文献综述表明，社会保险已经成为公共支出分析的重要内容[2]。

本科阶段学习的内生动力不足，但是研究生阶段系统的学术训练的要求较高。对现实问题进行沉淀、反思、论证与提问是研究生教育区别于本科教育的关键所在。若研究生从未真正提出过科学问题，则意味着从未接受过系统性的逻辑思维训练。不以问题发现为导向的研究生教育会导致学生缺乏将显性知识转化为隐性知识的能力，因为科学问题的提出过程如同"鉴宝"，是隐性知识形成的过程，是学生用自身的体会形成对知识的感知的过程[3]。社会保障是"学以致世、服务社会"的学科，如何引导港澳台研究生结合国家战略需求，将研究领域聚焦在社会保障制度、公共政策等经济社会发展中的重大问题上，对教学也提出了更高的要求。

港澳台学生思维活跃，具备较强独立思考能力，为研究生阶段的学术创新能力培养提供了一个好的基础条件。西方福利国家的相关理论和话语缺少对中国国情复杂性的体验。因而，我国社会保障专业人才培养关注构建中国社会保障话语体系，立足本土深入研究中国问题。针对港澳台学生的特点，应给学生提供更充足的理论联系实际的机会，通过实地调研、社会实践、课程实践等多种方式提升学生的专业素质和实践能力，改变当前重理论轻实践的现状，促进其将社会保障理论知识有效内化。

三、社会保障方向港澳台研究生的培养特色

社会保障教学团队编写了《社会保险学》《共建"一带一路"沿线国家社会保障研究报告2021》和《共建"一带一路"沿线国家社会保障研究报告.2022》等教材和蓝皮书，并在选修课上增设"'一带一路'社会保障"，力求充分反映"一国两制"等中国特色社会主义伟大实践，体现国家和民族基本价值观，把港澳台研究生培养成拥护祖国统一、拥护"一国两制"的坚定爱国者和中华文化传承者。

（一）突出一带一路的社会保障合作

正如童星老师在《共建"一带一路"沿线国家社会保障研究报告.2021》总序中所强调的，共建"一带一路"沿线国家间社会保障领域的学习、交流和合作既是共建"一带一路"建设的应有之义，也是共建"一带一路"倡议贯彻以人民为中心的发展思想的集中体现。国际劳工组织和联合国亚洲及太平洋经济社会委员会报告《亚太社会展望》中指出：尽管亚太地区大多数国家的社会经济地位迅速上升，但社会保障体系仍较为薄弱，大约一半地区的人口没有社会保障覆盖，只有少数国家拥有覆盖范围相对广泛的社会保障制度。再加上新冠疫情的冲击，扩大和完善社会保障制度以利于减少贫困和不平等，成为"一带一路"建设各国共同的选择[4]。童星老师的总序也明确了我们编制研究报告的原则和基调。这也是教学过程设置的原则。

研究报告主要由总报告、专题报告和国别报告三部分组成。其中，专题报告又分为养老保障篇、医疗保障篇、就业保障篇、贫困保障篇、慈善公益篇。这一分类学习了中国社会保障学会对研究主题的划分。例如，总报告选取了30个"一带一路"沿线国家作为样本国家，从社会保障总支出、社会保障支出的比重和结构两方面对各样本国的社会保障发展水平进行了评估。结果显示，地处中东欧地区的"一带一路"沿线国家社会保障发展水平较高，而地处亚洲、南美洲等的非欧洲国家的发展水平较低；在支出比重和结构

上，各个国家差异较大，但总体上现金支出比服务支出比重大，养老支出和医疗支出占社会总支出中的大部分。总报告还系统地对老挝、中东欧国家和世界银行的社会保障动态进行了梳理，并对未来的社会保障发展趋势作出了重点预测。老挝确定了国家到2025年的目标，即通过扩大覆盖面和向所有人提供更高质量的服务，改善国家社会保障制度。

（二）突出粤港澳大湾区发展特色

《社会保险学》教材的每一章节都加入了港澳台地区社会保险制度的介绍，从发展沿革、成功经验到现实改革的问题都有分析，在每个知识点模块均会补充相应的现实实践问题板块。这样不仅提高了学生理论和实践结合的能力，在学术训练的同时也培养了学生对中国重大现实问题的兴趣，更有助于增强学生讲好中国故事、传播好中国声音的能力。

在每一模块的基本知识讲解中，将经济学、社会学、管理学、人口学一般原理与中国社会保障制度的发展相结合，融入最新的实践改革。例如，养老保障知识点，2022年4月21日，国务院办公厅《关于推动个人养老金发展的意见》（简称《意见》）正式发布，成为中国构建多层次、多支柱养老保险体系和规范发展第三支柱养老保险要求的新举措，引发广泛关注。《意见》非常清楚地定性了个人养老金私有财产的属性，这是最大的亮点。课程结合政治经济学的产权理论分析个人养老金的资产属性。占有权，主要体现在"个人养老金实行个人账户制度，缴费完全由参加者个人承担，实行完全积累"。收益权，主要体现在这个账户"封闭运行，权益归参加者所有，除另有规定外不得提前支取"。此外，参加者可以用账户里的钱买银行理财、储蓄，也可以买基金或投资金融产品，自己承担风险。处分权，主要体现在个人养老金资金账户内的资金可转移、可更换投资机构，也可以转移到别的账户。这是一个突破，类似的操作在以前是不被允许的。使用权，主要体现在达到领取年龄，参加人个人养老金账户里积累的钱只供自己使用。进一步从现有养老保险制度存在的问题，如各自为政带来的转移衔接问题、不同地区的养老金压力差异巨大、漏保脱保断保等问题层出不穷等，引出养老金个人账户政策推出的意义。

"大爱才有大智慧"。对于境外研究生来讲，粤港澳地区经济社会发展本身是他们密切关注的主题。大湾区规划目前更多还是围绕着城市、经济、科技、金融等方面，社会和制度规划较少。但相比物质经济层面，制度的融合才是公益慈善事业发展的重要条件。目前大湾区内部的各个城市在居民身份、法律、税收制度、货币方面的差异，使得政策推行、人流和资金的出入境管理、商业运作等都相对复杂。至于社会福利、社会保障、公益慈善等社会事业，在协同发展上更是面临巨大的挑战。因此，列出慈善合作、跨境养老、经济社会空间耦合机制、社会保障水平空间差距等现实问题，供境外研究生学习讨论。

（三）突出台湾地区研究特色

华侨大学社会保障教学团队，受国务院第七次全国人口普查领导小组办公室委托，承担"七普""新时代的中国人口"系列丛书台湾卷的撰写工作，掌握了台湾地区的人口经济的数据，对台湾地区的人口迁移、空间变迁、教育等情况作出了分析。在教学过程中，充分利用各种渠道收集整理台湾文献，融入台湾地区长期照顾体系的内容。台湾地区养老产业发展起步较早，自1993年步入老龄化社会后，逐步将美日等国养老产业发展经验成功本土化，并为顺应市场发展创造出众多实用且独具特色的发展思路，建立起多层级的长期照顾体系。

2019年3月10日，习近平总书记参加十三届全国人大二次会议福建代表团审议时提出"要探索海峡两岸融合发展新路，让福建成为台胞台企登陆的第一家园"。为吸引台湾青年前来就业或创业，福建省早在2015年就出台了《关于鼓励和支持台湾青年来闽创业就业的意见》，在厦门市、福州市率先建成了在两岸具有重要影响的台湾青年创业示范基地。2018年国家又推出惠及台湾同胞的31条措施。在这些政策的推动和大陆经济的磁吸下，越来越多的台湾青年前来大陆就业或创业。据统计，截至2019年12月，来闽就业或创业的台湾青年已突破3万人，建成的各类台湾青年创业基地有50余家，成为在闽台企、民营企业及高校、科研院所等重要的人才供给来源。组织社会调查团队，对厦门市、泉州市的台湾青年进行调研，研究台湾青年在闽就业创业的满意度及其影响因素，为各级政府及用人单位提出有针对性的、吸引台湾青年人才的政策。

（四）拓展实践教学模式

社会保障教学团队十分看重与政府相关部门以及社会企业的研究合作，希望通过社会调研发现研究领域内存在的重要现实问题，并通过团队研究推动该问题解决。采用"导师+研究生带本科生"的形式，参加社会调查大赛；采用"公共管理学硕和专硕合作"模式，参加案例比赛和讨论。组织学生赴泉州十三个县市区的行政服务大厅、人社局、劳动仲裁机构调研就业保障、劳动争议问题调解、新业态就业质量等问题。

（五）增强学生的参与度

讲授社会保险领域的经典文献，让学生掌握社会保险领域学术研究的模型框架。同时，利用信息技术，提高挑战度。人口预测和社会保险基金收支预测是政府和学界关注的重点问题之一，本课程将人口预测、养老保险和医疗保险基金收支预测的模拟纳入课程体系，并指导学生利用MATLAB软件进行社会保险基金收支预测。例如，突发疫情与城镇职工基本医疗保险基金支付风险预警、长期护理保险收入预测等。课程要求学生完成社会保险领域内的学术论文或者调研报告，为了确保论文质量，教师从选题到开题报告，再到最后论文的陈述进行全过程指导。

四、社会保障方向港澳台研究生培养方案的完善思路

（1）增强社会保障的跨学科交叉理论学习。第一，福利分析的理论和

方法。社会养老保险不仅对家庭的收入、消费、储蓄等经济福利产生影响，还对居民的劳动力供给、健康状况与主观福利产生作用。此外，社会养老保险在养老模式、性别偏好、儿童照料与健康以及居民政治信任等方面发挥着溢出效应。通过个体效用最大化得到社会保险政策对个体行为的影响，例如，人们在考察养老保险对储蓄的影响时，可以根据生命周期理论，通过最大化一生的期望效用得到对储蓄的选择。第二，制度分析理论和方法。诺斯总结了制度变迁的基本逻辑，一旦某种制度在外部偶然事件作用下被系统采纳，这一制度便将按照一定的发展路径演进，很难为其他更优体系所取代。只有新的外部条件带来的利润足以超越进行制度演化的预期成本时，新的制度才可能被创建。第三，福利体制比较的理论和方法。从福利体制比较研究方法上看，该领域需要沿袭并借鉴比较研究领域中发展起来的各种方法与分析技术，主要体现为以定量方法为基础的跨国的截面研究、以个案方法为基础的小规模案例的比较—历史研究和基于制度分析与政治经济学分析相结合的综合探究。在全球化时代，伴随着经济发展形态的可变性、经济增长的不确定性、潜在的社会变迁和深远的技术变革，福利体制的比较研究在未来将出现新的机遇和发展动力，也会为民族国家社会政策变革与发展提供新的理论资源和方法上的革新。第四，社会保险精算技术与方法。从本质上讲，社会保险不是社会福利，必须坚持精算平衡。从国际先进经验来看，精算在制度建设、政策评估、财务预算、风险预警等方面都发挥着重要的作用。从英美等发达国家的社会保险精算制度来看，精算报告在国家社会保险基金管理的作用主要表现在两个层面，一是监测制度的运行，二是支持政策决策。伴随着人口老龄化的加剧，养老、医疗等社会保险的支付压力将会逐年增加。为确保我国社会保障体系的高效、可持续发展，应增强风险意识，通过精算技术的应用，加强社会保险的风险预警测算和分析，出台有关政策措施，确保基金的收支平衡和平稳运行。第五，行为科学、心理学和公共管理学中社会服务和社会福利合供。行为公共管理研究借助实验方法与心理科学理论，从微观视角出发探究个体行政态度与行为背后所蕴藏的机理、机制和内在动力来源[5]。新公共管理运动中的公共服务"合供"模式（以下简称"合供"）为解决中国城市公共物品和公共服务供给的"最后一公里"困境提供了新的思路。相比其他供给模式将普通公民定位为"服务接受者"，"合供"模式将普通公民视为公共服务的"共同生产者"，强调通过公民在公共服务过程中的实质性参与（通常表现为支持公共机构或者与公共机构合作）以提升公共服务效果[6]。

（2）增加研究方法和研究工具的高阶性。常见的研究方法和研究工具有：CMA3.0，R语言实现Meta分析；Leximancer、Python，进行文本数据分析及可视化呈现；EndNote，进行文献库的管理和文献编辑；SPSS、Stata、Amos，运用软件进行数据梳理、数据管理、数据分析；使用HLM进行多层线性模型的数据分析，使用E-prime软件，对内隐实验进行数据分析。同时，需要与时俱进，不断增强研究方法的高阶性。学术研究中直接使用的完整模型过于强调逻辑的"严谨性"、分析的"完整性"和变量关系的"一般性"。这些模型结构复杂，对经济学基础和数学基础要求都过高。社会保障方向的港澳台研究生，通过具体的数值计算，既能保留理论模型最核心的机制，又能大大降低学习难度。

（3）增强调研深度，真正把研究写在中国大地上。微观层面的基础研究是宏观管理实践的基础，忽视宏观管理的微观基础，则难以准确地理解政策实施的效果及学习演进。因此，港澳台研究生的研究写作和学术讨论，应该基于中国本土实践场景，针对社会福利和社会服务的大问题从小处着手提供洞见，进而推动社会保障理论和实践改革的微观基础。

参考文献

［1］郑功成.社会保障推动发展成果惠及全体人民［N］.光明日报，2022-08-16（11）.

［2］封进.社会保险经济学理论与方法初探［N］.中国社会科学报，

2020-07-29（10）.

［3］于博.研究生论文写作中的问题意识缺失与教学改革路径探析［J］.学位与研究生教育，2022（6）：16-24.

［4］汤兆云.共建"一带一路"沿线国家社会保障研究报告2021［R］.中国社会出版社，2022（1）：2-3.

［5］陶磊，文博.行为遗传学：行为公共管理研究的新视角与新路径［J］.公共行政评论，2022（10）：182-190.

［6］肖哲，魏姝.理解邻里社区中的"公民合供"：社会动机视角下的分析框架［J］.上海行政学院学报，2022（4）：92-103.

华侨大学　政治与公共管理学院

民族地区高校留学生教学面临的挑战与对策浅析

——以内蒙古自治区为例

恩 和

摘 要：随着改革开放的深入推进，我国已成为外国学生首选的留学国。在建设"人类命运共同体"理念下，留学生培养也从单纯教学行为逐渐转变为表述深远意义的教育行为。边远民族地区高校留学生教学体系为了攻破留学生专业课成绩普遍较低、教学体系辅助系统作用不大、奖学金制度不完善、课堂教学方法落后等内生性制度缺口，必须积极适应国际环境变化，建立教育资源供需方积极互动体系，优化社会实践教育，改善教学方式，从而整体提升教育质量，这是破解困境的有效途径。

关键字：内蒙古；留学生；高校教学

---

① 基金项目：内蒙古自治区教育科学研究"十三五"规划项目："一带一路"建设背景下留学生培养模式改革研究（NGJGH202018）；内蒙古大学一流本科课程建设项目：校级一流本科课程建设（混合）。

引言

随着我国经济稳定发展并在国际舞台上发挥着日益重要的影响力，我国逐渐成为外国学生首选留学目的地。国际社会也对我国经济发展成果高度认可，学习经济发展经验无疑成为更多留学生的来华愿望。但是，外国留学生数量不断增加也对高校教育体系带来挑战，出现了现行教育体制难以对付的一系列问题。因为高水平留学生教育需求对应的是高质量的教学供给，留学生教学改革已经成为高校教育体系转型升级不可缺少的重要环节。提高留学生教学水平成为高校教育理念延伸深入国际领域的主要途径，也是高校教育走向国际化的必要条件。留学生教学已经不再是唯一能够提供教学供给的单纯教学机制，而是通过教学改革发现问题、破解障碍、建设高质量教育体系、构建国际化人才储备池的必要途径。

一、内蒙古高校留学生教学面临的挑战

（一）留学生数量增多与挑战升级

随着"一带一路"倡议的提出和实施"中蒙俄经济走廊"建设进程，中蒙俄人文交流进一步扩展。在我国向北开放战略桥头堡地位的内蒙古自治区，蒙俄两国留学生数量不断增加，频繁进行人文交流成为深入开放的一项重要内容。例如，2017年内蒙古自治区接受蒙古国留学生4535人，比2016年增加了67.8%（其中高校留学生3439人，比上年增加了近一倍；基础教育及学前教育1096人，增加15%）。2017年内蒙古自治区接受俄罗斯留学生355人，同比增加了近30%（其中高校留学生329人，增加了29%，基础教育及学前教育26人，增加36.8%）（见表1）。虽然新冠疫情暴发对蒙俄两国来华学生数量产生影响，校园内看不到留学生身影，并且内蒙古教育厅对有关留学生数量没有及时公布，但是蒙俄两国留学生选择中国作为留学目的地的根本原因在于经济发展水平差异和我国对外深度开放战略，因而随着疫情结束留

学生数量继续增加的趋势没有改变。

表1　2016—2018年上半年内蒙古自治区接受蒙古国、俄罗斯来华留学生数量（单位：人）

生源	蒙古国		俄罗斯	
学段	高校	基础教育及学前教育	高校	基础教育及学前教育
2016年	1751	952	255	19
2017年	3439	1096	329	26
2018年（1—6月）①	1985	1115	238	53

资料来源：内蒙古教育厅

（二）留学生教学面临的挑战

蒙俄两国留学生数量不断增多对我国高校留学生教育体系带来新挑战，高校教育资源分配、教学质量升级和完善激励机制等多方面都面临严峻考验。

1. 课堂沟通机制不完善，学生适应周围环境积极性不高

"人际互动和交流是教育活动中最基本的因素，甚至可以说是教育活动的本质。"[1]一切教学行为都是从人际交流开始的。语言不顺通是留学生的主要交流障碍，课堂上留学生语言表达能力的优劣直接影响师生交流和沟通。大部分留学生在无法达到较高语言沟通能力的状态下又缺乏交流沟通机制，直接导致课堂交流不足，出现留学生不愿意主动交流，教师也尽量回避沟通的"怪"现象。同时，教师讲课内容、深度、难度很难照顾留学生实际情况，学生上课时无法跟上教学进度，长此以往留学生逐渐失去学习积极性，上课只是为了充考勤和为应考作准备。尤其是留学生教育无法打破留学生内部形成的"生活小圈"，他们遇到问题首先选择在"小圈"内解决，有意无意中放弃了与我国学生和教师沟通的机会，由留学带来的语言学习良机发挥不了作用。具体表现在：首先，鼓励沟通机制与学校硬件设施不匹配。我国各

---

① 由于新冠疫情原因，2020年后来内蒙古自治区留学的学生无法到校学习，2019年后的数据缺失。

高校教学环境建设和投入较充足，能够提供留学生学习需要的硬件环境。即课堂教学硬件环境条件完全能够满足留学生学习需求，基本上不影响留学生学习积极性。然而，交流不足或者不完善的沟通机制与硬件条件不匹配，成为影响留学生交流欲望的主要原因。交流不足而更不愿意交流的结果，把留学生挤入更狭小的"小社会"，不利于提高学习成效。其次，缺乏鼓励留学生融入我国社会文化环境并提高适应能力和自我突破能力的引导机制。留学生将绝大部分时间投入课本语言学习或者专业课学习上，在社会实践中学习的机会很少，从而导致语言表达能力提高缓慢。由于非母语使用的障碍，在攻破专业课知识难度之前，留学生还会遇到人际交流难关。在双重压力下，很难依靠个人能力来改变现状，专业课学习越来越困难，应试学习成为常态。再次，课堂教学方案设计缺少国际化。教师不能全面照料留学生实际困难，急于课程进度，尤其缺乏课堂沟通交流，因而课程教学逐渐变成教师单向讲授的"灌输式"教学模式。

2. 奖学金制度不完善，激励效应和后期效应低

奖学金鼓励对于外国留学生极具吸引力。奖学金管理可以分为鼓励吸引、执行考核和后期管理等三个阶段。三个阶段必须紧密结合发挥各自有效作用才能确保奖学金制度的完整性。但是，在现行奖学金激励机制下，留学生学习努力程度与享受奖学金待遇的评价体系不对称，高校留学生奖学金制度各环节衔接不够紧密。第一阶段，吸引留学生进入高校教学系统具有较强的鼓励效应，但是留学生进入校园后奖学金激励作用开始下降，没能帮助他们快速提高学习能力。由于语言交流障碍影响沟通，留学生陷入较为孤单的学习环境，奖学金吸引鼓励效应不能完全转化为学习激励效应。第二阶段，奖学金考核机制不健全，"有无学习"和"可否鼓励"之间没能形成连动反馈机制。奖学金支付部门（例如政府）和考核部门（例如学校）的对接不够完善，支付部门固定金额下达奖学金，而考核部门很难按照考核结果重新调整奖学金分配。因而出现学校考核标准降低，基本上学生全员被"照顾"合

格的现象，无法完整地反映出留学生平时的努力程度。第三阶段，奖学金支付后期管理不善。绝大部分留学生毕业后，奖学金支付停止的同时后续扩展效应也戛然而止，"校友"对外影响脉络建设滞后，高校留学生教学停留在"教学"层面，只能成为留学过路站，而没能提升到"国际教育"深度。

3. 教学体系辅助系统服务不到位，激励引导作用不高

高校留学生教学体系除了教学系统外，还有引导留学生融入社会实践的辅助系统（见表2）。教学系统帮助留学生适应校园生活和学习环境，提高知识水平和学习能力，而辅助系统帮助留学生提高社会适应能力，为留学生提供更多了解社会的机会和体验生活的平台。但是，高校留学生课程设计中缺少社会实践课程教育，学校评价体系和教师教学任务过于偏重理论课程学习，对留学生参与社会实践的鼓励不充分，辅助系统作用发挥不佳，而教学系统效果也并不理想。考试成绩决定一切的考核体系，误导留学生错误理解学习目标，应对考试成为他们每学期唯一的学习任务。课堂教学方法改变迟滞也导致学生学习积极性弱，期末考试扎堆作弊、重复考试等对高校常规教学造成困扰。教育系统和辅助系统应是相互促进的复合体，缺乏辅助系统使留学生校园生活不够完美，不仅影响高校教学质量提升，还淡化了留学生教育的战略意义。

表2 高校留学生教学体系的主要内容与效果

系统名称	主要内容	效果
教学系统	通过教学资源投入传授专业知识	传播知识
辅助系统	社会化系统，深入了解和体会社会面貌	融入社会
教育系统	传授中国经验，建立长期效应的国际交流体系	国际化人才储备

4. 课堂教学方法落后，战略作用认识不足

教学是教育的基石，教学方法的正确选择是留学生融入课堂教学环境的关键。由于各国基础教学水平不等，留学生初期接受能力差距较大，进而对高校课堂教学的平衡能力要求较高。良好的教学方法能够包容各国留学生的初始差异，有利于推进留学生教育进展。但是，高等"学校对来华留学生教育服务工作的战略作用认识不足"[2]，课堂教学方法缺少灵活性和机动性，对留学生的学习积极性缺乏驱动力。其一，教师课堂教学以"灌输型"讲述为主，与社会实践教学的连接性不强。其二，教学任务设计、评估评价和考核指标偏向于完成教学任务，现场教学行为与长远教育战略意图配合不默契，留学生吸引力优势没有转化成培养资源优势。高校留学生教学体制中缺乏战略性统筹安排，意味着留学生教育过于单一，不利于宣传中国经验和进行文化传播，陷入"目前中国高校的对外品牌意识、为留学生服务意识等都欠缺"[3]的困境。

（三）个案访谈分析：留学生的看法和期待

留学生如何理解高校教学中存在的问题并有哪些期待？我们通过微信等联系方式给留学生发送了20份访谈邀请，由于网络不通、无法联系等原因只有12位同学接受访谈。依据个案访谈进行案例分析，总结如下：

首先，对于高校教学服务总体比较满意。对学校教学基础设施满意程度高，对食堂、图书馆、宿舍条件等方面的评价较高。

其次，语言表达能力差，跟教师沟通非常艰难。这是专业课课堂学习的主要阻碍点，其中包括不知道如何跟教师沟通，提问内容不能完整地描述，有时候复杂问题得不到详细讲解等。而对于"听不太懂""与班级其他同学沟通难""教学没有吸引力"等问题，大部分同学认为也很重要，直接影响学习，因而希望在教学改革中增加教师与留学生之间的沟通交流机会，在专业课课程设置上多照顾留学生。同时，专业课内容太难、理论太多，教师课堂教学很有系统性但讲课速度太快，缺少国际问题的实际案例等问题也不容忽视。

再次，期望高校留学生教育改革能听取留学生意见。留学生整体课程成绩较低，大部分专业课成绩只能达到"及格"线上。他们非常希望打破"僵局"提高成绩。希望高校教学中增加社会实践课，创造更多沟通平台，但在问到"是否希望单独设立留学生班"时，留学生都认为没有必要。实际上，留学生也非常希望加强同本国同学的沟通、交流。同时，留学生对于现行奖学金制度比较满意，认为现阶段奖学金完全能够满足留学生活需求，也没有必要增加金额。

二、解决途径：适应变化整体提升

为了提高异文化环境下的留学生沟通能力和学习技能，必须改善课堂教学模式、增加社会实践教学、完善奖学金制度、关注留学生教育改革，以实现"沟通—管理—融入—教育"的关联性综合效果。

（一）改善课堂教学模式，提供更多交流平台

改变传统教学模式是留学生教学改革的关键，同时需完善留学生学习能力的评价模式。首先，改善课堂教学模式。应该给留学生提供比较宽松的课堂交流环境，利用多媒体同时翻译功能，减少语言障碍负担。鼓励留学生积极参与课堂交流，把课堂互动活跃程度纳入学习考核指标。促进留学生知识学习与文化交流相结合，在沟通和互动过程中提高专业课水平。其次，适当增加学习时间，提升留学生专业技能。留学生专业课学习时间应该比本国学生要多。课程设置上应该多加一学分，增加学习时长，这样教师能多一份业绩鼓励并有充分的时间安排留学生教学内容。也就是说，期末考试统一考核但学习时间不同，给留学生提供比较充足的专业课学习时间，缩小与本国学生之间的差距。再次，增加留学生节假日或假期社会交流活动。鼓励留学生主动参与各项社团活动，展示才能，认识更多朋友，扩大社会交流面。"充分、有效的师生互动和生生互动不仅可以建构和创造知识，也能帮助学生认识和了解自我发展。"[4]

（二）增加社会实践教学，丰富教育内容

建立实践型留学生教学体系，有利于丰富高校留学生教学内容，并能

够提高留学生的沟通能力和异文化适应能力。一方面，丰富高校教学内容，避免过于理论化教学而脱离实际，帮助留学生在实践中检验课堂上学到的知识，让他们真正体会到知识的实用性。尤其是经济管理类课程，更应该引导留学生深入了解中国经济社会，感受经济发展成果。另一方面，积极推行社会实践教育，增加留学生接触经济社会的机会，有利于锻炼语言沟通能力，加快异文化环境中的适应能力。"跨文化适应需求是教育需求的前提"[5]，高校留学生教学应该不断增加社会实践教育内容，在教学质量评价体系中加设社会实践教育指标，加强留学生教学辅助系统功能。

（三）完善奖学金制度，加强后续管理

完善留学生奖学金制度，健全奖学金发放的考核指标。通过奖学金鼓励培养少数精英人才的同时，培育多数了解中国社会文化的"中国通"，多方位储备中外交流人才。建立奖学金后续管理平台，长期保持与毕业生联系，尤其是毕业生回访或者母国就业单位与高校合作时，应该提供更多便利化服务措施，并鼓励他们为两国友好合作作出贡献。

（四）关注留学生教育改革，提高教育战略认识

留学生教育关系到高等教育的国际化，因而高校留学生教育改革势在必行。首先，专业理论学习应该更加结合实际，教学内容上更注重他们最关心的话题。对蒙俄两国留学生讲解"一带一路"倡议、"中蒙俄经济走廊建设"等我国强力推行的深度开放战略的解读具有现实意义。其次，课堂教学评价体系要合理化。以建立完善留学生全面评价体系为目标，鼓励留学生在课堂上发表观点、讨论、勇敢地提问等。只要是有利于沟通、互动、提高学习能力的课堂行为都进行量化并计入总成绩，以促进留学生专业课学习能力的全面提升。再次，利用大数据分析系统，建立留学生困难投诉平台，使高校能够及时发现问题并快速解决问题。同时，应该提高对留学生教育的战略认识。高校留学生教学不仅是教学行为，而且是培养国际人才、讲好中国故

事的战略性教育行为。在建设"人类命运共同体"理念下，留学生培养要从单纯教学行为逐渐转变为表述深远意义的教育行为。

参考文献

[1]谢维和.教育活动的社会学分析：一种教育社会学的研究[M].北京：教育科学出版社，2000.

[2]云建辉，陈亮."一带一路"背景下边疆农业院校提升来华留学生教育服务质量研究：以云南农业大学为例[J].教育教学论坛，2019（3）：53-55.

[3]李立国，陈岚，赫文婧.为什么留学中国？——以中国人民大学留学生调查为例[J].复旦教育论坛，2015年，13（1）：37-43.

[4]文雯.课堂学习环境与来华留学生学习收获的研究：以清华大学为例[J].清华大学教育研究，2014（2）：107-113.

[5]罗宗全，曹鸣."一带一路"倡议背景下在滇缅甸留学生教育需求现状及对策研究：基于调查问卷的分析研究[J].红河学院学报，2018，16（4）：48-52.

内蒙古大学　经济管理学院

思政教育

吸收网络时政视频优点
提高思政课教学效果[①]

翁永坤[②]

摘　要：高校思想政治理论课是落实立德树人根本任务的关键课程。当前，手机等互联网终端的普及使得大学生可以快速便捷地获取海量的网络时政信息，网络上时政视频内容呈现方式的生动性、与观众互动的多样性，与部分思政课枯燥的课堂教学形式形成鲜明对比。网络时政视频与思政课教学在内容上有一定的相似性，这使得思政课教学可以借鉴前者的特点，吸收其优点，从而提升思政课教学效果。

关键词：思政课教学；网络时政视频；教学改革

随着我国日益走进世界舞台的中央，意识形态领域面临的形势和斗争也更加复杂，高校思政课作为意识形态建设的组成部分越发凸显其重要性。2019年3月18日，习近平总书记在学校思想政治理论课教师座谈会上指出："思政课是落实立德树人根本任务的关键课程，思政课作用不可替代，思政

[①] 项目基金：福建省社科研究基地重大项目"基于科技创新视角的美好生活实现路径研究"（FJ2022JDZ016）。

[②] 作者简介：翁永坤（1985— ），男，博士，华侨大学马克思主义学院讲师，主要研究方向：科学哲学、思想政治教育。

课教师队伍责任重大。"[1]思政课重要作用的落实需要良好的课堂教学效果作支撑，但是目前高校思政课课堂教学广泛存在教师灌输式讲课、学生缺乏听课兴趣、上课抬头率低等问题。而与之形成鲜明对比的是，互联网上的时政类视频越来越受大学生的关注和喜欢，学生主动转发网络上的视频、评论的人数也越来越多。网络时政视频的内容主要是近期发生的国内外热点时政事件，思政课也涉及对时政热点的分析、评论，因此二者在内容上有一定的相似性。内容上相似，但是学生参与的积极性却有很大差别。究其原因，网络时政视频更能抓住当前大学生的兴趣点，而思政课教学则存在与大学生兴趣相背离的问题。

时政视频与思政课教学在内容上的相似性使得课堂教学借鉴网络视频的特点成为可能。本文将先分析当前思政课教学存在的不足，然后分析网络时政视频受大学生喜欢的原因，最后探析高校思政课教学通过借鉴网络时政视频优点来提高教学效果的可能路径。

一、当前思政课教学存在的不足

近年来，高校思政课建设成效显著，教师和学生在课程中的获得感和幸福感都有提升，不过当前思政课建设中也存在一些亟待解决的问题。例如，"课堂教学效果还需要提升，教学研究力度需要加大、思路需要拓展；教材内容还不够鲜活，针对性、可读性、实效性有待增强……教师的教书育人意识和能力还有待提高……"等。[2]这些问题在高校思政课教学中具体表现为以下几个方面。

（1）教材内容相较时政热点存在一定的时间差。思政课从教学内容上来说，既包括相对固定的哲学理论、重要历史事件，也包括需要不断更新的时政热点，尤其是"习近平新时代中国特色社会主义思想概论"与"形势与政策"课程，需要教师在课程讲授时紧扣当前发展形势。在获取信息的便利性不断提高与互联网上意识形态斗争日趋激烈的大趋势下，时政热点越来越受到当下大学生的关注，学生有认识、理解、就事件发表自己观点的迫切需求。然而，思政课的课堂教学内容需要按照教学计划，因此有一定的固定性，思政课教材也至少需要两到三年才会改版，因此教学内容不易根据时政热点的变化随时作出调整。这就导致思政课的课堂教学相较于不断翻新的时政热点存在一定的滞后性，使得课堂教学无法满足当前学生的需求，学生觉得与其听老师讲，还不如看微博、公众号文章，或者自媒体的分析视频。学生的需求对思政课教师来说既是挑战也是机会，教师若能够以时政热点作为切入点进行课堂教学可以大大提高课堂教学效果[3]。

（2）学生知识背景参差不齐。思政课面向的是全体大学生，不同专业学生的知识背景有巨大的差异，尤其是理工科的学生，对于常见的政治学、经济学概念缺乏基本的理解，教师若不就学生的知识背景进行教学方式上的调整，上课时大段采用教材原文的表述，很容易导致学生听不懂，学生自然很快就会失去听课的兴趣。例如，笔者在教学过程中发现大部分理工科学生不知道"共和国"是什么意思，自然也就无法理解辛亥革命的重要意义。而有些学生出于自身兴趣等原因已经对某一方面的知识有了比较深入的了解，若课堂教学的内容过于基础又会使这一部分学生的听课兴趣寥寥。由于学生知识背景的差异性，教师若仅根据教材内容进行教学难免会出现一部分学生听不懂、不感兴趣或者重复接收的情况。

（3）教学方式单一。思政课的教学内容涉及哲学、历史、政治、经济等众多学科的知识，这一特点在"习近平新时代中国特色社会主义思想概论"课程中体现得尤为明显，这使得教师讲授一个知识点往往需要做大量的背景知识的铺垫。课堂的教学时长是固定的，"时间紧任务重"的情况使得教师不得不选择"全堂漫灌"的方式进行授课，导致学生很快失去听课兴趣。通过播放相关视频素材来代替教师直接讲授背景知识可以在一定程度上节约时间，而思政课的严肃性使得教师在选择视频素材时一般以主流媒体的新闻视频为主。"漫灌"加新闻视频成了当前思政课教学的普遍现象。

除了以上三个方面，还存在教师掌握信息不够全面，对学生的引导不够充分，与学生互动模式单一等影响教学效果的因素[4]。这些因素共同作用的结果是，在思政课堂上认真听课的学生少、抬头率低，学生会做其他课程的作业，甚至玩手机。学生的消极反应反过来也会对教师形成负反馈，使得教师对课堂教学失去热情，从而导致恶性循环。

二、互联网热门时政视频的特点

与部分沉闷的思政课课堂形成鲜明对比的是网络上时政相关的视频、文章越来越受大学生的关注，订阅媒体、转发新闻、参与讨论的人数越来越多[5]。以哔哩哔哩为例，哔哩哔哩的用户群体以大学生为主，哔哩哔哩上的官方媒体，如共青团中央、央视新闻，订阅人数分别达到1081万、1669万，以时政新闻为主的私人媒体观察者网的订阅数达到746万（截止日期：2023年10月18日），并且这些媒体的订阅人数都还在不断上升。从内容上看，共青团中央、央视新闻、观察者网发布的视频都以热点时政新闻和激发爱国热情的素材为主。思政课教学同样需要教师讲授时政新闻，同样需要引导、激发学生的爱国热情，因此无论从内容还是目标上看，这些媒体发布的时政视频与思政课教学都有一定的相似性，但是在视频内容的呈现方式上，前者更加灵活、多样、生动，能紧紧抓住大学生的兴趣点，吸引大学生观看，从而大大提高内容的传播效率。

（1）内容上吸引大学生。随着互联网自媒体越来越多，媒体之间对于用户的竞争越来越激烈，激烈竞争的结果是，媒体对自身的定位和对用户观看兴趣的把握越来越准确，也就是说，每一家成功的媒体都准确地知道自己的用户是哪些人，用户想从自己这里获取什么信息。共青团中央的目标用户是在校的、热爱我国传统文化、具有较强民族自豪感的大学生，因此其视频主要以我国优秀文化、科技进步、经济建设、英雄事迹等为主，视频内容在导向上以激发观众的爱国热情和民族自豪感为主，视频内容在选择上一般会选择当下的时政热点或者契合特定日期的内容。例如，我国海水稻产量取得新突破；外交部"霸气"回应国外记者故意刁难的问题；在日本投降日、旅顺大屠杀纪念日等特殊日期发布相应的纪念视频等。央视新闻在内容上与共青团中央有较大的不同，以发布官方资讯和新闻为主，内容上更为严肃和权威。而观察者网由于是私人自媒体，所以在内容创作上更为灵活，在发布时政热点新闻时会加入更多搞笑的元素，还会专门制作一系列与热点新闻相关的分析视频等。以上这些媒体的用户人数都接近甚至超过了千万级的水平，之所以这些媒体对于大学生有如此大的吸引力，部分原因在于随着我国国家实力的不断提高，大学生的国家自豪感随之倍增，大学生需要为自己的自豪感寻找支持和依据，而这些媒体发布的视频内容正好契合了大学生在这方面的需求。

（2）内容表现方式多种多样。内容表现方式灵活、多样是互联网视频的显著特点。新闻类的视频由于相对来说比较枯燥，所以视频的时长一般会缩短到几秒钟到一两分钟不等，做到在尽可能短的时间内传递主要信息。除了严格控制视频的时间之外，很多视频会设计特效和BGM（背景音乐），以新奇的特效和悦耳的音乐来吸引观众的注意力。对于不容易理解的内容，则一般会制作时长较长的分析视频，由特定的解说员解说，或者将内容做成搞笑动画，以动画的方式说明原理和事情的来龙去脉。一些分析视频中还会加入鬼畜素材，甚至视频的全部画面内容都是鬼畜表情包而只通过字幕和声音来传递信息，画面的唯一作用就是用搞笑的鬼畜素材吸引观众的注意力。除这些之外，网络视频还有非常多的表现内容的方式，这种种表现方式上的创新主要是为了吸引观众的注意力，提高内容的传播效率。

除了内容的吸引力和表现形式的多样性，观众可以与观众、与视频的发布者进行互动也是互联网视频的显著特点。互动的方式有发送弹幕、发布评论、发私信、打赏、对视频进行点赞、投币、收藏，观众也可以对其他人的评论进行回复、点赞和表示反对。当观众在观看视频的时候，视频下方会显示当下正在观看视频的人数，以此来吸引更多人参与互动。这些互动方式都大大增加了观众的参与感，使得观众乐于发表自己的观点，乐于就问题与他人进行讨论，乐于让更多的人看到自己喜欢的视频，乐于鼓励、支持视频制作者制作出更多自己喜欢的作品，也使得有相同爱好的观众更容易聚集在一起形成一个个线上社区。

三、吸收时政视频优点，提高思政课教学效果

上文对当前思政课教学存在的问题、网络时政视频的特点，以及思政课教学和时政视频之间相似性进行了分析，通过以上分析可以看出，思政课教学存在的内容和教学方式上的不足正是网络时政视频的优点所在，我们可以通过学习、吸收网络时政视频的优点来提高思政课的教学效果。可以从以下几个方面进行探索。

（1）在课堂教学中更多、更灵活地融入时政热点。时政热点本身的吸引力是网络流量的重要保证，思政课堂教学可以更多地以时政热点作为教学内容的切入点，以时政内容作为案例来引出教学内容。这样做一方面可以提高学生听课的兴趣，另一方面也能提高学生用理论分析时事的能力。教师在讲授时政热点时，要控制讲述的时间，在尽量短时间内准确说明事件的来龙去脉。讲述时可以学习网络视频的表现方式，做到幽默的表达和严谨的论证相结合，甚至可以将部分内容以"讲段子"的方式呈现出来。在对事件进行分析的时候，要做到逻辑严密、有理有据、层层推进地把道理讲透。思政课堂容易出现气氛沉闷的情况，尤其是当理论内容较多的时候，学生很难长时间保持注意力。对此，教师除了幽默的表达之外，可以适当地在讲授理论的过程中加入一些短视频，这样可以起到打破沉闷气氛、重新吸引学生注意力的作用。

（2）在课堂中多进行"过招式"的互动讨论。网络视频通过多种互动方式来吸引观众，这也是课堂教学可以学习借鉴的。现在的大学生独立思考能力强，对思政课内容有很多自己的见解，多组织学生进行讨论，给学生更多表达观点的机会，可以使教师更好地了解学生的想法，从而更好地进行引导。在课堂讨论问题的设置上，尽量避免"背诵课本内容式"的提问，这样的问题不能充分锻炼学生的逻辑思维能力，而且还会大大增加学生对课程的逆反心理。问题可以选择开放式的，通过师生之间、学生和学生之间多回合

的"过招"来不断推进学生对问题的认识。讨论过程中，教师要把握好讨论进行的方向，引导讨论层层递进，并保证最后讨论形成的共识落脚于思政课教学目标之上。设置这样的问题对教师的要求比较高，教师需要提前准备好回答中可能出现的多种观点和讨论进行的步骤，使得讨论朝预期的方向层层推进。当学生的回答出乎教师的意料时，还要及时应变，快速想出新的推进讨论的方法。对于这样的问题讨论，大部分学生都会积极参与、踊跃发表自己的看法。每次课堂教学除了进行一到两次开放式的问题讨论之外，教师在讲到一些知识点时，还可以通过简单提问，或者让学生在学习通等APP上做选择题等方式来了解学生对问题的认识，以此保持与学生之间互动的频率，从而维持活跃的课堂氛围。

（3）适当打造教师的个人"人设"。哔哩哔哩上受欢迎的讲授者往往具有鲜明的特点，有的风趣幽默（罗翔、宋浩、戴建业），有的逻辑严谨（林毅夫），有的简单易懂（中国农业大学的微观经济学课程），有的教师甚至有"缺点"（戴建业的口音），这些特点都增加了视频的受欢迎程度。思政课教师可以适当地发掘自身的一些特点，以增进自己的亲和力，减少教师和学生之间的距离感，这也可以提高课堂的受欢迎程度。

结论

当前，高校思政课教师普遍面临着与手机"抢"学生的难题，面对这个问题，传统的强调课堂纪律的做法效果并不好[6]。学生之所以选择看手机而不是听教师讲课，原因在于"漫灌式"的课堂教学过于枯燥，而类似哔哩哔哩这样的互联网平台则提供了越来越多的更符合大学生口味的时政视频。网络时政视频在表现形式多样性和生动性等方面远远走在了课堂教学的前面，而且其优势还在不断扩大。对于思政课教师来说，用强制手段杜绝学生上课看手机是行不通的，主动向手机学习，借鉴、吸收网络时政视频的优点并将其融入课堂教学中，同时发挥面对面课堂教学的优势，才可以更好地提高思政课的教学效果。

参考文献

[1][2]习近平.思政课是落实立德树人根本任务的关键课程[OB/OL].（2020-08-31）. http：//www.qstheory.cn/dukan/qs/2020—08/31/c_1126430247.htm.

[3]王娜.时政热点融入高校思政课教学探析［J］.吉林教育，2022（29）：19.

[4]邓清贺，韩亚男.新时代高校思政课教师教学"新挑战"及应对之策［J］.吉林省教育学院学报，2022，38（2）：123.

[5]翟婷婷，王蓉.新媒体视域下大学生网络思想政治教育的探索：基于某高校大一新生新媒体使用状况调查分析［J］.湖北第二师范学院学报，2021，38（12）：9-10.

[6]苏玉波，张胜军.高校思想政治理论课以理服人面临的难题与提升路径［J］.思想教育研究，2022（3）：101.

华侨大学 马克思主义学院

高校思想政治理论课教师自信的三重逻辑探究[①]

斯琴格日乐[②] 黄 岳

摘 要：高校思想政治理论课教师肩负着对青年大学生进行以理论为基础的思想政治教育的任务，同时也是高校实现"立德树人"的关键群体。高校思想政治理论课教师自身的信念自信、学科自信和教学自信是高校思想政治理论课建设最重要的问题，也是其自身守土有责的核心要义。

关键词：高校；思想政治理论课教师；教师自信

习近平总书记在党的二十大报告中指出："教育是国之大计、党之大计。培养什么人、怎样培养人、为谁培养人是教育的根本问题。"[1]我国高等教育肩负着培养德智体美全面发展的社会主义事业建设者和接班人的重大任务。高校立身之本在于立德树人。高校思想政治理论课教师不仅是人类灵

[①] 基金项目：教育部人文社科基金项目"全球化背景下大学生马克思主义民族观教育研究"（12YJC710054）。

[②] 作者简介：斯琴格日乐（1976— ），女，蒙古族，内蒙古科右前旗人，法学博士，天津财经大学马克思主义学院教授，硕士生导师，主要从事思想政治教育理论与民族问题研究；黄岳（1998— ），女，汉族，天津财经大学马克思主义学院硕士研究生。

魂的工程师，更是大学生政治思想的领路人。高校思想政治理论课教师的政治信仰如何、学科自信怎样、教学自信状态如何不仅关系着思想政治理论课的教学效果，也关系着高校"立德树人"目标的达成。如果教师对自身从事的学科不自信、信念不坚定，那么如何让学生坚信不疑呢？思想政治理论课的性质决定了从事该课程教学工作的教师必须坚定信仰、在学科内容上坚信不疑、在教学过程中自信传递政治理论信息，这是解决高校思想政治理论课建设问题的关键。

一、思想政治理论课教师信念自信是教学有效度达成的关键

现代心理学认为，信念作为人类特有的一种精神现象，是人的认知、情感和意志的有机统一，是人们在一定的认识基础上确立的对某种思想或事物坚信不疑并身体力行的心理态度和精神状态。信念一旦形成，就会使人坚定不移、百折不挠地躬行实践并自觉实现目标。当然，在人的生存和发展过程中，并不是所有的思想、观念和理想都可以成为信念，只有当这种思想、观念、理想与人的主体经验、认知、情感等发生强烈的思想共鸣并被主体确认和坚信进而内化为主体的精神追求时，才可称之为信念。从这个意义上讲，信念一旦确立就会使主体对这一思想、观念及理想坚信不疑，并成为其身体力行的心理动力。教师信念就是教师对自己确认并信奉的学科及其教学活动等方面的思想、观点的坚信不疑，并身体力行去践行的心理态度和精神状态，是教师教学活动的深刻体验和内心向导。教师信念如何，不仅关系着教师自身的专业成长，而且也影响着教师教学工作的质量。试想，一个心猿意马、口是心非、思想不纯、信念不坚的教师，怎能立足好课堂、教好学生并引领学生的未来呢？

诚然，教学是一种有意识、有目的地培养人的社会实践活动。教师作为这一活动的组织者、设计者和引领者，必然对其教学对象、教学内容及教育目标有着基本的认识。在这一活动中，教师信仰什么、学识怎样、理论功底如何以及对教学内容的把握状况直接关系着教学有效度的达成。这一有效度

不仅仅关系到学生对知识的习得，而且也对学生思想信念产生影响。教育实践表明，无论哪一层级哪一学科的教学，都渗透着教育者的思想、理念和情感意识。思想政治理论课是大学生接受思想政治教育的主渠道，也是大学生接受思想政治教育最具基础性、最为系统、最为稳定的渠道，对其他渠道所开展的思想政治教育活动具有系统化、整合、导向和示范作用，是体现我国社会主义大学本质特征的标志性教育渠道。思想政治理论课教师不仅仅是作为教师职业群体中的一员去传道授业解惑，也作为思想政治理论专业教师进行思想启迪、心灵塑造和价值引领，为大学生立德、立言、立行和立魂，使其在成长和发展中认识人、自然和社会发展变化之规律，认知中国乃至世界发展形势，成为一个有灵魂、有责任和有担当的社会主义建设者和接班人。这一教育目标的达成离不开思想政治理论课教师的精心培育和塑造。当前，思想政治理论课建设固然有师资、教材、课程体系方面的问题，但最重要的是要解决自信问题。思想政治理论课建设是一个系统性的工程，教材建设、课程体系建设是非常重要的，但关键还在于教师，特别是教师信念自信问题。

言及思想政治理论课教师的信念自信问题，必然要回到思想政治理论课性质本身。思想政治理论课其根本性质在于政治性，这一性质要求每一位从事该课程教学的教师必须旗帜鲜明讲政治，要坚定共产主义远大理想和中国特色社会主义共同理想，要确立起道路自信、理论自信、制度自信和文化自信，自觉做中国特色社会主义理论的卫道者、传道者、解惑者和释疑者，使之在认知、情感和意志上成为有机体，从而影响和引导学生的世界观、人生观和价值观。如果教师在自己的理想、信念及其价值取向上含糊其词、心猿意马，自然无法塑造学生的共同理想，也无法使学生在情感上接纳并外化为自觉的行动，从这个意义上讲，思想政治理论课教师的信念自信是实现教学目标、达成教学效果的关键。

那么，思想政治理论课教师如何确立信念自信呢？

首先，理论上要自信，信仰上要坚定。理论上自信，信仰上才能坚定。坚定的信仰必须建立在对马克思主义的深刻理解之上，建立在对人类社会规律的深刻把握之上，建立在对马克思主义中国化道路的科学指导之上。马克思主义深刻揭示了人类历史的发展规律，为人类认识世界和改造世界提供了科学的立场、观点和方法，成为指导广大劳动人民群众实现自身解放的强大思想武器，是科学性、革命性和崇高性相统一的思想体系。马克思主义虽然诞生于19世纪，但并未停留在19世纪，作为一个以指导革命和建设为己任的开放的理论体系，马克思主义不但不排斥而且最能够吸收、提炼创造人类的一切科学知识和文明成果，并将其运用于推动社会历史的进步。一个半世纪以来，正是在马克思主义的指导下，社会主义从空想变成科学，由科学理论转变为社会实践，社会主义国家的出现和社会主义制度的建立，深刻改变着人类的历史走向。尽管东欧剧变使世界社会主义运动遭受严重挫折，但历史发展的总趋势并没有改变。特别是中国共产党人在马克思主义指导下探索的中国特色社会主义道路的成功实践，用无可辩驳的事实证明社会主义具有光明的未来。同时也证明，马克思主义仍然是认识世界和改造世界的强大思想武器。邓小平指出："我坚信，世界上赞成马克思主义的人会多起来的。因为马克思主义是科学，它运用历史唯物主义揭示了人类社会发展的规律。"[2]当然，理论上的自信，并不必然催生信仰上的坚定。对于高校思想政治理论课教师而言，其信仰的确立不仅是教师职业的应然追求，也是教师专业素养的综合体现。其信仰的养成是一个长期的渐进的过程，既需要教师自身理论的不断习得和积淀，以及对理论的接纳、反思和建构，也需要在行为行动上有所体现和反映。更进一步说，思想政治理论课教师作为大学生灵魂塑造的专职工程师，对于马克思主义基本理论的学习和认知不能停留在感性认识的基础上，必须上升到理论认识的高度，要坚持科学和信仰的统一，要使马克思主义理论入脑、入心、入行；要在真学、真懂和真信上下功夫；要在马言马，在马信马；要自觉学习马克思主义经典著作，深入理解马克思主义经典著作的基本观点、立场和方法，深入领会其精神实质，并运用马克思主义的观点、立场去分析问题和解决问题。总而言之，思想政治理论课教师只有理论上自信，信仰上坚定，才能用自己的激情激发学生的激情，用自己的思想点燃学生的思想。

其次，理论功底要深厚，学识要渊博。打铁还需自身硬，高校思想政治理论课教师的理论功底如何、学识程度怎样，直接影响着教学效果的达成。一个知识渊博、学理深厚的老师一定是深受学生欢迎的老师，也是教学效果最好的老师。对于思想政治理论课，尽管理论教育充满说教，有时候有些枯燥，但就思想政治理论教育的内容而言，它不仅仅是知识的传授，更是价值的引领和思想的启迪。对那些思想单纯、激情洋溢的青年大学生来说，上大学不仅仅是专业知识的习得过程，更是思想启蒙、心灵启迪和价值观塑造的过程，他们渴望从教师身上看到未来生活的希望。如果教师能够以自己深厚的理论功底、渊博的学识为学生解疑释惑，并指明方向，那给予他们的将不仅是生活的信心，更是心理动力。这就要求思想政治理论课教师要有过硬的理论功底，对理论的掌握不仅仅停留于对职前教育中理论知识的学习，更要注重职业生涯中对既有理论和新理论的钻研和学习；不仅仅停留在对教科书知识的掌握和理解，更要注重对经典文献、重大理论问题的研究；不仅仅停留在对课堂理论教学的熟知和解读，更要注重对社会重大问题的研究与反思，实现潜心问道与关注社会相统一，夯实马克思主义理论基础，尤其是夯实中国特色社会主义理论，深刻理解基本原理和精神实质，并运用马克思主义的立场、观点和方法为学生释疑解惑，讲好中国故事，传播正能量，成为学生思想政治上的领路人。当然，思想政治理论课不仅仅是政治课、方向课，也是社会课、人生课。既为社会课、人生课，必然要涉及伦理学、社会学、哲学、经济学、政治学、历史学等知识，为此，思想政治课教师还应在"专"的基础上，博采众长，广泛习得；不仅要成为"经师"，也要成为"人师"，不断增强自身从教的自信心，以此促进教育目标的达成。

二、思想政治理论课教师学科自信是增强教学针对性的前提

有学者指出，"学科自信是作为学科存在的思想政治教育理论对其价值充分认同基础上形成的学科坚定性"[3]。换言之，思想政治理论学科自信是

对思想政治理论教育价值充分认可基础上形成的对维护学科形象彰显学科价值的坚定信念。学科自信对于学科共同体而言具有最高的价值定位，是一个学科基本逻辑的集中体现，对于学科成员具有极强的凝聚力和向心力。"学科自信是学科参与知识分工的结果，也是一个学科站稳脚跟，有效回答各种问题的表现。"[4]思想政治理论学科属于马克思主义理论学科整体性研究的重要组成部分，思想政治理论学科自信建立在马克思主义理论对社会运转及其实践的解释力基础之上，特别是建立在对中国革命、建设和改革的解释和指导上，是对中国发展道路、社会制度、理论认知和文化传承的话语转化，并以此对人类美好生活进行终极关怀，指引受教育者确立正确的国家意识和价值取向。而从根本意义上讲，这一学科自信源于科学自信，即思想政治理论学科与其他学科一样，是科学研究分工体系的一个重要组成部分，是人类知识谱系中的一支脉络，是具有认知性和解释力极强的知识体系，也是被实践证明了的科学的学科存在。

然而，长期以来，在人们的潜意识中，思想政治理论学科并不被认可，思想政治理论学科被冠之以"伪学科""边缘学科""嘴皮子学科""小儿科"等称谓，使得从事该学科的教师底气不足、方向不定、自信心不足。人们在潜意识中认为思想政治理论学科既不创造实然的研究成果，也不体现应然的价值理论，认为政治学、哲学、教育学等社会科学学科有着很长的历史积淀和理论基础，且与国际接轨，在国外能够找到应有的学理渊源和学科群落。思想政治理论学科属于中国特殊国情下的新兴学科，学科先天发展优势不足，后天发展环境饱受诟病，使得从事该学科的教师和研究者在专业认知、学理建构上常常陷于两难的困境，以至于在专业交流上难于启齿，在学科归属上遮遮掩掩。教师学科专业认知上的不自信，必然导致学科教学上的不自信。教师在学科教学上不自信，怎么能让学生相信？

其实，对思想政治理论学科自信构成最大挑战的因素不是来自学科外部，而是来自学科自身，也即学科的独立性。按照学科建构的基本常识，一门学科是否有独立性，或者能否成为独立的学科，主要看其是否具有特色的学术研究队伍和研究成果。就思想政治理论学科而言，经过20世纪80年代初关于思想政治教育学科的大讨论，其学科性质在我国社会科学界得到了广泛认同并且达成了共识。此后经过多年的学科建设，思想政治理论学科作为一门新兴学科已经形成了特定的研究对象、研究方法、研究队伍以及研究成果，其科学性和合法性是毋庸置疑的。特别是2005年，国务院学位委员会下发的《关于调整增设马克思主义理论一级学科及所属二级学科的通知》等文件，将原属于政治学一级学科下的马克思主义理论与思想政治教育专业调整到马克思主义理论（通常也称思想政治理论学科）一级学科下，并先后下设马克思主义基本原理、马克思主义中国化、马克思主义发展史、国外马克思主义、思想政治教育以及中国近现代史基本问题等二级学科，从属于法学门类，这标志着马克思主义理论学科的正式设立。与此同时，2005年，国家正式启动了马克思主义理论一级学科以及相关二级学科独立审核的申报工作。2006年第10批学位点申报审核工作结束，全国共有21个马克思主义理论一级学科点和34个二级学科点通过审核。2008—2009年，经过评审认定，国家又相继批准了中国人民大学等一级国家重点学科建设和30多个单位的博士后流动站建设。可以说，经过30多年的发展，思想政治理论学科从半独立走向独立，由低层次走向高层次，由非重点走向重点，由学科自觉走向学科自信，这些学科重要进展和重大理论成就的取得，无不说明思想政治理论学科的独立性存在以及科学化发展。近些年来，随着各大学马克思主义学院的独立建制，随着国家对意识形态教育的重视，随着中国综合国力的提升以及国际话语权的增强，思想政治理论学科正以平等的姿态与其他学科展开对话，并日益争得学科话语权。当然，思想政治理论学科自信并不是"一种专业宣传口号，更不是一种为经验事实作辩护的标签。马克思主义理论之所以能称为一个理论，主要是因为其对社会实践的解释功能；马克思主义理论学科之所以能成为一个一级学科，主要是因为其学科共同体能够及时有效地回应社会实践提出的挑战。"[5]

在今天这个多元化的社会中，随着中国不断参与到全球化的进程中，随着中国社会的不断转型，因改革和转型带来的社会性问题不断增多。高等院校是置身于中国改革大背景下的前沿阵地，其参与社会的力度以及对社会的影响日益增加，作为塑造大学生世界观、人生观、价值观主阵地的思想政治理论课，其学科自信的基础就是要不断提高对社会实践以及社会问题的解释能力，这种解释能力不只是对既有国家政策和理论的简单复制和宣传，更需要对其他学科无法回应或者无效回应的问题作出合情合理的解释和说明，以此彰显思想政治理论的学科优势，进而有针对性地提高思想政治理论的教学效果。

思想政治理论课教师的话语解释能力主要包括话语体系创新、现实问题关照、重大理论贡献等。在话语体系创新上，既有的思想政治理论课教材多是提纲挈领式的理论陈述，这种抽象的理论如何才能内化为学生的思想并外化为学生的行动？单纯灌输留给学生的更多是简单的说教和碎片化知识的习得，并不必然会使之产生情感上的共鸣。作为教师要想使学生产生情感上的共鸣并形成一种价值取向和思想指南，就需要对教材上刻板教条的话语进行再解读，这种解读既是学科实力的提升，也是学科自信心的增强，同时也是教师教学能力使然。其实，教师用话语进行再解读看似是一个"说什么以及怎么说"的问题，其实质上是一个思想传播、形象塑造、情感显现以及价值取向的问题，正是在这一话语创新中体现了教师的价值，彰显了学科的自信。而要提升思想政治理论课教师话语体系的创新能力，不仅需要教师具有丰厚的理论功底，更需要教师具有渊博的知识和话语表达能力，这些都是思想政治理论课教师自信力的体现。在现实问题观照上，思想政治理论学科自信的基础就是对社会意识形态、现实问题和人的精神现象加以解释进而促进人的思想境界的提升。思想政治理论课中的理论通常是从现实问题到经验总结到理论提升的过程，同时也是从感性认识上升为理性认识的过程。理论要想说服人，就必须由对理论的解释转向对现实的观照，否则理论必然成为空洞的理论和抽象的说教。马克思指出，"哲学家们只是用不同的方式解释世界，问题在于改变世界。"[6]青年大学生置身于改革开放的大潮中，全球化、市场化、信息化进程的加快，使得各种社会问题、社会思潮纷至沓来，他们置身其中常常感到眼花缭乱、目不暇接。思想政治理论课的任务不仅是传授教材中既有的知识体系，更为关键的是要为学生解释现实中的社会问题，抛开思想迷雾，揭开思想误区，确立正确的价值里路，增进对国家、民族、社会和文化的认同。在重大理论贡献上，思想政治理论学科的自信不仅是借鉴其他学科已有的知识和理论，更需要增强自身的理论观照和知识贡献。同样，作为思想政治理论课教师，在对书本上的理论知识进行解读的过程中，在对国家大政方针政策和重大社会问题的观照中，不再是照本宣科式的简单复读和陈述，而是在研读、剖析和研究的基础上，通过教学促进理论的提升，通过科研促进教学的改进，同时也在建构新的学科理论，尽管这一建构是缓慢的、渐进的，但毕竟是对学科的理论贡献，这种贡献不仅仅是作为高校思想政治理论课教师应有的科研素质，同时也是学科自信、学科自强不可或缺的基本要求。

三、思想政治理论课教师教学自信是增强教学实效性的基础

"教学自信是教师对自身所从事的教学事业的意义和价值的高度肯定，是教师在教育教学活动中依据一定的标准和认识对于自己的教学能力、职业精神和教学风格所作出的一种理性判断和肯定性评价，表征着教师主体性的确立并构成教师主体能动性的内在源泉。"[7]教学自信是教师有效教学的根本价值指向，也是教师开展教学的精神支柱和强大动力。相对于其他课程的教学而言，思想政治理论课教师在教学自信方面显得尤为突出。其他课程教师的教学自信多来自学科自身教学内容的恒定性，即使随着科学技术的变化以及社会发展形势的变革不断增加新的信息和新的内容，但总的来讲其内容变化相对缓慢。此外，相对成熟的学科体系和专业确认，使得从事这些专业的教师在教学展开中有着充分的理论自觉和教学自信力。而思想政治理论课教师在专业认知和学科内容上却有着很大的不同：一方面长期以来社会上含糊不清的专业认知使得从事该学科教学的教师自信心不足，专业学科认知上

的模糊也使得学生潜意识中有着一种排斥心理，多数学生潜意识里认为上思想政治理论课只是为了获得学分，学生先入为主的排斥心理，客观上影响着教学有效性的达成，也降低了学生对教学的期望值，学生对教学的期望值的降低常常导致教师教学工作认知上的偏差，从而自觉或不自觉地降低自己的教学自信；另一方面，对广大思想政治理论课教师而言，他们是党的思想理论和方针政策的宣讲者，思想理论的抽象艰涩、方针政策的因时而变，加上习惯性的职业倦怠，常常使从事思想政治理论课的教师游走于专业发展边缘，当面对自己所从事的教学工作时很容易在心理上犹豫迟疑，在行为上避重就轻，在内容上含糊不清，以至于对所从事的教学工作缺乏自信心和说服力。

诚然，高校思想政治理论教学关系到高校培养什么样的人、如何培养人以及为谁培养人这个根本性问题。通过思想政治理论课教学，可以使学生系统地掌握马克思主义的立场观点和方法，系统地了解中国共产党探索中国特色社会主义道路的艰辛历程和伟大实践，认识把握人类社会历史发展的必然规律，坚定中国特色社会主义的道路自信、理论自信、制度自信和文化自信，不断树立为共产主义远大理想和中国特色社会主义共同理想奋斗的信息和决心，为其成长和发展奠定科学的思想基础。换言之，思想政治理论课教师的教学自信程度如何，不仅是真理传播、思想引领、价值指向有效达成的前提，也是增强教学实效性的基础。

思想政治理论课教师要做到教学自信首先要坚信自己所讲授的内容。2016年12月，习近平总书记在全国高校思想政治工作会议上强调："自己都不信，道理都说不透彻，怎么让学生信呢？"[8]高校思想政治理论课是一个包含马克思主义基本原理概论、毛泽东思想和中国特色社会主义理论体系概论、中国近现代史纲要、思想道德与法治、形势与政策等课程的教育教学体系，是一个集马克思主义理论、毛泽东思想和中国特色社会主义理论、中国近现代历史史论、中华民族传统道德与现代法治精神等作业于一体的科学理论。这个课程的教育教学体系是博大精深、逻辑严谨的理论体系。这个理论体系是中国共产党领导中国人民在长期的革命、建设和改革实践中被实践证明了的正确的思想,是指引全国各族人民实现中国梦的强大思想武器,是指引广大青年学生树立正确世界观、人生观、价值观,培养中国特色社会主义建设者和接班人的科学思想指南。高校思想政治理论课教师只有真学、真懂、真信马克思主义理论,全面领会和把握马克思主义中国化的理论和实践成果,不断提高自身的理论研究能力和教学水平,切实增强自身的政治敏锐力和辨别力,坚定道路自信、理论自信、制度自信和文化自信,用无可辩驳的事实自觉同各种非马克思主义、反马克思主义和反社会主义思潮作斗争,自觉捍卫马克思主义意识形态阵地,自信宣扬马克思主义真理,才能帮助青年学生正确理解中国特色社会主义发展道路、理论自信和制度自信的逻辑理路和实践指向,从而使青年大学生坚定对马克思主义的信仰与中国特色社会主义发展方向的认同。

其次,思想政治理论课教师要把自信传递给学生。在思想政治理论教学中,要使学生真正感受到思想政治理论课的理论魅力和价值影响力,关键在于教师的理论功底、理论解释力以及理论信念。一些教师之所以在教学中出现教学底气不足、信心缺失等问题,归根结底就是对其讲授的内容缺乏理论自信,或者说是理论功底不足、理论解释力不强、理论信仰不高。由于教师对马克思主义理论理解的不深入、领悟的不透彻,必然会在讲授课程的过程中缺乏自信心。高校思想政治理论课教师要想拥有教学自信,就必须克服"本领恐慌",要在吃透教材上下功夫,要在研读马克思主义经典著作中为教材理论正本清源,让马克思主义理论说中国话,把基本原理演绎为生动的道理,以此增强理论的感染力和说服力;此外,思想政治理论课的教学内容不仅仅是理论的传授,同时也包含对理论实践和理论事实的陈述,教师必须克服"照本宣科"的教学误区,为教材事实返本开新,与现实问题相连接,从对理论的解释和说服转换到对现实问题和人类世界的观照,使教材体系转化为教学体系,将教学体系转化为思想价值体系,着眼于现实问题的解疑释惑,引导大学生自觉明辨是非,确立起科学的理论素养和坚定的马克思主义信仰，以此增进思想政治理论课的影响力和穿透力。当然，理想的教学体系也应该有精彩的故事来补充，而精彩的故事之所以精彩不是任性发挥，不是图个热闹，而是根据教学内容，精选适当、扣人心弦、有所感悟、有所回味、小故事大道理的事例，这些事例不仅是聚焦思路、感化心灵的鸡汤，更是启迪思想、引领价值的情愫。

总之，高校思想政治理论课是最具基础性的课程，课堂教学不仅关系到教学效果，更关系到培养什么样人才的根本性问题。习近平总书记指出，"要用好课堂教学这个主渠道。学生获取知识的途径固然很多，但课堂学习更具基础性和系统性。高校要履行人才培养的职责，首先教师要回归课堂、用足用好课堂。三尺讲台虽小，但立德树人责任重大。广大教师要敬畏讲台、珍惜讲台、热爱讲台，把更多时间和精力投入到课堂教学中，认认真真讲好每一堂课。"[9]高校思想政治理论课堂建设固然涉及教师、学生、教育场所以及课程体系等多方的问题，但这些问题中最重要的是教师的自信问题，其中尤以教师的信念自信、学科自信和教学自信最为根本。

参考文献

[1] 习近平. 高举中国特色社会主义伟大旗帜 为全面建设社会主义现代化国家而团结奋斗：在中国共产党第二十次全国代表大会上的报告[M]. 北京：人民出版社，2022：34.

[2] 邓小平：邓小平文选：第三卷[M]. 北京：人民出版社，1993：382.

[3] 王新刚. 论思想政治教育的学科自信[J]. 学校党建与思想教育，2014（13）：15-18.

[4][5] 沈东. 从学科自觉到学科自信：马克思主义理论一级学科再定位[J]. 湖北社会科学，2015（10）：5-10.

[6] 马克思恩格斯文集：第1卷[M]. 北京：人民出版社，2009：6.

[7] 胡贵勇，刘艳，李明刚. 教师的教学自信及其形成[J]. 山东社会科

学，2015（S1）：114-115.

［8］［9］习近平在全国高校思想政治工作会议上强调 把思想政治工作贯穿教育教学全过程 开创我国高等教育事业发展新局面［N］.人民日报，2016-12-09（1）.

天津财经大学　马克思主义学院

英语教师课程思政能力提升路径初探①

——以"中外文化经典"系列课程为例

杨敏敏

摘　要：为了进一步深化教学改革、完善课程思政建设，以"中外文化经典"全英文系列课程为抓手，以教师课程思政能力的提升为研究视角与目标，结合教育部的指导思想，对思政能力的提升路径提出初步的设计方案。方案主要包括"整合课程、集体学习、综合培养、优化效果、重视反馈"五个环节，强调教学与科研的有机结合，以期从教师的视角完善全英文系列教学的思政环节建设。

关键词：课程思政；全英文系列课程；教师能力提升

一、研究背景与时代意义

"中外文化经典"全英文系列课程以中外文化经典文献和优秀作品为主要内容，为培养能够传承文化、促进跨文化理解与交流、具有批判精神的优秀国际交流人才提供课程保障。系列课程的教学对实现现代高校五重职能——"人才培养、科学研究、社会服务、文化传承创新、国际交流合作"具有重要意义。

---

① 基金项目：2022年华侨大学外国语学院学科建设专项。

2020年教育部印发的《高等学校课程思政建设指导纲要》（以下简称《纲要》）提出，要全面推进课程思政建设，这是落实立德树人根本任务的战略举措。《纲要》明确指出："全面推进课程思政建设，教师是关键。要推动广大教师进一步强化育人意识，找准育人角度，提升育人能力，确保课程思政建设落地落实、见功见效。"因此，有必要对肩负五大职能的"中外文化经典"全英文系列课程进行课程思政建设，尤其要提升教师课程思政的能力。

由提升教师思政能力入手进行设计，一方面，是贯彻落实立德树人根本任务，为培养具有国际交流能力的、爱党爱国的优秀人才提供思想品德、家国情怀等方面的保障。另一方面，可促使课程建设沿着科学的正确的方向发展。同时，对完善中国特色社会主义哲学社会科学建设、丰富全英文教学研究，都有着明显的带有时代特征的学术意义。

二、"课程思政"研究现状与启示

"课程思政"教育理念具有显著的时代性、紧迫感和中国特征。在中国知网中以"课程思政"为主题词进行检索，仅"学术期刊"这一发表来源中，就有高达3.57万篇的研究论文，分析知网年度发文趋势图可知（图1），该话题持续性地展示出越发蓬勃的生命力。

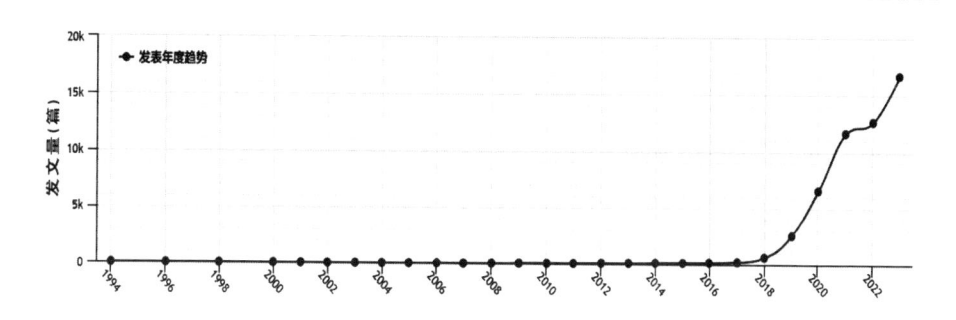

图1 "课程思政"主题词研究论文发表年度趋势

对以上搜索结果进行进一步的细分，选择知网提供的主题选项中的"教学改革、专业课程、实践探索、转俄语课、教学改革探索、教学改革与实践、改革探析、教学改革探讨"为文献筛选标准（因为这些主题与本文的研究对象相关度更高），得到5000余篇研究论文。通过对这些文章的标题与摘要进行细读，发现这些研究成果主要包括四个特征。

第一，从研究方法上看，多侧重理论建构，较少实证研究。学界进行了大量的理论建构，也完成了许多理论讨论，但实证研究相对较少。当前存在少数实证研究（如冯千等[1]，2022；徐晓军等[2]，2022），要兼顾包含定性与定量的混合的、基于三角验证的研究范式还是相对较难。

第二，从研究科目上看，多侧重单门课程，较少系统建设。大部分研究基于单一课程进行，且多是传统的思政课，系列课程和系统建设比较缺乏，这一点尚需改进加强。

第三，从研究对象上看，多侧重教学设计，较少涉及师生的文化背景。大部分研究，无论是以教师还是学生为关注点，主要关注课堂教学，很少涉及学术研究的文化背景，而这对课程思政的有效开展却是十分必要的。

第四，从"讲好中国故事"的视角上看，多侧重外语课程，较少涉及全英文课程。有一些以英语为专业课或二外的课程思政研究（如冯千等2022[2]），但全英文的文化系列通识课则很少被涉及。

"中外文化经典"全英文课作为必修课程，国内已有先例，也已出现了一些文献来探究全英文课程的思政元素融入（如张铁欣等2022[3]；许志等2021[4]）。但作为以课程思政为主线的文化课程建设，不仅笔者所在的华侨大学没有，国内的相关学术文献检索中也未见报道，对该系列教师思政能力提升的研究可谓相对空白。

有鉴于以上研究现状，本文提出，随着教学国际化的深入开展，要打造面向多元学生，尤其是具备较强国际性的学生的全英文文化课程，以系列课程教研室为研修主体，采取实证研究，关注教师思政能力的具体提升。

三、课程思政能力提升的探究思路

本文的研究思路主要基于《纲要》中第七节"提升教师课程思政建设的意识和能力",具体包含四个方面。

第一,打造全英文系列文化课程思政教研室。开展经常性的典型经验交流、现场教学观摩、教师教学培训等活动,追求教师的同行共进,实现资源的共享共生。

第二,夯实集体的马列主义基础知识和思政意识。从知识储备上和思想觉悟上进行再学习和再培训,为能力提升夯实基础。

第三,以行动具体提升课程建设和发展能力。通过丰富多元的集体学习和文化采风等活动,宏观打造、微观落实全英文课程的思政建设。

第四,以教研结合的科学手段促进成果提升。在教学中进行科学研究,以科学手段辅佐教学、以科学结论了解教学,最终以科学结果反哺教学,实现成果的切实提升。

四、课程思政能力提升的方案设计

基于以上研究思路,我们提出了以教研室为活动主体,教研结合,多种能力共同提升的初步方案。具体内容如下。

(一)整合系列全英文课程

以华侨大学为例,可依托学校国际学院和外国语学院开设的多门全英文中外文化交流相关课程,包括"国学经典导读""中国传统文化导论""欧洲文明十五讲",以及可以英语为主要授课语言的"英语社会与文化",打造全英文系列文化课程思政教研室与共享平台。

(二)加强集体思政学习

夯实马克思列宁主义,增强思政教育意识,养足思政教学的底气。定期集体学习马克思经典理论、提升对马克思经典理论的掌握能力，在课程中深度融入马克思主义中国化等内容，同时邀请马克思主义学院的教师进行指导，或开办沙龙进行讨论。

以全英文"国学经典导读"课程为例，教师们应该对传统的"第一堂课：导入"进行思政视角的补充。例如，教研室可以提前分工做好"英语世界中国国学推介"的文献调查资料，分别对国外权威学术文献数据库进行文献计量与细读，如Scopus、Web of Science、ProQuest等，挖掘英语学术界对我国国学经典正确的、积极的推介，同时也找到错误的推介，尤其是意识形态方面的误译、误导等，此时可以咨询马克思主义学院的教师，以此作为教学材料的补充。在学期开始的第一堂课即将正确与错误的材料同时展示给学生，加以详细的分析与引导，提醒学生要在以英文为媒介的阅读和学习中，培养起足够多的批判性思辨能力，真正用英语"讲对、讲好中国故事"。

（三）落实综合能力培养

首先，教研室应该积极组织两类学习。第一类，融合思政与专业的学习。由于全国各地都展开了思政培训，虽然"中外文化经典"全英文系列课程仍然没有专门的课程思政讲座或课程建设，但相关学科的培训课程可以提供很好的借鉴，因此也应该定期进行调研和学习。第二类，融通思政与科技的学习。教师应该顺应时代发展，适应信息化、人工智能等新技术革命，提升将新技术运用于教育教学的创新能力，努力将技术与课程思政结合。避免与时代脱节、与科技脱节、与学生脱节。

其次，教研室应定期进行教学互动互评。按《纲要》要求，系列课程教学小组拟定期互相观摩课程，撰写评语，有评有述、有的放矢地提出改进意见，互助提升水平。全英文教学组中的中共党员教师应该起到很好的带头示范作用与政治引领作用。应该在教师互评活动中将"思政元素"的材料、讲授方法、内容比例等当作评述的标准。以全英文"英语社会与文化"

课程为例，考察教师是否强调了中华文化自信？增强了文化自觉与中华文化认同？是否能够根据课程的特点，深挖厚掘教材内容与思政教育之间的切合点？简言之，可以以互评的方式，促进教研室更好地落实课程思政元素的融入。

再次，教研室可以经常到实地落实文化采风。小组的互动不应局限于校园内、课桌旁。大部分文化课教师和思政类教师都是教学任务比较重、教学时间比较长的一线青年教师，他们往往忙碌于象牙塔，被迫与社会脱节。因此，教研组可计划走出校园，走访文化底蕴深厚的史迹，重返文化语境，深度唤醒文化自信和自觉，做好田野调查，以更新的时代眼光、批判性的思维来组织文化课程内容，理智、正确地做好中外文化的对比与推介。以全英文"中华传统文化导论"课程为例，为准备"中华茶文化"一课，可以采用最新的自媒体手段，集体到茶园中拍摄教师亲手采茶、学习制茶的过程。之后录制成小视频作为教学材料，请学生进行英文配音，让学生充分领略中华茶文化的魅力。与此同时，还可以展示大工业化生产的老牌英国茶商的茶叶来源（亚洲某些国家和地区）以及制茶过程，让学生在"工匠"与"机器"的对比与比较中，培养文化自信，学习工匠精神，也落实增强东方审美的美育教育。

此外，教研室成员应定期撰写反思日志。我国有"学而不思则罔，思而不学则殆"的古训。美国行为科学家爱德华·劳勒（E. Lawler）和莱曼·波特（L. Porter）提出的综合激励模型也认为，个体对工作的认识可严重影响其工作绩效[5]。撰写课程反思日志既是前期教学的后续，也可成为后期教学的借鉴，还可以是研究教师发展历程的有力的质性研究对象。

同时，坚决贯彻教研结合的研究方法。要以教育学的、客观的、实证的手段辅助教学改革的深入。此举的优点是可以不断审视教学开展的进度，避免教学中出现"两张皮"，避免以完成任务为目的敷衍了事；用实证的结论可以辅助调整教学的效度和信度，不断追求教学成效的最优化；成熟的科研成果（如论文、报告）可共享教学中发现的重点、难点以及解决办法，争取进一步拓展研究、发掘更深入的教学资源。

（四）优化课程效果测试

对教师课程思政意识增强和能力提升的测试，应该由比较稳固的三角认证来实现，包括学生课后评教、教师观摩互评，以及教学效果检测等三个主要手段。

1. 学生课后评教

设置灵活完整的评教选择，既包括定量的李克特定值量表问卷，也包括半开放式的问卷题目，以隐形考察为主，关注如下六个问题：

第一，教师在讲课时，思政内容和专业内容的结合是否"无痕"，是否避免了生硬的加载。第二，思政内容与专业内容结合在一起，是否突出了重点，抑或有所偏颇，如偏重专业知识，或偏重思政。第三，课程是否关注最新时局，是否有"炒冷饭"的嫌疑。第四，教师是否有讲错的内容。第五，教师是否通过启发来展开教学，以学生为主体，而不是成为课堂上唯一的声音。第六，在新形态文化课程中，你有哪些领悟和收获。

2. 教师观摩互评

对教师互相观摩后的评价，除了应该关注以上六个问题，还应该包括两个更加专业的问题：第一，课程中是否包含马克思主义中国化的最新理论成果？第二，中英文文化元素的切换是否正确，是否存在误译、误导？

3. 教学效果检测

对学生进行前、后测，考查学生经过一学期的学习在知识方面和心理方面的提升。同时设置前、后问卷与访谈，实现三角互证。

（五）重视学习结果反馈

在基于能力提升和教学效果监测的结果上，课程组集体收集反馈，分析结论，以讨论的形式，修正贯彻课程思政过程中可能出现的教学手段、教学内容、教学理念、教学操作、教学话语等方面的问题，为下一轮课程的开展提供最直接的事实基础。以全英文"欧洲文明十五讲"课程为例，该课程应该注重教学效果中课程思政的落实情况。可以以课程论文的形式加以考察，拟定题目请学生撰写课程论文。例如：如何准确阐述孔子与苏格拉底对于中西方文化的影响？你对"一带一路"沿岸国家的历史了解多少？这些历史如何影响他们对"一带一路"倡议的参与？古罗马是欧洲文化的重要发源地，意大利也是"一带一路"倡议的重要参与国之一，马可·波罗笔下的光明城对中欧友好关系起到怎样的促进作用？对这些结合历史和现实的问题的解答，是课程思政落到实处的反馈，对它们的正确解答可以反映出学生对中欧文明的正确认识。如果在学习反馈的考察过程中发现偏差，则应该在教学材料中进行及时调整。

结语

从教师视角对"中外文化经典"全英文系列课程进行课程思政的教学改革，我们认为，它至少具备三个新颖之处。第一，理论新，因为"课程思政"理论作为最新思想，是全英文文化课程发展的全新指导。第二，队伍新，因为擅长讲述中国传统文化的思政教师、哲社教师可以与外语和文化教师合力，形成一股新的、不可缺少的思政建设力量。第三，对象新，因为"中外文化经典"全英文系列课程教师思政能力提升，在国内外尚属于全新的研究领域。因此，无论是从实践视角，还是从学术视角，本方案都具有新鲜的时代感，呼应最新的时代需求。然而遗憾的是，由于篇幅有限，本文没能够更加深入地对每一门课程的思政教学手段进行更细致的探讨，希望在未来可以做更多具体的、实证类的研究。

另外，由于本文提出的改革方案涉及课堂内外、教学工作的方方面面，也呼吁高校重视这支生力军的建设，在体制和机制上给予支持和指导。结合学校具体情况，出台系列性的帮扶措施，例如设置一些相关教学课题或者子课题，助推学校思想政治工作和文化教学、文化传播工作的有机结合与顺利开展。

参考文献

［1］冯千，黄芳.《习近平谈治国理政》"三进"课程思政建设实证研究：以日语翻译鉴赏课程的"三进"导入为例［J］.外国语文，2022，38（3）：16-24.

［2］徐晓军，孙权，韦雨欣.高校"课程思政"建设现状及其影响因素分析：基于华中师范大学3450份调查问卷的实证研究［J］.江汉大学学报（社会科学版），2022，39（4）：41-53，126.

［3］许志，谢成博.全英文专业课课程思政建设初探：以"公司金融"为例［J］.中国大学教学，2021（10）：55-59.

［4］张铁欣，张文珍，刘进轩，等.国际化语境下绿色化学与化工全英文课程案例教学融合思政教育研究［J］.化工高等教育，2022，39（6）：54-58，74.

［5］徐旦.基于Lawler-Porter综合激励模型的职业院校教学团队绩效评价［J］.职业技术教育，2015，36（22）：44-48.

华侨大学　外国语学院

基于高等数学课程对思政目标与思政元素融合的思考

陈文雄

摘　要：课程思政要有效地融入高等数学之中，应从预设思政目标出发，深入挖掘高等数学课程中相应的思政元素，将其有机地与课程内容相结合。高等数学课程中融入课程思政，会使课堂更有深度、广度和温度，促进学生全面可持续发展，达到"立德树人"效果。

关键词：课程思政；高等数学；思政目标；思政元素；融合

一、侨校公共课大力推进课程思政的意义

教师，孔子谓之"师者，传道授业解惑也"，而现在教师应尽的本职工作是"教书育人"。可见如何"育人"是每个教师应研究的一项重要课题。习近平总书记在全国高校思想政治工作会议上强调："高校思想政治工作关系高校培养什么样的人、如何培养人以及为谁培养人这个根本问题。要坚持把立德树人作为中心环节，把思想政治工作贯穿教育教学全过程，实现全程育人、全方位育人，努力开创我国高等教育事业发展新局面……思想政治工作从根本上说是做人的工作，必须围绕学生、关照学生、服务学生，不断提高

学生思想水平、政治觉悟、道德品质、文化素养，让学生成为德才兼备、全面发展的人才。"[1] 这为高校教师如何"育人"确定了目标，指明了方向。课程思政作为实现"立德树人"的主要载体，如何将其融入课程教学中是每个高校教师必须思考的重要内容。华侨大学作为国内两所高等"侨校"之一，课程思政能直接或者间接地使华侨华人学生更加认同祖籍国，使他们或者留在中国实现"中国梦"或者回到原居住地更好地宣传中国。因此课程思政的有效实施其重要性是不言而喻的。

大学是学生世界观、人生观、价值观形成的重要时期，之后学生就将踏上工作岗位或者进入研究生阶段进行研究工作，如此，成为什么样的人、为谁工作这些问题就尤为突出。大学一年级是大学的起点，新生入校开始所面对的是各方位的转变：陌生的生活环境、独立的生活方式、不同的授课模式、自主的学习环境等，所以大学一年级是对学生进行思政教育的最佳时期。

二、高等数学课程思政中的几个问题

（一）客观问题

高等数学课程有严密的逻辑性、知识的系统性、知识涵盖的广泛性等特点。教学内容多、难度大、教学时间紧是高等数学教学的特征。由于学习过程中概念、定理难以理解和掌握，因此学生对枯燥冰冷的数学知识缺乏学习兴趣及动力。教师在教学时更注重对概念的解析、定理的证明、公式的推导、计算的技巧等；学生则将大部分精力投入对知识的理解和大量的习题运算中。

（二）主观问题

教师教学理念没有转变，认为数学教学的首要任务是将所讲授的知识讲清楚、教明白，存在重知识教学而轻育人的保守理念；认为课程思政是单纯的思政，因此在课堂中预留一部分时间来专门讲政治、说道理；机械、盲目地寻找切入点，象征性地完成课程思政。而对学生来说，大学正是他们脱离父母独立自主学习和生活的开始。这一时期，他们对于事物的看法和处理方式更加"自我"，也比较反感"说教"。

（三）对高等数学课程思政理念的理解

课程思政是在落实"立德树人"根本任务的过程中产生的一种新的教学理念。课程思政是在传授专业知识的同时融合思政元素，使学生在学习知识的同时产生情感共鸣、体会各种道理，进而实现"提高学生思想水平、政治觉悟、道德品质、文化素养，让学生成为德才兼备、全面发展的人才"[2]的目标。因此，高等数学课程应该做到专业知识和思政元素的有机融合。对高等数学来说，通过推进课程思政建设，可以在教育教学过程中巧妙、有效地将国家主流意识形态所倡导的理想信念、政治理念、责任担当传递给学生。用数学的视角、眼光观察审视世界，使得数学课上不仅有抽象的数学概念、公式、定理和演算推导，还有历史、思想、人文、时事和政治。通过课程思政，以期实现在知识传授、思想碰撞、心灵交流中传递情感、意志和能量，在陶冶情操、文化浸润、思想升华中引导学生树牢科学的世界观、人生观和价值观；让学生具有家国情怀、社会责任和人生追求；引发学生独立思考，不断自我更新、开阔视野，提高分析问题与解决问题的能力[3]。

三、高等数学课程思政中的教学策略探索

传统的高等数学教学策略是针对教材分析教学的知识目标及重点、难点，设计教学内容和方式。为使课程思政有机融入课程教学，需预设符合高等数学课程的全面思政目标，进而深入挖掘与目标相符的思政元素，提炼融入教学设计之中。在探索实践中，行之有效且应有的课程思政目标包括：

（一）坚定爱国情怀，树立民族自信

大学生是国家数量最多的储备人才，要具有坚定的爱国情感和良好的民族自信，才能更好地参与新时代国家的建设与科研。

在讲解极限时，引入《九章算术》中刘徽的割圆术"割之弥细，所失弥少，割之又割，以至于不可割，则与圆周全体而无所失矣"，引导学生从中理解极限含义，进而说明在其之后的祖冲之利用极限思想将圆周率近似计算到小数点第七位，比欧洲早一千多年[4]。在讲解二分法求函数零点时，引入《老子》中的"万物负阴而抱阳，冲气以为和"，所谓事物都可以一分为二的想法早于古希腊数学家芝诺。讲解向量空间维度时，引入《老子》中的"道生一，一生二，二生三，三生万物"，这一观点亦早于古希腊数学家欧几里得。讲解立体体积时，引入刘徽所创造的"牟合方盖"用于求球体体积的数学史，其之后的祖暅利用刘徽的想法给出了著名的祖暅原理"缘幂势既同，则积不容异"，比意大利数学家瓦列里早一千年。这些内容不仅可以让学生更好地理解所学知识，同时融入课程思政，让学生认识到中华民族的智慧，感受到高等数学并不是西方国家的独家产物，体会到我国古代文明的博大精深，从而激发学生的爱国热情、民族自信。

在讲解曲率时，引入铁路轨道的弯道设计，进一步说明我国的高铁动车载客速度已达300千米/小时以上，高速铁路网络已几乎覆盖全国，这是稳居世界第一的成就。在讲解利用泰勒公式计算误差时，引入桥梁拼接时的误差限、隧道贯通的误差限均是以厘米作为级别单位，再引入我国历时15年建设成的拥有多项世界之最的港珠澳跨海大桥、世界第一高桥北盘江大桥、全球最长的秦岭输水隧洞等。在讲函数的临界点时，介绍以临界点的方法计算水坝如何设计受力最大的历史，引入当今世界最大的水力发电工程三峡大坝。在讲解无限反常积分时，引导学生计算克服地球引力束缚的第二宇宙速度[5]，并进一步扩展至我国在航天事业上所取得的巨大成就：2011年神舟八号飞船与天宫一号相继升空并成功对接，2016年天宫二号与神舟十一号飞船先后进入太空并交会对接，中国空间站的建立进入新篇章；2007年我国第一颗绕月探测卫星嫦娥一号升空并准确进入预定轨道，成功执行了对月球的探测任务，并于2009年在控制下成功撞击月球表面预定地点，这是我国实现"嫦娥奔月"神话的开端；2020年天问一号火星探测器成功奔向太空，并于2021年顺利着陆火星乌托邦平原，这意味着我国又向太空探索迈出了一大步。

这些关乎国计民生、引得世界瞩目的建设和先进科技，都出现于当下，更能引起学生的情感共鸣。课程思政不仅能坚定学生的爱国情怀，还能激起学生更大的学习热情，激励学生不断地完善自我以期能成为推动国家更好更快发展的建设者。

（二）渗透人生哲理，以数学视角审视事物

数学脱胎于哲学，高等数学内容丰富，能给人们提供诸多的人生哲理。数学又有着严密的逻辑性、以量化说明问题等特点，因此用数学的独特视角审视事物往往会带来不一样的感受。

讲解复合函数 $y=f(g(x))$ 时，复合函数就像事物 $f(g(x))$ 有着外因 $y=f(u)$ 与内因 $u=g(x)$，只有当外因与内因复合才能推动事物 $f(g(x))$ 的发展。讲解函数在区间内连续的概念时，说明只有当每个个体都不断努力成为更好的自我、团结在一起才能使国家和民族成为一个更好的、不断发展的整体。在讲解求导法则 $(uv)'=u'v+uv'$ 时，影响事物 uv 的两个因素正像它的两个因子 u 和 v，考虑事物 uv 的变化时需全面考虑各个因素变化 $u'v$ 和 uv'，所以看待事物应全面考虑其各个因素；求导的链式法则又可说明要发现事物的核心问题，要像剥洋葱一样，剥开事物的层层表相最后直指事物的核心。讲解可积的必要条件是有界时，说明每个人在做任何事情的时候都必须有法律和道德的底线，否则不会成为国家和社会所需的人才。讲解洛必达法则时，其公式 $\lim f(x)/g(x)=\lim f'(x)/g'(x)$ 体现出了个人的发展应该符合国家的需求和社会的发展趋势，否则终将被淘汰。讲解利用分部积分法求解积分时，必须要遵循一定的原则进行分部积分，实现由难到易的转化，如果一开始就选择错误的凑微分，那么只会让计算的过程变得越来越复杂，最后也得不到正确的答案。这

启发我们在人生的道路上，一定要遵循社会的规章制度，在发现自己出现错误时就要及时改正，然后重新出发。讲解无穷级数 $\sum_{n=1}^{\infty}\frac{1}{n}=+\infty$ 时，指出这是无穷个无穷小之和为无穷大的典型例子，体现了"勿以恶小而为之，勿以善小而不为"的价值观[6]。

（三）渗透人文知识，弘扬中华文化

大学生应该是全面发展的人才，不仅要具备扎实的专业知识还应具备较好的人文素养。中华文化上下五千年，有着辉煌的历史，选择其中朗朗上口的诗句或文字来解释或描绘高等数学里出现的概念或结论，能使知识更加生动易懂，还能体现中华文化和数学之美。

在讲解数列$\{1/2^n\}$的极限时，用PPT动图演示随着n变化$1/2^n$（用竖线表示）的变化，犹如"孤帆远影碧空尽，唯见长江天际流"。在讲解无穷大时，这正像"黄河远上白云间，一片孤城万仞山"。在讲解水平渐近线时，可用"远上寒山石径斜，白云深处有人家"来举例。在讲解函数在一点连续$f(x)\rightarrow f(x_0)(x\rightarrow x_0)$时，又似"平明寻白羽，没在石棱中"。在讲解定积分时，细小分割下的以小矩形代替小曲边梯形正似"天街小雨润如酥，草色遥看近却无"。在讲解集合边界时，边界就是"一道残阳铺水中，半江瑟瑟半江红"；集合的孤立点又是"孤舟蓑笠翁，独钓寒江雪"。

（四）引导学生在高等数学知识中自我发现

大学是引导学生从被动接受知识到主动发现问题、提出问题、分析问题、解决问题转变的重要时期。引导学生在高等数学知识中自我发现，可以让学生得到如何发现问题、提出问题、解决问题的能力训练，学生既可以受到挫折教育[7]，也可体会自我发现问题、解决问题的喜悦。再者，引导学生发现生活中存在的高等数学知识能让学生对学习更有兴趣与动力。

在讲解数列极限概念时，以实例$\{1/2^n\}$说明有极限的现象存在，引导学生给出极限的定性定义：随着n越来越大，x_n越来越靠近确定的数a。进而，

要求学生给出定量定义。一般学生回答不上来，或者知道也不理解为什么极限是如此定义刻画的。在学生受到挫折时，讲述从牛顿、莱布尼茨分别建立微积分开始，到魏尔斯特拉斯给出极限的严格定义，走过了一百多年的岁月，鼓励学生不要灰心。然后继续引导学生，先给出两个数相等的描述：$a=b \Leftrightarrow \forall \varepsilon >0, |a-b|<\varepsilon$ 引导学生发现x_n越来越靠近确定的数a就应该是$\forall \varepsilon >0, \cdots |x_n-a|<\varepsilon$，再来描述，$n$越来越大就应该是与前面的有限项无关 $\exists N \in \mathbf{N}, \forall n>N$，最后引导学生得出正确的描述。在短时间内，学生就能在教师的引导下发现极限的逻辑语言定义，可使学生产生极大的喜悦感和自信心。整个教学过程体现了如何发现现象、如何描述现象、如何从简单的问题入手分析，进而一步步地解决问题。

在讲解光滑曲面时，解释光滑的同时引入实例。例如，饮料的瓶子为什么是圆柱形的？因为圆柱面是光滑的，所以手的握感比较好。

结语

课程思政是一种教学革新，对于教师来说，既是一种挑战更应该是一个机遇。课程思政目标设置和思政元素的有机融合，不仅能使冰冷枯燥的高等数学课堂生动、有温度，更能使学生学习有深度、有广度，还能激发学生学习的兴趣与乐趣，从而实现"立德树人"，将学生培养成德才兼备、全面发展的人才。

参考文献

［1］［2］习近平在全国高校思想政治工作会议上强调 把思想政治工作贯穿教育教学全过程，开创我国高等教育事业发展新局面［N］.人民日报，2016-12-09（1）.

［4］吕亚男.从数学文化视角探讨高等数学与课程思政的有机融合［J］.西部学刊，2019（4）：97-100.

［5］黄玉才.高等数学课程融入课程思政的思考与探索［J］.科教文汇（上旬刊），2020（25）：71-72.

［3］［6］史艳丽，许洁.《高等数学》"课程思政"教育教学改革的研究与实践［J］.吉林化工学院学报，2022，39（6）：1-5.

［7］杨媛，管毅.课程思政融入"高等数学"教学模式的探讨［J］.教育教学论坛，2022（28）：169-172.

华侨大学　数学科学学院

中华优秀传统文化融入"马克思主义基本原理"课程教学探究

梅雪莲[①]

摘　要：将中华优秀传统文化融入"马克思主义基本原理"课程中可以增加大学生的文化自信，在此基础上进一步探索中华优秀传统文化融入"马克思主义基本原理"内容契合点、融入路径等，引领学生认识中华优秀传统文化与马克思主义的互联互通，进一步提升课程的教学效果，增加学生对中华优秀传统文化的认同感，强化文化自信。

关键词：马克思主义基本原理；大学生；教师；思想政治教育

在教育发展历程中，思想政治教育起到了重要的作用。开设思想政治理论课非常有必要，也极其关键，保障了下一代社会主义新青年树立牢固的价值观和科学的思想体系[1]。在新时期课程改革发展的背景下，上好思政课，做好思政引导，推动思政课程创新发展成为"马克思主义基本原理"课程改革的难点和重点。"马克思主义基本原理"课程是高校学生入学后必修的一门主要课程，也是贯彻思想政治理论学习的核心课程之一。马克思主义是我

---

① 作者简介：梅雪莲（1982—　），女，湖北鄂州人，高级工程师，鄂州职业大学外聘教师，从事职业教育培训研究。

们党和国家的重要指导思想之一，也是发展中国特色社会主义的重要体系之一。将中华优秀传统文化融入"马克思主义基本原理"课程教学，是对"马克思主义基本原理"教学的创新延展和改革，是当前培养优秀大学生的重要课程之一，也是高校思想政治理论学习的重要方向。其普及推广有利于提升高校课程创新改革，加强对学生的思想政治教育，使学生建立正确的价值观、世界观和人生观，坚定中国特色社会主义道路自信、理论自信、制度自信、文化自信，培养爱国情操，实现思政课立德树人的培养目标。

一、将中华优秀传统文化融入"马克思主义基本原理"课程的意义

探索中华优秀传统文化与"马克思主义基本原理"课程的共同点，提出双方契合的教学切入点，引入创新的课程内容，在改进课堂模式、教学大纲的同时，不断深化和培养学生的自信心。

（一）提高"马克思主义基本原理"课程的教学成效

西方文化在发展过程中逐步凝聚出马克思主义这一硕果，其逻辑思维方式与叙述模式均来自西方文化，缺乏契合中华文化的论述风格，对刚进入大学的学生而言，这门课程充满了抽象和晦涩难懂的语言。大学生普遍缺乏西方文化的熏陶，其思维范式和思考角度均很难在短时间内领会马克思主义的核心价值体系，学习起来的难度较大。

中华优秀传统文化中有许多内容可以和马克思主义基本原理紧密契合。在课堂上将这些内容融入教学，能够让学生更"本地化"地理解和接受马克思主义基本原理。这样一来，学生将不会有对"马克思主义基本原理"课程的隔阂感，而且能够更加深入地理解和用心地体会马克思主义基本原理，使之真正"说中国话"。

此外，马克思主义基本原理均能够在中国发展过程中有所反映，其中蕴含的真理具有中国化的特征，以此延伸发展出的理论对大学生而言更为亲

民。例如，毛泽东的《实践论》《矛盾论》等都是通过马克思主义延伸形成的中国特色理论，是对中华优秀传统文化与"马克思主义基本原理"课程结合的范例，进一步宣扬中华文化，形成中西方文化的融合。

（二）培养大学生的文化自信

党的十八大以来，我们党坚持对中华优秀传统文化的宣传和弘扬，要求"将优秀的中华文化扎根到基层土壤"，提出"传统的中华文化是我们能够屹立在世界之林的重要基石"[2]。大学生作为未来的社会主义接班人，承担着振兴中华、实现中华民族伟大复兴的历史重担，宣传和教授中华传统文化，是高校思政课程设置的重要原则。2017年，中共中央办公厅、国务院办公厅印发《关于实施中华优秀传统文化传承发展工程的意见》对中华优秀传统文化的发展方向和实施路径提出了长远的战略部署。习近平总书记在党的十九大报告中指出，"要深入挖掘中华优秀传统文化蕴含的思想观念、人文精神、道德规范，结合时代要求继承创新，让中华文化展现出永久魅力和时代风采。"[3]我们要建立时代的传承体系，将千百年来祖辈塑造的文化传统传递下去，在新时代发展中不断创新，发挥文化的闪光点。将中华优秀传统文化与"马克思主义基本原理"课程结合教学是对上述政策的落实和实施，是让大学生切实感受到中华文化不断变迁的过程，从而增强对祖国的认同感，培养出强大的文化自信。

（三）塑造大学生正确的世界观、人生观、价值观

马克思主义是我国思想政治的核心价值体系，是中国特色社会主义思想的理论基础。"马克思主义基本原理"课程的开设有助于培养大学生群体树立正确的三观，正确认识唯物主义的发展。中华优秀传统文化结合"原理"课程可进一步展现儒家哲学文化，从价值体系构建上明确"立德""立智"过程。"中华文化之底蕴不在于书本理论的学识深度，而是从理想上树立人的思维，形成完人。"[4]这其中将中华优秀传统文化与人的三观形成和德智

综合发展结合一起。2013年，习近平总书记在中共中央党校建校80周年庆祝大会上指出："中国传统文化博大精深，学习和掌握其中的各种思想精华，对树立正确的世界观、人生观、价值观很有益处。"[5]学生在接受将中华优秀传统文化融入"马克思主义基本原理"课程后可以启发思维，产生与中华优秀传统文化相连的情愫，端正三观，全面健康发展德智水平。

二、中华优秀传统文化与"马克思主义基本原理"课程教学内容的融合点

（一）朴素唯物主义与马克思主义唯物辩证观的融合

从马克思唯物主义唯物辩证观出发，我们可以发现，世界是由物质构成的，也统一于物质。我国自古已对世界的本原开展研究，经过千年的文化传承，形成多种学派，如元气理论、阴阳五行学派等，其中均蕴含着朴素唯物主义的根本思维。元气理论提出，元气是组成世间万物的基础，也是世界和全球组成的核心。在《公羊传解诂·隐公元年》一书中首次对元气进行描述，提出"元气者，乃起于无形，分于有行，得于天地，为天地之开始。"[6]其中对元气的解说从字面意思即可看出端倪，认为"元者，气也"，即宇宙万物的本质来源于气，是所有事物的"元"，气生万物，开创天地。阴阳五行学派认为，物质的构成来源于阴阳相互作用，在《素问·阴阳应象大论》中对阴阳理论是这样阐述的："阴阳者，天地之道也，万物之纲纪，变化之父母，生杀之本始，神明之府也，治病必求于本。"五行论在阴阳理论的基础上进一步深化提出世界万物离不开"金、木、水、火、土"的元素构成。西周时期的史官史伯在对五行与万物起源的联系进行阐述时道，金、木、水、火、土，成百事，始万物。[7]中国古代哲学家们用朴素的唯物主义理论揭示着世界的构成本原，虽不能全面解释世界来源，但基本围绕唯物主义理论深入开展，这与马克思唯物主义和辩证思想基本一致。

朴素唯物主义认为物质世界是唯一的实在，不存在超自然的存在。在创

新性发展方面，朴素唯物主义可以启发人们对物质世界的探索和改变，促进科学技术的进步，推动社会和经济的发展。例如，在创新产品和技术方面，朴素唯物主义思想可以使人们更加注重实际应用和效果，而不是追求虚无缥缈的理论；在环境保护和资源利用方面，朴素唯物主义思想可以让人们更加关注自然物质的循环利用和节约利用，而不是过分迷信人工制品和消费主义；在社会建设和法治方面，朴素唯物主义思想可以促进社会公平与正义的实现，加强法律法规的执行和改进，避免不必要的政治争斗与权力斗争。所以，朴素唯物主义可以帮助人们更好地认识和改变世界，推动社会和经济的进步。

（二）古代辩证理论与马克思主义唯物辩证观的融合

马克思主义唯物辩证观认为联系具有普遍性，世界是永恒发展的，事物发展的动力来自矛盾的产生，在不断量变到质变的过程中，形成发展历程。中华优秀传统文化也充分体现了马克思主义唯物辩证观的思想核心。在儒家经典《周易》中曾明确记载辩证思维和逻辑方式。《易传》中采用辩证思维看待阴阳学说，其指出"阴阳谓之道，乃继之善，成之性"[8]，这说明事物发展过程中普遍具有阴阳两面，事物的两面互相作用，促进不断发展。这与现今的矛盾思想不谋而合。而在道家的著作中更多采用辩证的方法看待问题。以老子为代表人物的道家学说是其中的典型代表。老子曾提出事物具有相互统一的核心，其认为："有无相生，声音相和，前后相随"[9]。其还认为事物存在矛盾性，矛盾双方互为依存，也在相互转化的发展过程中，提出福祸相生的理论，认为"祸兮，乃福之伴，福兮，乃祸之底"。这与马克思唯物主义辩证观的矛盾理论和对立统一理论相似。此外，老子的经典语录"九层之台，起于垒土；千里之行，始于足下"[10]更是直观地阐述了事物是不断在质变和量变中演变的。在兵家哲学思想中也多处可见唯物辩证观念。《孙子兵法》中记载，"知己知彼，百战不殆"，反映出只有全面掌握交战双方战况，才能做到稳坐军中，指挥不乱，才能在百战中取胜。这与唯物辩证观中的全面和联系的观点一致。在兵法的运用上，《孙子兵法》通过战场的事例提出多种矛盾辩证理论，如攻守矛盾、强弱矛盾、进退矛盾等，这都反映了矛盾双方在一定程度上相互转化的过程[11]。

古代辩证理论强调对立统一和矛盾冲突是世界发展和运动的根本原则。在创新性发展方面，古代辩证理论可以启发人们对事物及其演变的深入认识，促进社会和经济的进步。例如，在科技创新方面，古代辩证理论可以使人们更好地认识到万物是相互联系的、肯定矛盾冲突的重要性，从而更加强调创新思维和创新能力；在社会发展方面，古代辩证理论可以引导人们更加注重社会矛盾的解决、社会秩序的稳定和社会进步的永续，避免因单一考虑问题而导致社会不公和社会动荡；在文化传承方面，古代辩证理论可以让人们更加珍视传统文化和文化创新的融合，避免保守主义和极端主义导致的文化断裂和文化冲突。因此，古代辩证理论可以作为思维工具和方法论，启迪人们对事物进行深入剖析和探索的能力，推动人类社会和经济的发展。

（三）知行合一与马克思主义认识论的融合

马克思主义认识论提出实践的重要性，认为认识来源于实践，实践是基础，是检验真理的标准。在中华优秀传统文化中也有相似的理论支撑。知行论中的"行可达知，知不可当行"认为知行合一的基础是要充分认识到知与行的差别，行要早于知，单靠知无法替代行，这反映出马克思主义认识论中的相似观点。知行可进一步阐述为"真知究于外物"[12]，这是对实践是检验真理的唯一标准的古代哲学解读，也与马克思主义认识论相一致。

知行合一是中国传统文化的一种重要思想，它强调理论与实践相结合，只有将知识化为行动才能真正地掌握和运用它们。在创新性发展方面，知行合一可以帮助人们更好地应对复杂多变的现实问题，促进个人和社会的进步。例如，在实践创新方面，知行合一可以使人们更加注重理论与实践的结合，不断地将理论转化为实践、实践反哺理论，从而探索出新的实践路径和工作方法；在教育培训方面，知行合一可以引导人们注重实践能力的培养，让学生通过实践活动丰富自己的知识储备，提高实际应用能力；在企业管理中，知行合一可以指导企业注重员工的实际操作能力，通过实践激发员工的潜力和积极性，推动企业的快速发展。因此，知行合一思想可以帮助人们更好地理解和掌握知识，提高人们的实践能力，推动社会、企业和个人的进步和发展。

（四）民本思想与马克思主义群众史观的融合

马克思主义群众史观坚持群众是历史的缔造者，也是世界万物的开创者，通过群众的努力不断完善物质和精神，是社会发展革新的关键。中华传统文化中也有相似的思想理论，其中民本思想是典型代表。《尚书》中关于民本思想的记载有"惟民心，不可下"，即君主要想获得长久统治，需要紧密联系群众，获得民心所向，方能长治久安。孟子认为："民之贵，次而社稷，三为君轻"，即君比民轻，人民群众在国家长久发展过程中居主导地位。另外，荀子还曾在诗作中将群众比喻为舟下之水，提出"水能载舟，亦能覆舟"的理论，警醒君主要时刻牢记群众的力量，要时刻依靠人民群众[13]。从民本思想中可以发现，中国古代的哲学家已经认识到人民群众对于政权巩固的意义，这与马克思主义群众史观同出一辙。

民本思想是中国优秀传统文化的重要组成部分，它强调国家和政治权力的根本目的应该是保障人民的福祉和利益。在创新性发展方面，民本思想可以帮助人们更好地认识和尊重人民的权利和利益，推动社会和政治制度的改革和进步。例如，在政治建设方面，民本思想可以促使政府更加注重人民的需求和真正的民意，建立一个公正、透明、负责任和服务高效的政治体系；在经济发展方面，民本思想可以引导企业注重自身产品和服务的质量和价值，以满足消费者的需求，提高生产和服务的水平；在文化传承方面，民本思想可以让人们更加关注民间文化和民间故事的价值和意义，推动文化多元化发展和文化创新。因此，民本思想可以作为一种价值观念和思维模式，启迪人们对人民利益的关注和追求，推动社会、经济和文化的发展。

（五）大同思想与马克思主义中的共产主义的融合

共产主义是社会主义的终极形态。马克思等人在对西方资本主义进行批判时提出，只有实施生产资料公有制、生产力得以充分释放时，每个人自由发展的状态才能达到共产主义的理想。中国古代哲学思想也对理想追求有相似的理论，其中的大同思想与之相似。《礼记·礼运篇》中提出"天下为公"的思想，认为天下道行归结核心是大公，大公的体现在于大同，大同是"老有所终，壮有所用，幼有所长，鳏寡孤独废疾者皆有所养"的理想社会[14]。可见，大同思想的核心在于追求公有制度，讲求和谐社会，充分展现人的自由发展，这与马克思主义中的共产主义目标方向一致。

大同思想是中国古代思想文化中的一种重要思想，强调人类社会的和谐与共同发展，追求社会上下一心、和平安宁、众人平等的目标。在创新性发展方面，大同思想可以促进人们关注全球化时代的共同利益和对全球变化的回应。例如，在跨国合作和国际关系方面，大同思想可以引导人们关注全球公共利益，从全局角度出发，推动国家之间的沟通和协作，实现更加稳定和健康的国际关系；在环境保护和气候变化方面，大同思想可以鼓励人们跨越政治和地理边界，共同应对气候变化和环境破坏带来的挑战，推行可持续发展；在社会治理和公共领域方面，大同思想可以提醒人们处理社会问题时需要考虑社会公正和公平，制定更加人性化和普惠性的政策，减少社会矛盾和不公。因此，大同思想可以作为一种普遍适用的价值观和全球视野，启迪人们关注全球利益和出发点，推动全球化进程更好地服务人类。

三、中华优秀传统文化融入"马克思主义基本原理"课程教学的突破口

优秀的思想政治教育在于师资力量，关键在于发挥出教师应具备的积极主动和创新创造激情[15]。教师在开展中华优秀传统文化融入"马克思主义基本原理"课程时可以依托以下几点作为突破口。

（一）强化教师自身中国传统文化涵养

在执行课程融入教学尝试时，授课教师不但要熟悉掌握马克思主义的基本内容，还要兼顾掌握中华优秀传统文化的精髓，同时具备将二者融会贯通的思维。教师通过学习、培训、访学等方式，结合国内外的资源优势，充分研读传统优秀文学，研究双方融合文献，丰富传统知识储备，产生对中华优秀传统文化的共鸣。特别是在融合的方式上，教师不仅要注重对理论的结合，还要注重对事例、范例的选取，提高学生听课兴趣。如果教师只是单纯且片面地了解了一些文化传统，只是简单地"1+1"累积结合，那么教学成效将会大受影响，中华优秀传统文化融入课程的意义也无法得到充分体现。

（二）将案例、范例融入"马克思主义基本原理"课程

中华传统文化遍地瑰宝，如何充分利用好课堂资源，将千百年发展的瑰宝精华结合"马克思主义基本原理"课程内容完美展现，是教师开展融入课程首要考虑的问题。教师在授课过程中，不能单纯讲解"马克思主义基本原理"的基本概念，要侧重于从启发性、思维性的角度调动学生的积极性，从他们的生活经历出发，结合中华优秀传统文化，阐述"马克思主义基本原理"的基本内容，以实践结合分析来展现融入课程的意义。在教学实践过程中，可以选用传统文化典故来强化认知。例如，通过赏析《大学》中的佳段章节，让学生认识到社会存在和社会意识的相互作用关系，从辩证分析的角度解读生产力和社会存在的相互影响，让学生对《大学》有新的认识和体会。

（三）将专业特色融入"马克思主义基本原理"课程

教师在授课过程中还可以结合学校专业的特色，切入介绍中华优秀传统文化。例如，在讲述马克思主义唯物辩证观时可展开阐述朴素唯物主义，延伸介绍阴阳五行理论。如果学生是修读中医专业的，则可以通过阴阳五行理论快速联想到中医基础知识。教师还可以进一步借助部分中医理论开展延伸阅读。在讲授"金、木、水、火、土"时可以结合中医相生相克的理论，

邀请学生上台讲解人体的五行学说，让学生通过实践操作，体会中国古代朴素唯物主义，形成课堂有效互动，快速掌握马克思主义基本原理。这种协同互作的课堂教学模式，能够生动地呈现出思想政治课堂和专业课程结合的特色，是创新的教学尝试。

（四）将新媒体融入"马克思主义基本原理"课程

当前，随着互联网和新媒体的快速发展，传统思想政治课程教学可以引入新媒体创新授课形式，展现课程融入。在实际教学过程中，教师可以创新地在课堂上设置演讲比赛环节，以微演讲、微视频形式开展实践教学。学生在实践过程中以班组为单位，小组选派代表在课堂上进行演示，并同步讲解。此外，教师还可以采用多种新媒体APP配合教学，例如雨课堂、慕课等。教师充分利用新媒体平台资源优势，拓宽课程融入教学渠道，突破传统授课局限，以数字化、数据化形式加强学习成效监督。

结语

当前高校思想政治课程的主要内容之一在于对学生的传统文化教育普及。中华优秀传统文化要与"马克思主义基本原理"课程相互融合，需要找准契合点，抓好着力点，科学创新地开展多元化教学新模式，既有利于宣扬传统文化，也有利于开展"马克思主义基本原理"课程教学，是实践马克思主义中国化的内在反映。

参考文献

［1］胡浩，施雨岑，周玮.培养一代又一代社会主义建设者和接班人：习近平总书记重要讲话引领教育系统和广大师生办好讲好学好思政课[EB/OL].（2019-03-20）.https://baijiahao.baidu.com/s?id=1628474760927113809&wfr=spider&for=pc.

[2]田鹏颖.中华文明是人类文明新形态的深厚文化底蕴[EB/OL].（2022-06-17）.https：//m.gmw.cn/baijia/2022-06/17/35818069.html.

[3]习近平：决胜全面建成小康社会　夺取新时代中国特色社会主义伟大胜利——在中国共产党第十九次全国代表大会上的报告[EB/OL].（2017-10-19）.http://www.mofcom.gov.cn/article/zt_dlfj19/fbdt/201710/20171002657108.shtml.

[4]钱穆.中国历史精神［M］.北京：九州出版社，2011：148.

[5]传承弘扬中华优秀传统文化中的敬业精神[EB/OL].（2019-01-04）.https：//baijiahao.baidu.com/s?id=1621686704815509275&wfr=spider&for=pc.

[6]王博.易传通论［M］.北京：中国书店，2003：27.

[7]彭浩.郭店楚简《老子》校读［M］.武汉：湖北人民出版社，2000：146.

[8]王卡.老子道德经河上公章句［M］.北京：中华书局，1993：122.

[9][10]严遵.老子指规［M］.王德有，点校.北京：中华书局，1994：223.

[11]张岱年.文化与哲学［M］.北京：教育科学出版社，1988：1.

[12]韩小敬.实现中华优秀传统文化与"原理"课的融合［J］.河北广播电视大学学报，2019，24（6）：74-77.

[13]王元珍.中华优秀传统文化融入"马克思主义基本原理概论"课程教学探究［J］.教育现代化，2019，6（57）：266-269.

[14]李丽.中华优秀传统文化融入马克思主义基本原理课的方法论思考［J］.山西高等学校社会科学学报，2020，32（10）：28-34.

[15]田丽，赵婀娜，黄超，等.大思政课，总书记心中的一件大事[N].人民日报，2022-05-22（10）.

鄂州三六五金典文化传播有限公司

教育教学研究

金融专业硕士产教融合培养模式研究：基于华侨大学的案例分析[①]

徐小君　陈鹏军[②]

摘　要：产教融合培养模式由培养单位与相关行业围绕专业学位研究生培养联合建设，共同制订培养方案，共同开设实践课程，落实研究生在培养单位与培养基地的学时分配、培养内容和实习实训，建立实践训练和学位论文等方面的考核制度。通过产教融合培养模式的案例分析，研究发现鼓励有条件的培养基地制定专业技术能力标准，建立多样化的基地评价体系。完善的产教融合培养模式能够长期稳定运行，并有效保障和提高专业硕士教育的培养质量。

关键词：金融专业硕士；产教融合培养模式；研究生教育

---

① 基金项目：福建省本科高校教育教学改革研究项目"基于校企合作的金融专业硕士人才培养改革模式研究"（FBJG20200160）；福建省本科高校教育教学改革研究项目"基于校企合作的金融专业硕士人才培养改革模式研究"（FBJG20200160）；福建省本科高校教育教学改革重大项目"面向双一流建设的应用经济学研究生培养机制研究与实践探索"（FBJG20210243）。

② 作者简介：徐小君，男，华侨大学经济与金融学院金融系副教授、金融学博士；陈鹏军，男，华侨大学经济与金融学院金融系副教授、金融学博士，金融系主任；通讯作者：徐小君。

引言

当前世界正处于百年未有之大变局的历史关键时期，国际政治与经济环境复杂多变，世界经济出现了新的不确定性。国家和地区之间地缘安全与军事冲突风险加剧，中国过去长时间和谐稳定的经济环境开始变得更加复杂。应对复杂的政治和经济局面，于复杂纷繁的外部环境中寻求变革和发展，各类管理和技术人才是促进国家发展的最重要因素。金融人才更是当前我国的稀缺资源。金融人才的培养对于国家现代化建设和金融体系健康发展都至关重要。金融专业教育承担着为中国金融改革、创新和发展，以及为中国现代化建设提供高质量专业人才支撑的重要使命，中国金融改革和发展迫切需要金融硕士这样具有理论素养和卓越能力的金融专业人才[1]。

近年来，我国金融快速发展和改革的实践，亟待相应的金融教育改革。自2010年1月教育部设立金融硕士专业学位以来，招生单位的数量不断增加，招生规模不断扩大。截至2021年6月，获得金融专业硕士学位授予权的培养单位已超过了250所。目前我国高等院校每年培养出大量的金融专业硕士，高校硕士培养同质化现象严重，金融专业硕士毕业生就业竞争激烈。这倒逼培养院校提高培养金融专业硕士的质量和特色。2010—2021年，我国经济与金融发展的阶段和环境都发生了根本性的变化。随着经济从数量增长转变到质量提升，以及金融网络化、科技化和国际化的快速发展，金融出现了很多新业态、新需求和新现象。高校应用型金融专业研究生人才的教育和培养面临着严峻的挑战。

在新的形势下，如何使卓越的实践能力与扎实的专业知识培养目标在培养金融专业硕士的过程中得以实现，是每个培养单位需要认真思考的问题。具体可以总结为两个问题：

（1）从需求角度，如何持续培养出高质量的金融专业硕士人才，以适应经济和金融环境的不断变化，满足政府、金融机构和企业部门对各类金融人才的需求。

（2）从供给角度，在全国大规模培养金融专业硕士人才的背景下，如何改革、建设和发展我校金融专业硕士培养的各类硬件和软件环境以及培养机制，避免金融专业硕士的同质性竞争，从而使我校培养出具有特色和专长的竞争性金融专业硕士人才，做好做强我校金融专业硕士人才的培养。

一、我国金融专业硕士培养的问题分析

近年来，随着新通信技术5G、云计算、大数据、物联网、人工智能的快速发展，推动传统金融行业发生深刻变革，金融科技对传统金融进行着全业务流程的重塑，金融网络化、数字化和科技化的快速发展，出现了很多新业态、新现象和新需求。我国金融业的市场结构、经营理念、创新能力、服务水平还不适应经济高质量发展的要求。高校应用型金融专业人才的教育和培养面临着严峻的挑战，亟待相应的金融教育改革。当前我国金融专业硕士培养普遍存在的问题分析如下。

（一）培养方案设置不合理

（1）两年学制需要改革。国内很多高校金融专业硕士的培养学制是两年。第一学年是课堂的课程教学，第二学年进行实践学习和实习工作，并且需要在第二学年完成毕业论文，毕业论文答辩合格、获得学位后才能毕业。金融专业研究生在第一学年必须学完所有的必修课和选修课，获得必要的学分后才能获得学位。如果有必修课没有通过，或者总学分没有达到毕业最低学分要求，学生在两年的学习时间内，没有足够的时间和机会重修必修课，或再选再修选修课，都将延迟毕业。为使学生能够在两年期限内顺利毕业，培养院校在教学上倾向于放松考核要求。这使得教学质量下降，不利于金融专业硕士的培养。两年制专业硕士，由于学习时长的限制，很难达到培养方案预设的目标和效果。

（2）培养定位和目标不够明确和清楚。金融硕士培养过程必须突出金融实践导向，加强实践教学，实践教学时间不少于半年。培养方式应以实践

为导向，突出培养学生解决实际问题、不断创新的核心能力，培养院校应该为学生提供实用性的课程。当前我国很多培养院校将金融专业硕士与金融学硕士的培养同质化。各院校金融专业硕士的培养方案趋同，没有体现出各地方院校的优势和特色[2]。

（二）教材建设滞后

当前金融学教材不仅与现实金融实务脱节严重，对中国金融历史，也缺乏必要的红色金融陈述，未来中国金融学教材建设需要在这一方面作出努力[3]。教材建设应当做到"不忘初心"和"与时俱进"。"不忘初心"要求金融学教材从中国视角讲述中国经济、金融的理论和逻辑，金融学教材应首先讲好中国故事，然后将中国故事提升为中国理论，做到理论与实际相结合。在讲好中国故事的基础上，进一步关注中国市场制度和美国市场制度的差异，提炼出能解释中国环境下特殊经济、金融现象的理论，创造性地解决中国改革和发展过程中出现的各类金融问题。"与时俱进"则要求金融学教材及时跟进前沿的金融智能技术，覆盖大数据分析和人工智能的金融应用。教材要着重于提高研究生的创新和实践能力，侧重于培养研究生解决金融实际问题的能力和技术创新的能力。课程要在分析产业发展阶段、区域经济状况和金融行业特点的基础上设置。教材应当根据金融实践与课程内容的变化而不断进行修订。由于国内金融业发展迅速，金融实践不断出现新的问题，在金融专业硕士的教材建设中，普遍反映出教材的更新速度与金融行业的快速发展有所脱节，满足不了学生学习的需要。

（三）师资队伍建设有待加强

双导师制是以校内导师指导为主，校外导师参与指导学生的实践、项目研究、课程与论文等多个环节的教学制度。当前我国高校"双师型"教师较为缺乏[4]。真正的"双导"教师的数量较少，教学水平也参差不齐，教学内容仍以传统学术型教学为主，教学知识偏理论。校企合作型人才培养方式，对高校承担金融专业学位硕士课程教学的教师提出了较高的要求，完善"双师型"教师队伍是校企合作培养金融专业硕士的顺利保障。目前各高校利用"双一流"契机使得"双师型"教师的数量和比重得到一定程度的提高，但"双师型"教师仍然较为缺乏，其引进与培养渠道也较为单一。在校企合作关系中，对校外导师缺乏激励和约束机制。部分校外导师难以保证有充足的时间和精力参与培养过程。进一步提升校外导师在研究生培养过程中的参与度，是当前学位点建设的难点。

（四）实践教学基地支撑力度不够

要培养高级金融应用人才，实践教学对于金融专业硕士的培养质量至关重要，是不可或缺的重要培养环节，也是区别于金融学硕课程学习的重要内容。各个高校虽然在加强金融专业硕士的实践教学环节上进行了大量工作，但从目前的实际实施过程看，实习基地和联合培养基地的建设仍然远远不能满足金融专业硕士教学实践的需求[5]。没有实践环节的加持，金融专业硕士进入金融就业市场的竞争力就难以得到体现。现阶段如何建立聘请校外导师的有效机制，如何实现产学研的订单式培养，按照金融市场的需求设置课程，如何建立教学实践基地和联合培养基地，是金融专业硕士实践教学面临的现实问题。

二、产教融合研究生联合培养基地建设的案例分析

（一）华侨大学的教学和教改政策

华侨大学坚持党对教育事业的全面领导，以习近平新时代中国特色社会主义思想为指导，坚持社会主义办学方向，以立德树人为根本，坚持"侨校+名校"发展战略，以创建一流大学为目标，坚定不移地走内涵发展、特色发展、创新发展的道路，努力推进高水平本科建设。具体从以下四个方面推进学校的教育和教学改革。

第一，创新人才培养模式。学校根据专业硕士教学培养的国家标准，以国内外专业认证标准为依据，坚持基础知识教育、创新创业教育与专业教育的有机融合，坚持以学生发展为中心、以学生学习成果为导向，贯彻因材施教、分级分类教学的思想，构建多元化评价体系，推进多元化的人才培养机制。第二，提升专业内涵建设。学校以专业调整为抓手，结合"双一流"建设，建立健全专业动态调整机制，严格新增专业准入标准，加强完善专业退出机制，优化专业结构和规模，调整和控制专业数量。第三，构建协同育人新机制。学校根据"具有创新精神、实践能力、国际视野与社会责任感"的培养定位，积极推动学科融合、专业融合、校企融合以及创新创业教育与专业教育的有机融合，打造基础扎实、具有较强实践能力的高素质人才培养体系。第四，健全质量保障体系。学校全面落实"以学生为中心"的人才培养理念，持续开展专业认证和课程评估，完善教学质量评估和改进体系；持续开展学校、院系、学生三级教学质量监控，加强教学质量的督导与检查，持续开展评价体系改革，不断健全人才培养机制，促进人才培养质量的提升。

华侨大学经济与金融学院金融专业硕士的总体情况：厚植于"泉州市金融服务实体经济"国家级金融综合改革试验区的创新实践，立足"侨校+名校"的发展战略，对接"侨乡、侨企和侨商"的金融服务需要，金融硕士专业学位依托数量经济学国家重点学科，应用经济学一级学科博士学位授权点、应用经济学福建省特色重点学科和福建省"双一流"建设高峰学科，致力于培养了解经济金融前沿理论、掌握金融分析技术、领悟金融市场规律、适应金融发展需要、善于发现和解决金融现实问题，兼具职业道德和社会责任、理想信念和家国情怀、创新意识和创业精神的高层次、应用型金融专门人才。

在学科平台方面，应用经济学福建省"双一流"建设高峰学科和数量经济学国家重点学科为量化金融人才培养提供了强有力的方法论支撑，数量经济学获批福建省研究生教育创新基地。在实践平台方面，本学位点的实验中心为福建省高等学校首届教学示范单位，先后设立了瑞达期货、泉州农商银行、东南交易所等工作站作为人才培养的实践基地。

（二）基地建设基本情况及合作开展情况

1. 基地建设基本情况

（1）校内师资充足，结构比较合理。华侨大学从2011年开始培养金融专业研究生，学校着力发挥依托华侨大学经济与金融学院数量经济学重点学科的传统优势，在保持行业办学特色的基础上，进一步扩大与兄弟高校、政府部门、企业、科研院所的合作，开放办学、融合发展。以"教育理念先进、培养模式科学、师资团队一流、课程体系完备、教学方式灵活、校企合作紧密、教学管理规范"为目标，紧跟时代变化和社会主义现代化建设的人才需要，立足于培养高素质应用型金融人才，对金融专业研究生"产学研"合作培养模式进行了深入探索。

（2）培养制度和课程体系比较完善。在课程体系建设方面，华侨大学经济与金融学院构建了知识体系与专业技能紧密结合的课程体系。金融专业研究生培养方案以产业发展需求和研究生未来的职业需求为导向，着力优化理论和实践教学内容，增加实践教学比重，要求研究生在系统掌握专业知识和技能的同时，具有前瞻性和国际化视野。为开阔研究生视野，使其接触学术前沿和行业最新动态，学院定期邀请海内外专家为研究生开展专题讲座及学术沙龙活动；为增强研究生实践能力，还会定期在华侨大学经济与金融学院与泉州农商行等金融机构合作建立的研究生工作站中开展实践活动。

（3）校企合作建设已有较好基础。在教学团队打造中，华侨大学经济与金融学院已组建了"产学研"合作育人的金融专业研究生"双导师"教学团队。其中，校内导师由具备多年教学经验和丰硕科研成果的骨干教师构成，校外导师来自政府、金融机构、事业单位等部门，拥有丰富的社会实践和管理经验，"双导师"教学团队形成了"产学研"合作协同发展的强大支撑力量。

2. 校企合作基本情况

（1）校企双方联合成立"华侨大学与校企合作领导小组"，领导小组由双方领导和相关职能部门负责人、专业人士组成。领导小组定期召开会议，研究合作中的重大事项和协调重要问题。领导小组下设"联络办公室"，依托各自的职能部门或二级学院开展工作。办公室负责联系对接、贯彻落实具体合作事项及相关协调工作。已经完成了泉州农商银行（商业银行）、瑞达期货（证券期货）和富德生命人寿保险有限公司（保险业）泉州中心支公司三个研究生工作站的建站工作。2022年5月，华侨大学经济与金融学院对泉州市金融控股集团有限公司（以下简称"泉州金控集团"）开展调研，并与泉州金控集团签署校企合作协议。泉州市金融控股集团有限公司以"金融服务实体经济，助推产业转型升级"为宗旨，定位于综合性投融资与资本运营平台，业务领域涵盖产业投资、金融服务和实业运营三大板块，致力于打造一流的综合金融与产业资本投资控股集团。学院与泉州金控集团成功签约、与企业共建政产学研合作，既能为学院学子提供更多的岗位和实习机会，又能服务地方建设，为泉州金控集团发展提供智力支持。希望学院结合泉州金控集团的资源和特色，探索搭建产学研平台，共同推动金融科技、数字经济等方面合作，共同促进产业转型升级，实现校企多方合作共赢。

（2）基本达成产学结合、校企合作，实现金融专业硕士培养的"无缝对接"。首先采用"请进来，走出去"的战略，加强产学结合，实现校企合作。金融专业硕士要培养的人才不仅需要掌握扎实的理论知识，更需要具备一定的实践经验。"请进来"主要可以考虑在进行授课的过程中多邀请一些就职于金融领域的高级管理人员，从而弥补金融专业硕士在实践过程的不足；"走出去"指的是让金融专业硕士进入金融机构观摩、实习与工作。做到理论与实践结合，包括将一直从事理论研究的高校金融学教师送到金融机构进行岗位锻炼，在帮助企业的同时，也提升了自身的金融经验水平。

（3）与地方企业联合进行金融专业硕士的培养，做到资源共享、利益共享。高校可以将自己的师资力量、教学科研资源与金融企业的软硬件和场所相结合,共同培养高级金融专业人才。这种模式不仅可以在实践中提高金融专业硕士的实际操作能力,还可以实现企业和高校的双赢局面。

(三)人才培养目标及培养方案

1. 培养目标和培养方案

(1)培养目标是培育高素质、应用型特色普惠金融人才。

(2)校企双方合作开展基于全新国际经贸模式的普惠金融实践探索,包括但不限于:① 客户资源获取和管理;② 普惠金融服务与产品研发;③ 普惠金融风险控制理论与实务研究。

(3)联合申报省级、国家级协同创新中心。校方牵头组织和协调相关单位、人员,与企业、银行共同打造集科学研究、人才培养、学科建设"三位一体"的协同创新体,联手准备和构建省级、国家级协同创新中心。

2. 师资培养和课程建设

着力提升专业教师的应用和实践指导能力,通过开展专业培训、进修、研讨等方式,对教师进行职后教育、在职培训。具体包括:① 共同研究课程设置,开设普惠金融实验班、研修班;② 互派人员,提升各自理论水平及实践能力;③ 合作共建实践教学基地、创新创业基地。课程建设方面,树立课程建设新理念,推进课程改革创新,着力培养学生的应用和实践技能,提高教师教学能力,完善以质量为导向的课程建设激励机制,形成多类型、多样化、应用型的特色教学内容与课程体系。

3. 实践调研与课题合作

校企双方开展合作,内容包括但不限于:学生参与实习企业和银行的实务工作;企业提供学生可能会面临的现实问题并让学生开展课题研究;校企双方在人才与技术、实践与实习、理论与实务等各个方面展开全面合作。

（四）基地建设方案

1. 基地管理模式与运行机制

企业在校企合作中可能积极性与主动性不高，故有必要建立校企长期稳定合作的长效机制。校企之间培养成果利益共享，同时降低和减少企业的培养成本，可以为企业增加收益，减少负担。要想减少和克服校企合作的短期问题，需建立健全校企合作的规范、稳定、配套的制度体系；推动制度正常运行的"动力源"，即要有出于自身利益而积极推动和监督制度运行的组织和个体。

2. 联合导师队伍建设与研究生培养

（1）培养和改善金融专业硕士的"双师型"指导教师队伍。直接引进或者短期聘任各类企业和金融业界的金融工程师与金融分析师作为指导教师，或者为金融专业硕士生教授理论课程和实验课程。对学校内部的指导教师进行培训，使现有教师既具备理论教学的素质，也具备实践教学的素质。

（2）研究生培养方面，金融专业硕士为双导师的培养和指导制度。具体计划方案为：① 行业导向类课程开发。根据就业市场需求与学科专业特点，专业课可增加具有锚定性质的定向课程，以输出固定行业人才为目的，也可以由高校与企业设立专项合作培养研究生计划，定向培养硕士人才。② 融合就业特色的研究生课程内容。③ 加强对实践技能的考核。在重视研究生文献阅读能力和学术创新素养的前提下，提高研究生实操技能。

3. 经费管理、合作科研与资源共享

（1）校方依托学校的学科和人才优势，共享教学、实践资源，积极支持企业和银行开展普惠金融的产品创新、服务升级、人才输送和职工继续教育等工作。

（2）校方向企业和银行开放及共享线上、线下的图书馆等资源；积极依托企业和银行的平台开展研究成果的实训、实验性应用，并视效果适时推广，促进研究成果转化。

（3）企业和银行每年投入资金不少于100万元，用于普惠金融创新研发、创新实践等，合作期限暂定10年。企业和银行有权指定投入资金的用途、合作研究机构、合作研究团队等。企业和银行充分发挥金融领域的资源优势以及业务和实践经验，积极支持校方开展理论研讨、实务调研、实践实训和创新创业等工作。

（五）预期成效

基于校企双方各自优势资源，按照"友好合作、共建共荣、优势互补、互利共赢"的原则，双方以项目合作为基础，共建产、学、研、创深度融合的校企协同创新平台，打造校企协同创新体制机制，共同加强创新意识、提升创新能力、联合推出创新成果，更好地为区域经济和普惠金融实施作出应有贡献。主要预期成效包括：① 高素质、国际型普惠金融人才储备与培养。双方合作开展高素质、国际型普惠金融人才培养。② 创新型普惠金融产品与服务研发。双方合作开展基于全新国际经贸模式的普惠金融实践探索。成立普惠金融社会实践基地，与甲方共同促进高素质、国际型普惠金融人才培养，以及科研成果转化等。③ 联合申报省级、国家级协同创新中心。学校牵头组织和协调相关单位、人员，与企业共同打造集科学研究、人才培养、学科建设"三位一体"的协同创新体，联手申报省级、国家级协同创新中心。

三、金融专业硕士培养的进一步改进措施和启示

通过对华侨大学金融专业硕士培养的案例分析可知，高校产教融合的培养模式，有利于培养理论与技能复合的高级应用型人才，产教融合将高校的理论教学、行业的背景知识、区域经济的发展情况、企业的实践做法与技能培训等多种技能融为一体，将大学的理论教学与具体的应用场景进行综合，既重视专业知识的学习，也训练了相关的技术技能，使得学生的综合能力得到全面的提升。高校金融专业硕士产教融合的培养模式值得推广。通过华侨大学金融专业硕士产教融合培养的案例分析，还可得到如下关于改进专业硕

士培养的政策启示。

（一）始终重视学科队伍建设

要坚持重点引进与一般引进相结合、引进与培养相结合，重视培养本院有可能成为本学科学术领域领军人才的教师，形成"领军人物+研究团队"的队伍模式；遵循教师成长发展规律，放远眼光，加大对青年教师的培养力度，搞好学科建设的师资梯队建设，形成良好梯队；有效发挥校外导师作用，杜绝流于形式。

（二）始终加强学科平台建设

教学平台方面，申报国家级和省部级品牌专业、精品课程、优秀教学团队、优秀案例、教材奖项，加大实验示范中心和优秀实习基地的建设力度。

（三）强化保障制度建设

导师管理方面，为保障学科建设成效、倡导团队合作，学院将尝试推行学术休假制度、高水平论文通讯作者认定与奖励制度、研究生导师遴选制度，改革教学科研激励与分配方案。学生培养方面，推动科研育人工程，加大硕士研究生科研奖励和海外培养力度，完善研究生评优奖励制度、课外学术科技创新管理制度等，提高人才培养质量。

（四）坚持体制机制创新

着力建立"学科交叉、合力推进"的管理机制，构造"开放流动、协同创新"的运行机制，设计"稳定投入、绩效考核"的评价机制。在公平竞争中全力贯彻"扶优扶强扶特"精神，对实施有力、进展良好、成效明显的学科方向，适当加大支持力度；对实施不力、进展缓慢、缺乏实效的学科方向，适当减少支持力度；对建设成效差，经整改后仍不符合要求的各类专业硕士点将予以淘汰，通过优胜劣汰，通过竞争发展我国专业硕士建设工作。

参考文献

［1］［3］吴晓求.关于发展我国金融硕士专业学位研究生教育的若干思考［J］.学位与研究生教育，2012（1）：48-51.

［2］王景河，陈国华.高校电子商务学科产学研协同创新发展模式（BUCM）研究［J］.北京印刷学院学报，2015，23（5）：65-68.

［4］陈怡琴.金融硕士专业学位研究生专业实践体系的构建路径探索［J］.学位与研究生教育，2021（6）：24-28.

［5］王家华，王瑞.校政企研联合培养金融硕士模式创新与策略研究：以南京审计学院为例［J］.研究生教育研究，2016（1）：80-85.

华侨大学　经济与金融学院

应用型工科本科大学生专业培养双层次评价指标体系构建

——以泉州信息工程学院机械设计制造及其自动化专业建设为例

顾立志　岳爱臣　高善平　宋金玲[②]

摘　要：应用型本科在国民学历高等教育中具有特殊地位，肩负着培养和输送千百万应用型高级人才的使命。应用型本科培养方案、目标和培养过程直接影响应用型人才培养质量，需要进行评价并加以不断改进和完善以保证教育教学和人才培养预期。在阐述人才培养评价一般性理念和原则基础上，运用系统工程方法，提出并

---

① 福建省教育厅本科教学改革重大项目（FBJG20200339）。
② 通讯作者：宋金玲（1963— ），女，泉州师范学院教授，研究方向：数字化设计与制造，结构与过程控制优化，机器人技术。顾立志（1956— ），男，工学博士，博士生导师，泉州信息工程学院教授，虚拟制造技术福建省高校重点实验室主任，泉州市机械设计制造及其自动化名师工作室负责人，华侨大学机电及自动化学院教授。研究方向：先进金属切削与加工过程优化，数字化设计制造技术，智能制造与工业机器人技术，应用型本科教育教学与人才培养研究。岳爱臣，泉州信息工程学院教授，研究方向：高等教育本科人才培养模式与质量评价。高善平，泉州信息工程学院 机械与电气工程学院，副教授，机械工程硕士，研究方向：机器人技术与智能制造，机械制造过程优化，应用型本科人才培养模式。

构建应用型工科本科人才培养效果和培养过程合理性评价指标体系和模型。以泉州信息工程学院机械设计制造及其自动化专业人才培养为例，通过"培养绩效评价—教育教学过程合理性评价—培养目标与过程优化"的持续循环，不断完善人才培养体系，持续培养高素质应用型工科本科人才，收到预期效果。

关键词：应用型工科本科；评价指标体系构建；评价指标体系矩阵

引言

提高教育教学水平和人才培养质量，是高等教育永恒的主题。应用型本科教育因其"本科的普遍性要求"和"应用型的面向特殊性"，给应用型本科人才培养提出了挑战。不论国家高等教育行政管理部门、具体实施教育教学与管理的高等院校，抑或工作在人才培养一线的教师，都在孜孜以求，不断探索和实践，以期更好地培养高层次应用型人才。与此同时，高层次应用型人才培养质量的高与低、好与坏、成功与否亦需要作出比较科学、客观、恰当的评价，以保证高层次应用型人才培养的健康发展。

在应用型本科人才培养方面，袁娟等人[1]认为大学生创新项目是当前各高校培养创新型人才的有效载体和平台，项目的实施为培养具有较强动手能力和创新意识的新世纪人才提供了途径；立足药学类专业，结合指导创新项目的体会，阐述创新项目的开展对大学生科研素养、专业技能创新能力和团队协作等的培养和提升起到积极促进作用。杨业娟等人[2]根据新工科人才培养对学生应用和创新能力的需求，提出了基于新工科人才能力培养的C语言程序设计课程应用创新型教学框架。在该创新型教学框架下，提出课程教学设计的基本原则，即以网络化、虚拟化教学手段改革课程教学模式；提倡知识点碎片化，引导学生自主化高效学习；以项目实践和学科竞赛为抓手，全面培养学生的专业综合创新能力。夏春琴和刘羌健[3]从南京邮电大学电子科学与技术国家级实验教学示范中心实际出发，以创新实践平台建设为基础，以创新人才培养机制为重点，提出了构建"三纵三横"的实践教学体系，在实践教学中打破学科之间的壁垒，在课程设置上进行学科交叉、融合、创新，突破传统、改革创新，以竞赛为载体、创新实践基地为平台培养学生的创新能力，为国家建设持续提供具有创新精神与实践能力的应用型、复合型人才。李海翔[4]以应用型高校为着眼点，在明确大学生创新创业能力培养的意义以及存在的问题之后，从完善政府及社会的支持体系、优化高校的创新创业教育模式、加强创新创业教育师资队伍建设以及加强学生对创新创业能力的认知等方面，提出可行性建议，推进对应用型高校大学生创新创业能力培养方式的探索。姜永正等人[5]从空间想象力、自主学习与钻研能力、发现与提出问题的能力等三个方面分析了机械类专业低年级本科生创新能力的现状，提出了机械类专业低年级本科生创新能力培养途径，包括空间想象力培养，自主学习与钻研能力培养，发现、提出问题能力培养等。

在教育教学和人才培养质量方面，谢瑞刚等人[6]指出，为提升应用型人才创新能力，激发创业热情，应用型本科院校需要掌握工作过程系统化的课程体系设计思路；解构学科系统排序知识，并将其重构到接地气的工作过程之中。改变传统的教学方式在于结合项目、案例等，并重点加强评价管理。在应用型人才综合素质的培养过程中，学校只有坚持跨界教育才能有效提高应用型人才创新创业教育的实效性，逐步向应用技术型大学转型发展。周云红[7]在阐述提升本科生创新和实践能力的必要性的基础上，详细分析了制约本科生创新实践能力培养的主要问题，从本科生个性化培养以及改进实践教学方法两方面阐述加强本科生创新实践能力培养的主要对策，以期为学校改革人才培养模式以及教师教学实践提供参考，也为大学生创新实践能力的培养与提高提供借鉴。李素华等人[8]根据高校创新创业人才的培养情况，基于应用型高校创新创业人才的社会需求和学生的现实需求，引用质量功能展开（QFD）理论，构建了大学生创新创业能力QFD模型，运用模型提出了有助于提升大学生创新创业能力的对策。

杨蕾等人[9]在阐述应用型本科人才培养质量含义及质量评价意义的基础上，构建以需求为导向的应用型本科人才培养质量评价指标体系，结合某高校某一工科专业的实际情况，采用模糊综合评价的系统评价方法进行了实例研究。模糊综合评价法，先确定测评范围、建立因素集U和评定（语）集V、建立权重集、确定单因素评价隶属度向量并形成隶属矩阵Ri，最终获得某高校工科专业本科人才的评测结果。王宏彬和胡晋月[10]以产教融合为背景，借鉴相关文献资料，结合CIPP模型（决策导向或改良导向评价模型）的4种评价指标，从用人单位的角度，创新性地建立了新型本科人才培养质量评价指标体系；采用层次分析法确定一级指标和二级指标的相对重要程度；运用模糊综合评价法对评价体系的合理性进行了验证；认为从用人单位角度构建本科人才培养质量评价指标体系，实质上是对本科人才培养的有效性、操作性、过程性进行评价，可形成全过程的闭环分析，具有高度的产教融合性。

毛琳和杨大伟[11]以"新工科"的发展目标为导向，以"新工科"人才培养为对象，对人才培养体系下的教学资源、培养目标以及人才素质进行评价，从多个方面分析和评价高校"新工科"的建设情况，探索符合高校"新工科"建设要求的评价指标体系。洪杰文和汤恋[12]选择以CIPP模式作为构建新闻传播学类本科人才培养质量评价指标体系的框架基础，结合新闻传播学类本科人才培养现状，将新闻传播学类本科人才培养质量评价围绕背景评价、输入评价、过程评价和结果评价四个方面来展开。其中，背景评价主要针对新闻传播学类专业人才培养目标进行诊断性评价；输入评价主要是对师资队伍和教学条件进行考察；过程评价设立了人才培养方案、课程设置、培养特色、教学质量管理四个一级指标对新闻传播学类本科人才培养过程进行检查；人才培养质量的结果评价选择设立毕业生综合能力水平、毕业生就业质量两个一级指标对目标达成度进行评价。贺子珊[13]依据专家访谈结果，结合CIPP模型，从背景评价、输入评价、过程评价及成果评价等4个维度拟定应用型本科院校人才培养评价指标。基于德尔菲法，设计专家咨询问卷，对指标进行筛选并测量其权重，得到最终的应用型本科院校人才培养评价指标体系。罗奕高等人[14]通过分析高校人才培养模式新的发展趋势，明确了新常态下本科人才培养的特点和对人才培养效果进行动态评价的必要性，针对复合型人才培养的评价要求，根据基础、专业、学科交叉、技能、就业等因素与教学效果的关系，提出了一系列动态评价指标，为建立有效的人才培养评价模型和方法提供了基础。黄晨华和李湘勤[15]以应用型本科机械类专业建设为例，开展基于OBE教育（成果导向教育）理念的工业机器人课程教学研究，认为依据OBE教育理念的四个阶段，工业机器人课程的学习成果、教学环节与教学活动、学习成果评价不断改进，能够推动应用型本科机械类专业发展。达博文和杨悦辰[16]就应用型本科科研能力培养路径进行探讨，对当下我国应用型高校科研发展出现的问题进行梳理，阐明应用型本科应如何提高科研能力，发挥科研人员主观能动性，建立合适的科研人才培养路径。

一、对应用型本科培养及其内涵的再认识

应用型本科院校肩负着培养国家建设和发展需要千万计的高素质应用型人才的重大使命。应用型本科人才培养的定位、实施与目标实现均是在理论和实践上需要深入探索和研究的重要课题。通过多学科理论与技术支撑保证，着力培养和造就"知识过硬、技术能力强、综合素质高、爱岗敬业、吃苦耐劳、实干会干"的创新型人才，已成为应用型工科本科专业建设的基本共识。受办学理念、专业定位、人才培养实施过程、资源配置等多因素影响，应用型工科本科人才培养呈多样性。如何判别教育实施成功与否和怎样评价人才培养实际效果，是摆在应用型工科本科院校和教育工作者面前亟待解决的重要问题。

与"学术型"普通本科相对应，应用型工科本科突出其"应用型"，强调理论实践并举和行业岗位的适应性、胜任性，主要或集中地体现在"工程项目的实施"、"技术任务的完成"和"生产工艺问题的解决"这类"工程技术"内涵的应用上。因此，判别和评价教育实施成功与否以及人才培养实际

效果，应在一般本科专业培养的基础上恰当体现上述内涵特征。

应用型工科本科人才培养不仅能通过信息（理论和经验或书本知识等）传递实现，而且贯穿于信息传递、信息加工、信息组合、信息升级、信息创造的整个连续实践过程中。

本研究以泉州信息工程学院机械设计制造及其自动化专业人才培养为例，运用系统工程原理研究工科本科人才培养目标、实施过程与绩效的内在联系，提出和构建培养效果与培养过程合理性评价模型和指标体系。

该专业对知识—能力—素质要求的文字表述如下。

（一）知识要求

（1）具备较扎实的数学、自然科学、工程基础等知识；

（2）具备机械工程相关的专业基础知识。

（二）能力要求

1. 专业能力

（1）绘图和识图的能力；

（2）常用测试仪器设备与计算机的应用能力；

（3）机械运动、机械结构（包括材料选用、建模与计算等）及精度的设计能力；

（4）机械制造工艺设计、机械制造及装备选用的能力；

（5）检测与控制系统设计、编程及调试的能力；

（6）典型机械设备应用、维修与维护的能力；

（7）机电设备安装与调试的能力；

（8）行业相关技术标准、规范的应用能力。

2. 综合能力

（1）较强的英语应用能力，能阅读本专业方向的英文书刊和资料；

（2）较强的语言与文字表达能力，以及获取信息和分析处理信息的能力；

（3）良好的人际交往、沟通、协作与合作能力以及抗挫折能力；

（4）初步的科研能力，能有效管理时间，具备自主学习、终身学习和持续创新的能力。

（三）素质要求

1. 人文和科学素质

（1）树立社会主义核心价值观，具有良好的道德修养和社会责任感；

（2）具备爱国主义情怀，注重人文素养，树立法制观念、公民意识和科学态度；

（3）掌握数学、自然科学、工程基础和专业知识，具备发现问题、分析问题和解决问题的能力；

（4）具备运用现代化工具的能力；

（5）能够将工程实践与社会、环境联系起来，坚持可持续发展。

2. 专业素质

（1）坚持职业操守，坚守职业道德，遵守诚实、公正、守信、责任等做人原则；

（2）不断丰富专业知识和技能，保持与其职业能力相适应的专业水平。

3. 身心素质

（1）具有健康的体魄，掌握1—2项终身受益的体育锻炼技能，养成良好的锻炼习惯和生活方式，达到国家规定的大学生体质健康和军事训练合格标准；

（2）具有健康的心理素质，正确认识自然规律和社会发展规律，正确处理人与自然和谐发展关系以及社会人际关系；

（3）具有正确的审美观念、高雅的审美品位和良好的美学素养。

（四）资质证书

毕业生至少应获取一项以下资质证书：①工业机器人应用编程职业技能等级证书；②数控车、数控铣、钳工、电工等高级工职业资格证书；③AUTO CAD计算机辅助设计、UG三维建模设计等专项能力证书。

我们可以把上述诸点抽象为：一个目标、两路途径、三种方式、四项内涵、五维凝练。

一个目标：基础理论和专业知识并重，目标是应用。

两路途径：从知识获取、能力获得的视角观察知识—能力—素质的应用能力基本途径。①理论符号知识的获取途径——理论学习；②技术运用能力获取的途径——过程实践。通过内涵融合形成两个渠道的殊途同归——知识与技术应用及创新。

三种方式：知识—能力—素质要求体现在诸方面，但集中于应用基础理论和专业知识创造性地解决实际生产工程技术问题。因此，应用型工科本科在教育教学过程中目标指向（评价实际生产工程技术问题）三种基本形式。①问题的求解；②任务的完成；③项目的实施。

四项内涵：涵盖知识—能力—素质的应用能力四项基本内涵。①设计（一般设计与创新设计）；②制造（方法、过程与技术）；③过程管控（企业管理、设备管理、技术与工艺管理、质量管理、人员管理、用户与市场管理）；④技术咨询服务与创新（综合专业知识和能力解决生产技术问题；不断学习，顺应技术发明新要求，不断提升自己），为行业进步和专业发展作出贡献。

五维凝练：将上述基本要求进行归纳、总结和精炼，形成五项基本考核与评价内容。①α基础理论的宽厚性：主要体现通识教育情况，包括主干基础课程。②β专业知识的扎实性：专业核心骨干课与知识技术体系的传播与掌握情况。③γ技术技能的高强性：主要考察以本专业基础理论为指导、运用专业技术方法和经验等于实践的能力和实际动手能力；反映专业水准，展示工匠技艺。④σ自学发展的创新性：主要反映施教学习实践过程中学生所获得的自学能力和技术发明创造能力，其中，自学能力单列并突出于此，主要考虑行业岗位，必然会遇到一系列前所未有的问题、困难、理论与技术难题等。在本科阶段不仅要温故已学已掌握的知识与技术，更重要的是必须学习新知识、掌握新技术，运用新方法以解决新问题，并使自己不断进步和提高。从某种意义上讲，自学能力是学习上的创新能力。⑤τ实干会干的行动性。

评价应较好地体现上述诸点。

因此，评价指标体系构建的目的，不仅是对受教育者学生个体、班级乃至整个专业年级的培养过程和效果的考核，更重要的是在学校整体层面上，检验和评价办学理念、专业定位、人才培养规格、教学计划与实施、课程体系构成、实践性环节设置、与产业行业结合情况、第二课堂等系统化绩效，以便不断改进并使人才培养过程和效果最优化，通过良性循环，实现教育期望。

鉴于此，我们在实施机械设计制造及其自动化本科专业人才培养基本模式中提出并构建双层次培养效果与培养过程合理性评价指标体系，为专业教育教学和人才培养保驾护航。

二、人才培养过程与绩效评价的基本原则

构建应用型工科本科人才培养评价指标体系，目的在于能够较为客观、系统且重点突出地反映、描述、总结和评价人才培养的实施情况和绩效，持续激发创新激情，不断改进和完善培养的体制机制，持续稳定地提高教学质量。因此，应在培养目标制定、实施过程、效果检验与评价和持续改进等环节下功夫，应恰当反映培养基本绩效和培养过程综合成效，故提出评价指标体系的六项基本原则。

（一）评价指标体系的适用原则

首先，人才培养与评价指标体系应能比较全面地反映培养过程和综合效果，即在学校整体层面上考察和评估学校的办学方向、专业定位、培养目标、资源配置与运用、过程管理、教育教学效果等，因此，评价指标体系应

首先考核学校、管理部门、具体教育教学实施的系统化情况。其次，应能在一定程度上反映教学具体实施单位的管理与绩效情况，反映人才培养的积累性和过程性。最后，应能较好地体现学生个体和群体的培养效果。量化与非量化相结合，体现客观性和全面性。如此，就能形成积极的反馈，从而持续改进和提高教书育人、服务育人和管理育人的综合效果，不断提高培养质量，实现教育教学预期。人才一般性评价和个性评价相结合，可以表达可比性和特殊性；创新素养与现实能力、潜能相结合，可以展示现实性和未来性。

（二）应用型工科本科的内涵原则

强调"应用型"人才培养，突出理论联系实际，实施工程项目、完成技术任务和解决行业岗位问题的技术与技能的传授和掌握情况。

（三）培养过程与绩效的客观原则

评价培养绩效应尽可能公允、客观。应较好地反映办学理念、定位，资源配置与运用，教学计划制订与执行，课程与课程群建设基本情况，理论教学、实践教学、第二课堂情况，学校、教务和学院管理育人的成果与贡献等，注意不能回避问题。

（四）评价表达的简便原则

尽可能直接体现被评价人的基本情况，同时体现其特质，即在某一方面的特长或突出特点；易于操作，计算方便、合成容易、便于对比；可以进行纵向和横向对比。因此，评价指标最多设置两个层级，即二级指标，多数用一级指标，少数用二级指标。

（五）过程与绩效的一致（并重）原则

过程与绩效并重，简单明了，易于操作，基本客观。能力培养过程和达到的实际效果并重，体现十年树木、百年树人的人才观和人才培养的积累过程。

（六）量化与非量化的互补原则

量化与非量化结合，客观性指标和考核内容应占主体，或更强；设置一定的非量化因素指标。完全用量化的语言往往失于全面、准确，不利于对细节和突出特点的刻画。

三、评价指标体系与模型构建

分为两个层次：培养效果层次和培养过程合理性层次。

（一）培养效果层次的评价指标体系模型构建

按照上述六项基本原则，结合现有培养方案和培养实践，在广泛调研、比较和借鉴他人经验的基础上，初选α基础理论的宽厚性、β专业知识的扎实性、γ技术技能的高强性、σ自学发展的创新性和τ实干会干的行动性等5项指标为考核和评价大学生培养效果的基本量化指标，通过加权形成统一表达的"5+1指标体系"。

量化指标Q：

$$Q = V \cdot \Lambda \tag{1}$$

式中，$V=[v_1, v_2, v_3, v_4, v_5]$，$\Lambda=[\alpha, \beta, \gamma, \sigma, \tau]^{-1}$。

所以，式（1）可写成展开形式

$$Q = V \cdot \Lambda = v_1\alpha + v_2\beta + v_3\gamma + v_4\sigma + v_5\tau \tag{2}$$

而

$$\sum_{i=1}^{5} v_i = 1, \quad i=1,2,\cdots\cdots,5 \tag{3}$$

据此，我们把"知识—能力—素质的相对具体化和创新发展能力+专业特长或擅长"前两项表达于上，后一项阐明如下：

专业特长或擅长非量化信息描述与评价F

主要对难以量化或不宜量化的情形状态进行描述，重点是被评价人表现出的个性和专业擅长及有代表性的细节和特质。

（二）人才培养绩效评价指标体系矩阵

我们将可量化部分的指标加以具体化，形成评价指标体系矩阵，见表1。

表1 应用型工科本科人才培养评价指标体系矩阵（百分制+文字说明）

一级指标	一级指标说明	二级指标	二级指标说明	基本分值	权重%（v_i）
1.基础理论的宽厚性	自然、专业通识、科学学科、技术基础	1.1自然与人文知识	知识面宽	10/7/4	20
		1.2科学学科、技术基础	博学广识	10/7/4	
2.专业知识的扎实性	专业概念体系、原理体系、技术体系和方法体系			20/16/12	20
3.技术技能的高强性	运用专业理论和技术解决实际问题的能力；概括、抽象和总结能力；工程师素质与工匠技艺	3.1技术好、方法多	又好又快解决工程技术问题，高效完成任务	10/6/3	20
		3.2操控熟练	合理准确、持续作业，效果佳	10/6/3	
4.自学发展的创新性	自主学习、自学，不断丰富和完善知识结构和技术技能，勇于创新，持续进步	4.1面向工作新任务和工程技术新问题，自学新理论、新技术、新方法	较强的自学能力	10/7/4	30
		4.2创新意识浓厚、勇于创新实践	有独到见解；有发明创造	10/7/4	
		4.3学用结合，持续进步，不断解决新问题	在学习—实践中提高	10/7/4	
5.实干会干的行动性	5.1实干能干	5.1.1自学能力与成效	基本能力	7/5/3+3/2/1	10
	5.2巧干会干	5.2.1高效、便捷地解决工程技术与应用问题	应用能力		
总评	量化得分：				
	专业特长或擅长非量化信息描述与评价F：				

整体评价通式为

$$Q = v_1 \cdot \alpha + v_2 \cdot \beta + v_3 \cdot \gamma + v_4 \cdot \sigma + v_5 \cdot \tau + F \tag{4}$$

式中，V为可量化权重向量，可量化权重因校情、专业和载体形式而不同，可选定。人才培养效果基本绩效与综合成效见图1。

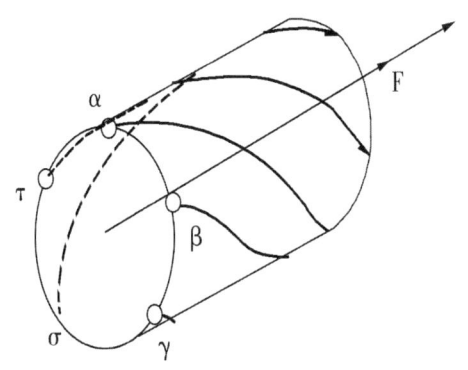

图1 人才培养效果基本绩效与综合成效

评价指标体系与模型的适用性。其核心作用有二，第一层次，培养过程的主要方面和教育实施的综合情况，它考察学校执行教育方针、办学定位、专业培养规格、资源配置与应用、培养绩效与改进提高等人才培养综合效果在学生中的体现，即学生培养状态；第二层次，学校、管理部门、教师的作为，这从本质上反映的是教育教学过程与人才培养质量的一致性问题。因此，我们对应地提出第一个评价指标体系与模型，主要用于受教育者的培养情况；我们提出第二个评价指标体系与模型，主要用于教育者的状态与响应。后者将在下一部分阐述。

如果在评价学生个体时，采用式（4）则用的是绝对性指标，展示了个人的表现，它是关于总目标的个人情况和人才培养资源、环境和管理在学生个体上的具体体现，但缺少统计学意义。在可量化部分，我们引入相对性指标：

$$Q_{er} = \frac{Q_e}{\left|\frac{1}{N}\sum_{i=1}^{N} Q_i\right|} = \frac{1}{\left|\frac{1}{N}\sum_{i=1}^{N} Q_i\right|} (v_1 \cdot \alpha_e + v_2 \cdot \beta_e + v_3 \cdot \gamma_e + v_4 \cdot \sigma_e + v_5 \cdot \tau_e) \tag{5}$$

式中的分母为范数，表示被考察人群的平均表现，Q_{er}表示学生个体在人群中的相对情况。当$Q_{er}>1$时，学生个体表现好于所比较学生群体平均值。

评价指标得分和评语，应包含（至少来自）三方：

第一方：被评价者，学生；

第二方：培养者，教师及校方管理机构；

第三方：社会机构评价（社会、行业、用人单位）

考虑到可操作性，可以将三方的操作转化为学生毕业前的成绩，自学与创新表现绩效，自我评价、毕业后的跟踪调查+特别评语。

总体评价模型为：

$$Q_{ert} = \frac{1}{\left|\frac{1}{N}\sum_{i=1}^{N}Q_i\right|}(v_1 \cdot \alpha_e + v_2 \cdot \beta_e + v_3 \cdot \gamma_e + v_4 \cdot \sigma_e + v_5 \cdot \tau_e) + F \qquad (6)$$

（三）培养过程合理性评价的模型与构建

就人才培养而言，整体效果好并不能说明培养过程一定完美无缺；而实施教育教学和人才培养的过程科学合理，则整体效果一定符合预期。因此，人才培养的过程和效果同等重要；培养过程有保障，人才质量才有保障。

根据党的教育方针、学校与专业定位、教育部对本科专业教育教学的基本要求和标准、专业教学计划、人才培养规格、资源配置与运用、素质—知识—能力培养要求、课程与课程体系建设、课程基本内容与施教、理论教学—实践教学—第二课堂构成与应用、社会—行业—企业对本专业人才的希望与要求等，在专业建设的顶层设计、教育教学过程系统化与基本环节及其连接、改进与完善机制的设置与应用等方面进行考察评估，总结、凝练、简化为对培养目标定位的恰当性、人才培养实施过程的科学性和效果与改进提高持续响应的动态性三维内容的考核，用以支承和认证上述人才培养绩效，见图2。具体说明如下。

第一维：培养目标定位的恰当性（PT），它保证符合人才培养的教育方针，适于学校办学定位，符合教育部对本科专业人才培养的标准，体现了应用型本科的基本特征。第二维：人才培养实施过程的科学性（ST），学制与教学计划合理，课程与课程体系衔接符合认知规律，"素质—知识—能力"获取有保障，教育教学资源配置（如双师型队伍，企业教师，校企合作培养人才），理论教学、实践教学和第二课堂构成合理、环环相扣，基础理论与专业知识、技术技能有标准和措施保障，技术发明与创新能力培养有具体载体、过程和任务目标。第三维：效果与改进提高持续响应的动态性（DR），教育教学和人才培养绩效有系统化和具体化评价指标体系，评价指标有较好的客观性和可操作性，对教育教学和人才培养过程中出现的问题有畅通反馈渠道和及时有效的响应机制，对合理的并且可改进操作的建设性意见能够及时运作。上述对培养过程的合理化评价可用公式：

$$RTCA = PT\vec{i} + ST\vec{j} + DR\vec{k} \tag{7}$$

可进一步量化为百分制。设某一专业C，其人才培养过程的合理性三维表达为：

$$RTCA_c = PT_c\vec{i} + ST_c\vec{j} + DR_c\vec{k}$$

对其百分化处理：

$$RTCA_{c100} = \frac{100}{|RTCA|}(PT_c\vec{i} + ST_c\vec{j} + DR_c\vec{k}) \tag{8}$$

式中，$RTCA_c$，PT_c，ST_c 和 DR_c 分别为该专业人才培养过程合理性值、培养目标定位的恰当性、人才培养实施过程的科学性、效果与改进提高持续响应的动态性的分量值。

$$|RTCA| = \sqrt{PT^2 + ST^2 + DR^2} = \sqrt{3} \tag{9}$$

即|RTCA|是RTCA在各分量均处于理想状态的范数；各分量的理想状态值均为1。可取：

合格（认可）：$RTCA_c$大于80分；

优良（赞同）：$RTCA_c$大于90分。

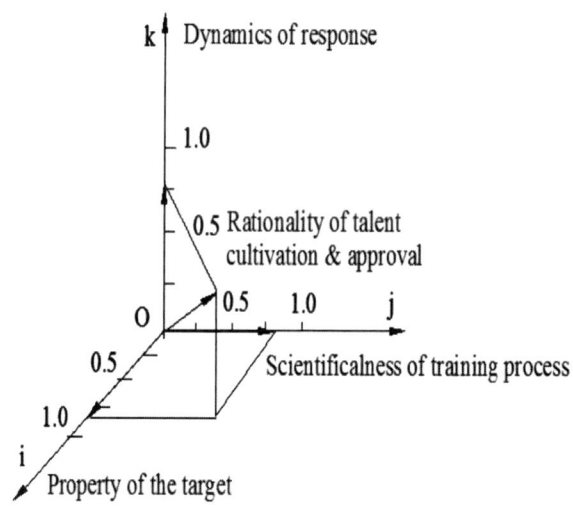

图2 人才培养过程与评价合理性的三维度表示

例如，某专业W人才培养过程合理性三分量分别为0.91、0.86和0.89，按式（7）计算她的范数为

$$|RTCA_w| = \frac{100}{\sqrt{3}}|0.91i + 0.86j + 0.89k| = 83.35$$

说明过程安排基本合理，能够认可。

四、说明与应用

（一）几点说明

（1）机械设计制造及其自动化本科专业，以培养应用型机械工程师为目标，要求"素质—知识—能力"很高且均衡，突出应用能力。因此，在考核和评价专业人才培养质量中不仅强调培养成果，而且重视培养过程。本文提出的评价指标体系与模型较好地表达了这一理念。

（2）就应用型工科本科机械设计制造及其自动化专业而言，因地域、校情和学校定位不同，培养特点和侧重可以有所不同，但在"素质—知识—能力"的要求很高且均衡，突出应用能力上应达成共识。本文提出的评价指标体系与模型在很大程度上体现了这一共识。因此，该指标体系与模型具有普适性，但在指标体系的维数、权重上可以根据需要作出选择和调整。

（3）应用型工科本科人才培养，过分强调"技术技能"有失偏颇。人们习惯和乐于看到毕业生的专业知识及行业技术的应用能力，但往往忽略如此"应用能力"的来源，极易使这样的能力成为无源之水、无本之木。不注重基础，尤其忽视基础理论，学生毕业后一段时间仍可表现突出，将作用发挥好，但难以维继。因此，我们强调"理实并举"和考察评估"效果与过程的一致性"。这契合人才培养的积累性、长期性和艰巨性。在人才培养效果层面的指标体系中，我们特别设置了"σ自学发展的创新性"第四维，目的是在专业学习阶段就培养学生自主学习和技术创新的能力，使我们有理由期待这些学生在未来的行业岗位上、在自己的工作中持续"反映专业水准，展示工匠技艺"，并不断作出新贡献。

（4）个性培养需要坚持和提倡。在比较全面和均衡地掌握本专业知识体系的基础上，尊重和倡导学生的个性发展，在文字说明项F中，需要给学生"拍照"，形成特有"脸谱"，避免千人一面，阐明学生的特点和专业特长。

（二）初步应用

在应用型工科本科专业建设中，通过构建和实施培养效果层次和培养过程合理性层次的评价指标体系与模型，进一步激活了人才培养的各影响因素，初见成效。教学计划经过2次修订，日臻完善；培养目标和途径人人知晓；资源配置得到优化；学生学习成才的积极性和意愿普遍增强；在重视理论知识的同时，更加注重实践动手能力、自学能力和技术创新能力；校企合作日益成熟。

泉州信息工程学院机械设计制造及其自动化本科2016级、2017级和2018级学生，平均学习成绩稳中有升；毕业生就业率95%以上；参与学术活动和科研项目学生占比38%，申请专利并获得授权48项，参加技术技能竞赛并获省级及国家级奖77项。泉州信息工程学院机械设计制造及其自动化迈进国家级一流本科专业建设点行列。

结语

在阐述教育教学、人才培养评价一般性理念和原则的基础上，本研究运用系统工程方法，提出并构建了应用型工科本科人才培养效果和培养过程合理性评价指标体系与模型。

在培养效果评价指标体系与模型中，突出专业人才培养的基础理论的宽厚性、专业知识的扎实性、技术技能的高强性、自学发展的创新性和实干会干的行动性，以适当的加权形成量化的评价值；另加非量化的特点和专业擅长项F。据此形成以客观评价为主、非量化特点为辅的人才培养质量"五性+F"表达式：

$$Q_{ert} = \frac{1}{\left|\frac{1}{N}\sum_{i=1}^{N}Q_i\right|}(v_1 \cdot \alpha_e + v_2 \cdot \beta_e + v_3 \cdot \gamma_e + v_4 \cdot \sigma_e + v_5 \cdot \tau_e) + F$$

上述指标体系和模型较为客观系统、重点突出且简要地反映、描述、总结和评价人才培养的基本效果，主要适用于受教育者个体的相对评价。

培养过程合理性评价指标体系和模型强调追本求源，并以培养目标定位的恰当性、人才培养实施过程的科学性和效果与改进提高持续响应的动态性三维基本内容进行考核，反映学校、专业、教师、管理部门在人才培养过程中的行为表现及改进提高的能力状态，主要适用于对教育教学机构和教育者的评价。

$$RTCA_{c100} = \frac{100}{|RTCA|}(PT_c\vec{i} + ST_c\vec{j} + DR_c\vec{k})$$

在泉州信息工程学院机械设计制造及其自动化本科专业建设和人才培养的实践中，通过"培养绩效评价—教育教学过程合理性评价—培养目标与过程优化"的循环，不断完善人才培养体系，持续培养高素质应用型工科本科人才，收到预期效果。

参考文献

[1] 袁娟，徐青青，杨欢欢.依托创新研究提升药学专业学生专业技能与创新能力[J].中国教育技术装备，2019（12）：79-80，85.

[2] 杨业娟，郑棣，史汶泽，等.基于新工科人才培养的"C语言程序设计"创新型教学改革研究[J].计算机时代，2019（10）：80-82.

[3] 夏春琴，刘羌健.新工科背景下创新人才培养模式的探索与研究[J].实验科学与技术，2019（5）：64-67.

[4] 李海翔.应用型高校大学生创新创业能力培养路径探究[J].现代职业教育，2022（25）：127-129.

[5] 姜永正，杨大炼，郭帅平，等.机械类专业低年级本科生创新能力的现状及提升途径[J].西部素质教育，2019（16）：47-49.

[6] 谢瑞刚，兰翠玲，赵金和，等.地方高校应用型人才创新能力培养研究[J].科技创业月刊，2018（9）：90-92.

[7] 周云红.以提升创新实践能力为导向的本科个性化培养途径探索[J].科技视界，2018（32）：153-154，157.

[8] 李素华，李涵，赵晓斌.应用型高校大学生创新创业能力提升途径研究[J].教育教学论坛，2020（40）：192-193.

[9] 杨蕾，仲晶晶，李卫红.以需求为导向的应用型本科人才培养质量评价研究[J].装备制造技术，2022（9）：181-185.

[10] 王宏彬，胡晋月.本科人才培养质量的评价指标体系：以产教融合为背景[J].沈阳大学学报（社会科学版），2021，23（6）：713-719.

[11] 毛琳，杨大伟.高校"新工科"质量评价指标体系建设[J].大连民族大学学报，2020，22（1）：88-91，96.

[12] 洪杰文，汤恋.新闻传播学类本科人才培养质量评价指标体系研究.新闻与传播评论，2021，74（6）：5-19.

[13] 贺子珊.应用型本科院校人才培养评价指标体系构建：以广东省转型发展院校为例[D].华南农业大学，2022.

［14］罗奕，高成，唐俐，等.复合型本科人才培养动态评价指标设计［J］.大众科技，2018，20（12）：72-74.

［15］黄晨华，李湘勤.基于OBE教育理念的工业机器人课程教学研究：以应用型本科机械类专业为例［J］.教育观察，2022，11（31）：49-52.

［16］达博文，杨悦辰.应用型本科科研能力现状及培养路径探讨［J］.秦智，2022（11）：110-112.

泉州信息工程学院　机械与电气工程学院

泉州市机械设计制造及其自动化顾立志工作室（泉州信息工程学院）

泉州师范学院　物理与信息工程学院

合唱指挥动作语言与音乐语言的对立统一[①]

——以严良堃诠释《忆秦娥·娄山关》教学法为例

庄青青　余幸平[②]

摘　要：通过对严良堃合唱指挥作品《忆秦娥·娄山关》的剖析，理清社会上对合唱指挥仅当作简单"打拍子"的误读，阐释合唱指挥动作语言与音乐语言相统一教学法的重要性。动作语言是严良堃精湛合唱指挥艺术的独特展现，是以一定的身体动作传递指挥信息、表达合唱作品思想的行为方式。分析不同的指挥家强调指挥重点的差异，总结出严良堃教学法中的合唱指挥艺术是一种"准确而有创造性的指挥"表现形式，即要求不仅动作语言内部紧密联系、相互协作，而且体现在音乐语言的基础上时而顺势而上，时而反其道而行之，引领音乐表演达到完美的境界——动作语言与音乐语言的对立统一。

关键词：严良堃；合唱指挥；动作语言；音乐语言；教学法

---

① 基金项目：福建省社科研究基地重大项目"毛泽东生活主体观研究"（FJ2019JDZ009）。
② 作者简介：庄青青，华侨大学华文学院教师，研究方向：音乐教育、合唱指挥；余幸平，华侨大学音乐舞蹈学院副教授，硕士生导师，研究方向：音乐教育、合唱指挥。

习近平总书记在党的二十大报告中强调，要"发展社会主义先进文化，弘扬革命文化，传承中华优秀传统文化"[1]。坚守中华文化立场，文化才能走深走远。严良堃是中国现当代最具代表性的合唱指挥艺术家之一，"严良堃的指挥思想对传播、诠释、优化中国合唱作品有特殊的意义"[2]。严良堃40余年的合唱指挥生涯，为中国合唱艺术贡献了大量经典的作品表演范例，其教学法给予中国青年指挥家以深远的影响和示范。动作语言是严良堃精湛合唱指挥艺术的独特展现，以此给音乐爱好者和观众留下深刻的印象。合唱指挥教学并不是简单的"打拍子"，其手势蕴涵着相当高的技术含量和人生艺术体验，起到升华合唱主旋律和引领音乐发展的作用。众多著名指挥家对合唱指挥手势开展过研究并给出定义。马革顺认为："就指挥而言，主要是以双手来表达作品的内容，当然也辅之以头、身体、面容等部分。其活动是以音乐中的拍子为骨骼，并在这骨架上充实以血肉和灵魂。"[3]朴东升指出："指挥艺术的特点是充分运用指挥动作这种特殊的'语言'同乐队进行'哑剧'式的默契与合作。指挥者必须注意掌握合唱指挥动作的基本功。有了较好的基本功才能熟练、准确地运用指挥动作，充分发挥'动作语言'的特长。"[4]马革顺强调，指挥要以手部动作为主，其他身体部位动作为辅；朴东升强调，指挥者重点在于熟悉合唱指挥动作的基本功。马革顺和朴东升强调合唱指挥动作语言的某一部分要领，各有其理。但严良堃的合唱指挥艺术则是区别于这两位指挥家的第三种"准确而有创造性地指挥"的表现形式，即要求不仅动作语言内部紧密联系、相互协作，而且体现在音乐语言的基础上时而顺势而上，时而反其道而行之，引领音乐表演达到最为完美的境界——对立统一。

一、动作语言与音乐语言的影响要素

合唱指挥的动作语言是以一定的身体动作传递指挥信息、展现合唱作品思想的行为方式。动作语言在指挥实践中就是指身体的律动，它可以综合起来阐释也可以拆开来分析。动作语言如果进行拆分，可以分解为手部动作、面部表情、上半身律动、下半身律动等要素内容。动作语言作为一个身体指挥系统来说，严良堃特别强调的是动作语言要素之间的内部关联。通过关联，最大化地还原音乐作品的内涵，进一步丰富、拓展指挥的艺术动作。

音乐语言是人类思想的精神表达，是通过节奏、旋律、力度、速度等要素感受作品艺术的表现形式。首先，音乐语言中的力度是合唱艺术中的重要表现手段，是音乐处理不可或缺的要素。力度强弱的规定以及强弱缓急的变化都是音乐的重要表现手段，相同的力度在不同的音乐背景下也会有不同的指挥动作诠释方式，同时，指挥动作语言的变化也在时刻影响着力度的变化。因此，我们要首先选取力度要素来分析动作语言和音乐语言的关系。其次，音乐语言中的速度也是很重要的合唱指挥艺术表现手段之一。指挥家的全部责任在于指示准确的速度，从选择的速度可以知道指挥家对于作品的理解程度。快与慢是合唱音乐表现的一对矛盾，依据"作品的内涵和风格采用正确的速度表现，是音乐创作和表现成功的因素"[5]。指挥家必须重视音乐作品的速度要素，因此，从探索严良堃所指挥的《忆秦娥·娄山关》作品中的速度要素研究分析动作语言和音乐语言的关系是非常有必要的。再次，音乐结构语言在一定程度上影响着动作语言的变化。声部与声部之间的配合与主次、和声的变换、节奏的变换、正起拍与反起拍的进入方式等要素对指挥动作语言也会有一定的影响。《忆秦娥·娄山关》这部合唱作品在声部分配上并不是一直都以四声部演唱，同时还包含了单声部、双声部和三声部演唱。因此在不同声部结构的布局下，音乐语言与动作语言的相互碰撞呈现出什么样的艺术灵感也是值得我们去分析研究的。

合唱指挥所有动作的目的都是为了更好地展现音乐作品思想。严良堃的动作语言与音乐语言之间是既对立又统一的关系，以严良堃2014年1月9日在"聆听金色岁月——严良堃与国家大剧院合唱团音乐会"上指挥的《忆秦娥·娄山关》作品版本为例，分别从统一、对立、对立统一等三个角度分析动作语言和音乐语言之间的关系。

二、动作语言和音乐语言的统一关系

动作语言和音乐语言的统一的关系是最基本、最常见的关系。本部分主要从音乐语言的力度、速度和声部布局等三个方面来论证动作语言和音乐语言的统一的关系。

从表1分析力度与动作语言的关系。首先，动作语言顺应着并且符合音乐语言力度记号要求，有时甚至夸张于记号要求；其次，音乐语言的力度记号在一定程度上决定了动作语言的紧张度和幅度。因此音乐语言的力度部分和动作语言具有统一的关系。

表1 力度与动作语言的统一的关系

所在小节数	音乐语言（力度标记）	动作语言
第46—50小节	ff	手部动作幅度很大，面部表情紧绷严肃，紧张感极强
第95小节		手部动作幅度大，面部表情紧绷严肃，紧张感极强
第61—65小节	f	右手幅度较大，左手静止，面部表情较严肃
第137—145小节		右手幅度较大，面部表情紧绷严肃
第80—83小节	mp	手部动作幅度较小，面部表情较放松
第150—167小节	p	手部动作幅度小，面部表情较放松
第179小节		手部动作幅度小，面部表情较放松
第65—78小节	pp	右手动作幅度较小，左手静止，面部表情放松
第91小节		右手动作幅度很小，左手静止，面部表情放松

从表2分析速度与动作语言的关系。首先，动作语言顺应着并且符合音乐语言速度记号的要求，有时甚至将其夸张化；其次，音乐语言的速度快慢在一定程度上决定了动作语言的幅度和频率的大小。因此音乐语言的速度部分和动作语言具有统一的关系。

表2 速度与动作语言的统一的关系

所在小节数	音乐语言（速度标记）	动作语言
第48—49小节	Accelerando	手部动作幅度大，面部表情紧绷严肃
第90小节	Ritardando	手部动作幅度较小，面部表情稍严肃

从表3分析声部布局与动作语言的关系，声部布局的不同与人数的多少也对指挥动作语言有着一定的影响。首先，在对于单声部和双声部的指挥处理上，严良堃基本上只运用了右手，左手大多保持静止或是小幅度的运动状态；其次，合唱进入三声部和四声部时，指挥家的双手就有了紧密的分工合作，一般右手指挥主声部或者是有新声部加入时进行提醒，左手则对其余声部进行音量控制和合唱团整体歌唱状态的把控，幅度相对于指挥单声部和双声部也会更为夸张。因此，音乐语言中的声部布局与动作语言具有统一的关系。

表3 声部布局与动作语言的统一的关系

演唱声部及所在小节数	音乐语言（声部布局）	动作语言
A 第113—121小节	单声部的进行	右手动作幅度小，左手静止
A+T 第61—65小节	双声部的进行	右手动作幅度适中，左手静止
T+B 第66—78小节		前半部分右手动作幅度适中，左手静止；后半部分左手加入，双手动作幅度适中
A+T 第121—129小节		右手幅度小，左手接近于静止
A+T+B 第129—137小节	三声部的进行	右手幅度较大，左手幅度较小
A+T+B 第176—188小节		手部动作幅度较大
S+A+T+B 第46—50小节	四声部的进行	手部动作幅度大，力度感强
S+A+T+B 第168—175小节		手部动作幅度大，流动性强

综上所述，严良堃音乐语言和动作语言的统一的关系教学法普遍存在于其指挥的作品曲目之中，他很精确地诠释了"准"这个合唱指挥的核心要素。精准是作为一个合唱指挥家应该掌握的最基本的指挥理念，也遵循了忠于作曲家一度创作的原则，严良堃在作品中完美地诠释了这一关系。

三、动作语言和音乐语言的对立关系

动作语言和音乐语言既统一又对立，两者的对立状态在严良堃演绎作品时经常出现。本部分主要从音乐语言的起拍方式和速度两个方面来论证动作语言和音乐语言的对立关系。

合唱指挥击拍动作的基本规律为强、弱拍分明，通常遵循"在强起、强收时，动作果断且幅度较大，手的位置较高。而在弱起、弱收时，动作轻柔且幅度较小，手位置也比较低"[6]。但指挥大师严良堃的动作语言独具特色，从表4中可以看出，第113小节为2/2拍，"雄"字为弱拍进入，理应向内打并向内上方反弹，但是严良堃却为强拍进入，突出了处于弱拍地位的"雄"字，与音乐语言相对立，意在强调此时女低声部进入时的情绪和力度是坚定有力的。第168小节和180小节为2/2拍，其"苍"和"血"字都为正拍进入，理应向外打并向外上方反弹，但是严良堃却为弱拍进入，手掌微微上抬，淡化拍点，弱化力度，使音乐极具流动性。

表4 起拍与动作语言的对立的关系

所在小节数	音乐语言（起拍）	动作语言
第113小节	反起拍	正起拍
第168小节	正起拍	反起拍
第180小节	正起拍	反起拍

从表5可以看出，第76—90小节这一部分意大利语的速度记号标记为Moderato，一般速度范围为86—97bpm，中文的速度记号标记为"中速偏慢"，因此速度至少要在这个范围内或者是低于此范围。但是通过测量发现，严良堃的指挥速度在第76—83小节达到130bpm，相当于Allegro（快板），比谱上的标记速度快了至少33bpm；第84—90小节达到140bpm，相当于Vivace（活泼的快板），比谱上的标记速度快了至少43bpm。严良堃处理这一部分的方式主要是增加了旋律的流动感，夸张地渲染了战争场景的紧张气氛。第114—147小节这一部分意大利语的速度记号标记也为Moderato，中文的速度

记号标记为"中速",因此速度应该在86—97bpm这个范围内。但是严良堃的指挥速度在第114—121小节却为73bpm,相当于Andante(行板);第122—129小节大约为70bpm,相当于Andante Moderato(中慢板);第130—137小节大约为68bpm,相当于Adagietto(颇慢);第138—147小节大约为69bpm,也相当于Adagietto(颇慢)。这一部分整体比谱上的标记速度慢了至少13bpm,严良堃之所以用这样的方式处理,旨在通过较慢速的旋律进行,清晰地强调每一个字、每一句歌词,更具沉重感,表现了其悲愤的情绪。

表5 速度与动作语言的对立的关系

所在小节数	音乐语言(速度)	动作语言与实际速度
第76—90小节	Moderato	手部动作幅度很小,面部表情放松 第76—83小节:130bpm 第84—90小节:140bpm
第114—147小节	Moderato	右手幅度适中,左手近乎静止,面部表情稍放松 第114—121小节:73bpm 第122—129小节:70bpm 第130—137小节:68bpm 第138—147小节:69bpm

综上所述,音乐语言与动作语言也具有对立的关系。其实,指挥也是一种创作,严良堃在作曲家的一度创作上进行二度创作,这样演绎出的作品更具主动性和能动性,形成了属于他自身独特的指挥艺术风格。

四、动作语言和音乐语言的对立统一关系

速度的快慢、力度的强弱都是音乐作品的重要矛盾要素,动作语言和音乐语言有时也会同时处于既对立又统一的辩证矛盾关系中。例如,当音乐处理为强的时候,严良堃的动作力度却是弱的,但是最后所呈现出的音乐效果依旧为强。本部分主要从音乐语言的力度和速度两个方面来阐释指挥教学中动作语言和音乐语言的既对立又统一的关系。

动作语言与音乐语言的对立和统一关系是可以存在于一首作品的某一片段之中的，二者相互依存、相互促进。从表6可以看出，虽然前四个部分的力度标记都是在强的范围内，但是严良堃的动作幅度却是小的，不过拍点尖锐有力，而且他所呈现出来的音乐效果依旧是强的力度，丝毫不逊色之前幅度夸张的指挥手势所呈现出来的音乐艺术效果；第168—175小节虽然力度为"mf"，但是严良堃合唱指挥手势幅度很小，并且拍点非常模糊，以流动性线条为主，面部表情也呈放松状态，目光温柔。在一定的情绪氛围下，当动作语言和音乐语言出现力度表达差异时，动作语言也是可以表达并且完美呈现出所要表达的音乐情感。所以动作语言与音乐语言的力度部分也存在着既对立又统一的关系。

表6 力度与动作语言的既对立又统一的关系

所在小节数	音乐语言（力度标记）	动作语言
第146—147小节	ff	手部动作幅度较小，面部表情较紧绷
第84—85小节	f	手部动作幅度小，面部表情较紧绷
第86—90小节		手部动作幅度小，面部表情较紧绷
第129—137小节	mf	手部动作幅度较小，面部表情较紧绷
第168—175小节		手部动作幅度小，面部表情较稍放松

指挥速度的控制对于合唱团歌唱起到关键性作用，但不是必须存在的。从表7可以看出，第150—167小节和第91—95小节这两个部分本来应该按照总谱上标识的2/2拍节奏进行指挥，但严良堃几乎完全抛开速度节奏的控制，让钢琴的伴奏旋律引领着合唱团歌唱，手部动作基本处于静止状态，近乎无拍点，这对合唱团和指挥家都是一个很大的考验。假如指挥家在合唱团歌唱长音部分或者是有较长连音线的部分持续打拍，不仅会破坏整个作品的连贯性和流动性，还会对合唱团歌唱的状态造成很大影响。不过要想很好地运用此手法，指挥家不仅要有深厚的功底和丰富的实践经验，还要与合唱团有着很融洽的默契度。因此，在这一部分上，严良堃淡化拍点近乎静止的动作语言和音乐语言的速度部分存在着既对立又统一的关系。

表7 速度与动作语言既对立又统一的关系

所在小节数	音乐语言（速度标记）	动作语言
第150—167小节	原速（2/2） a tempo	手部动作幅度较小，流动感强，拍点淡化
第91—95小节		手部动作幅度较小，紧张感强，拍点淡化

合唱指挥呈现出来的音乐作品是综合创作的成果。作曲家在进行了第一度创作之后呈现出的音乐作品到了指挥家手上，指挥家则开始进行总谱研究，接着进行二度创作，甚至三度创作。所以说，合唱作品《忆秦娥·娄山关》已经不只是呈现谱面，而是具有严良堃自身独特风格的《忆秦娥·娄山关》。

指挥家对指挥手势必须有独特的管控力。每一部合唱指挥作品都是独一无二的，优秀的合唱指挥家能够读懂音乐作品自身的内涵，然后反哺于其指挥手势，甚至是包括指挥的一整套动作系统。换言之，每一首作品都应该有独特的指挥动作，因为每一首作品都是独特的。所以从这个角度来说，音乐语言的独特写法、音乐结构的独特设置以及音乐和声的独特布局等因素都在一定程度上决定了严良堃在这部作品中具有独特的动作语言系统。

合唱指挥要将原则性和灵活性相结合。但从指挥学的角度来说，合唱指挥实际上是存在着一套"固有"的动作的，但这套"固有"的动作是抽象的、只是通过一般的曲子总结而成的。当它遇到具象的作品时有时则需要在具有一定合理性的基础上"准确而有创造性地指挥"，甚至在某些细节上反其道而行之。此时，要去改变它并与具体作品发生矛盾冲突。因此，从个体作品上看，音乐语言可以跟原有的系统训练的动作语言吻合，可以在具有一定合理性的基础上反其道而行之，也可以是辩证统一的存在。

严良堃是中国杰出的合唱指挥艺术家。他的指挥细腻严谨，动作潇洒洗练，独具风格。严良堃为合唱及教育教学事业付出了一生大部分的时间和精力，推动着中国合唱事业一步步向前发展。研究严良堃合唱指挥艺术及其教学法，不仅是学习他的指挥动作，还是学习他指挥教学的创造性。他运用手部动作、面部表情并不是哗众取宠，而是全身心地投入合唱作品中，与之完美融合，使音乐原作的内涵得到最充分的发挥；他将既对立又统一的指挥思想与音乐语言相结合，不断碰撞出新的音乐灵感；他将西方思想与中国特色相结合，在严谨规范的基础上勇于冲破束缚，形成自身特有的指挥动作和指挥语言。总之，严良堃合唱指挥艺术有力地引领着中国合唱艺术发展到一个崭新的阶段。在新时代，要延续老一辈指挥家的优秀传统，弘扬革命文化精神，创新教学方法，让中国合唱艺术在世界合唱的大舞台上绽放光彩。

参考文献

［1］习近平.高举中国特色社会主义伟大旗帜　为全面建设社会主义现代化国家而团结奋斗：在中国共产党第二十次全国代表大会上的报告［M］.北京：人民出版社，2022：43.

［2］石一冰.严良堃的指挥思想及其贡献［J］.歌唱艺术，2016（11）：41.

［3］马革顺.马革顺合唱指挥文集［M］.上海：上海音乐出版社，2003：113.

［4］朴东升.乐队指挥法［M］.修订版.北京：人民音乐出版社，1997：2.

［5］［6］蓬勃.指挥［M］.上海：上海音乐出版社，2007：26，12.

华侨大学　华文学院

应用语言学专业"中文信息处理"课程教学策略研究

王跃龙[①]

摘　要：中文信息处理课程在应用语言学专业课程体系中占有重要地位。但是本专业学生多为文科背景，在数学基础教学、操作基础教学方面相比计算机专业有较大难度，因此需要选择不同的教学策略。摒弃繁杂数学公式，以具体实例帮助理解，同时恰当安排实践操作，既能理解模型，又不耗费过多时间，另外需要结合实际应用，扩展学生知识面，培养专业学习兴趣。

关键词：中文信息处理；教学策略；教学方法；应用语言学

引言

中文信息处理是自然语言处理的一个分支，是一门与计算机科学、语言学、数学、信息学等多学科相关的交叉性学科。随着互联网的快速发展，网络文本呈现出爆炸性增长的趋势，这对中文信息处理这门学科提出了巨大的应用需求。中文信息处理课程的教学目的是使学生掌握中文信息处理的基

[①] 作者简介：王跃龙（1979—　），华侨大学文学院副教授，主要研究方向为语言学。

本原理，熟悉汉语"字符"层面和"内容"层面的研究内容、方法、技术和手段。

中文信息处理课程不仅在计算机相关专业开设，在文科的应用语言学专业也是核心课程，在专业课程体系中占有重要的地位。虽然课程名称一样，但由于设置在不同的专业，教学内容和授课方式也会有较大的差异。具体来说，应用语言学专业的学生多为文科生，学生来源、学科知识与计算机专业学生有较大差别。因此，在教学内容和方法上也会有较大差别，教师需要针对学生的具体情况因材施教，才能达到既定的教学效果。

刘云（2008）指出中文信息处理课程的教学面临着教学内容不规范、学生学习畏难情绪大，教师教法不当等三个突出问题[1]，具有一定的普遍性。具体到应用语言学专业学生的教学，则还有特殊之处。华侨大学应用语言学专业已为五届本科学生开设了中文信息处理课程，本文将介绍在该课程教学开展过程中遇到的一些难点问题及教学策略，以求同仁指教。

一、课程教学难点

（一）数学基础教学

刘云（2008）指出，中文信息处理课程目前并没有一本全国通用的、流行的教材。但是无论使用哪一本教材，数学基础都是中文信息处理课程教学中的重要内容，涉及统计学和信息论等方面的知识。我们选用的教材是清华大学出版社出版的《中文信息处理原理及应用》（第2版）[2]。

对文科背景的学生来说，普遍的问题是数学素养不高，基础较差。进入大学后，大多数文科院系不再学习数学，学生的数学普遍停留在初、高中水平。而中文信息处理课程目前是统计的处理思路占据主流地位，课程内容很大一部分需要一定的数学知识才能理解。这就对学生的数学基础知识有较高的要求。

如贝叶斯公式、全概率公式、隐马尔科夫模型、互信息、最大熵模型等。文科生对这些知识的公式意义、推导过程，甚至数学符号的意义都比较陌生，如"Δ、δ、Σ、σ、Π"等。在教学过程中需要对这些内容进行详细的讲解，相比计算机专业学生的教学需要花费更多的时间。

这些数学基础知识是理解统计处理思路的前提，因此是教学的重要内容，需要学生牢固掌握。这也是刘云（2008）指出的中文信息处理课程教学方面面临学生学习畏难情绪的主要原因之一。因此，数学基础内容的课程教学是一大难点。

（二）操作基础教学

在中文信息处理课程教学中，技术路线的实现是个难题。熊玉珍（2004）指出，应用语言学专业培养的人才必须具有掌握、运用信息技术处理中文信息的能力[3]，因此操作方面的教学是必不可少的。具体操作方面的内容主要是各种算法和程序设计。对于文科背景学生来说，自己动手写程序普遍有一定的难度。由于缺乏前置课程，如"数据结构"和"程序设计"等，个别学生可能稍会操作而不精通，更多学生对数据结构和程序设计一无所知。如果从头学起，将耗费太多的时间，如果一点都不讲，又不利于课程内容学习。

因此，现实情况是，教师在操作方面既不能一点都不教，也不可能每个步骤都从头教起。受课时所限，怎样做到既让学生理解具体技术实现方法，又不过于耗费课堂时间，对任课教师来说是个巨大的挑战。

（三）前沿理论融合

技术的发展日新月异，在计算机技术领域有著名的"摩尔定律"。所谓摩尔定律，就是指每过18个月，IT产业的性能将会翻一番，或者价格下降一半。计算机硬件的更新速度是符合摩尔定律的，信息处理量以及应用的增长速度与规模则是大大超过了摩尔定律18个月的时限，基本上每隔几个月的时间，信息处理技术就有新的发展。

张宜浩、刘小洋（2023）指出，自然语言处理课程存在基础理论与项目实践孤立的问题[4]，这对于中文信息处理也是一样的。因此，时效性对中文信息处理课程来说是一个非常突出的特点。教师在基础知识教学的基础上需要兼顾最新前沿理论的介绍。一些新兴的应用领域，如知识图谱、社会媒体处理、医疗信息处理、隐私计算、智能写作、情感计算等也应该及时介绍给学生，让其了解相关领域的前沿技术和发展趋势。

前沿理论既以现有理论和技术为基础，又是对以往理论和技术的超越。相对来说，新理论和技术会更为复杂，在介绍给学生时难度会更大。这就需要教师能够作出合理的取舍，选取代表发展方向的理论进行介绍。

二、教学策略研究

（一）摒弃繁杂公式，举例说明

数学对于文科学生是个难题。因此在教学过程中需要开宗明义，明确告知学生只需要理解数学公式的意义，会用数学公式即可，不要求记忆和推导。这样可以减少学生的压力，在一定程度上帮助学生克服畏难情绪。

针对学生的实际情况，选择实例化的教学方式进行数学教学。以隐马尔科夫模型为例，教材上复杂的数学公式是大多数学生头疼的内容，以至于严重影响到学生对隐马尔科夫模型内容的理解。在实际教学中可以选择通俗易懂的具体实例来进行说明，例如可以用掷骰子来说明马尔科夫模型以及隐马尔科夫模型，从而帮助学生理解公式所代表的意义，然后顺势引入词性标注中隐马尔科夫模型的使用，可使学生更容易理解。

另外一些辅助手段如动画、视频，甚至实物等可被用来进行辅助说明和展示，尽量将深奥的理论知识包括在生动的课件中，帮助学生对数学基础进行理解。

（二）加强操作练习，巩固理解

程序编写的学习非一日之功，而课堂时间有限，教师不可能从头讲起。所以具体的信息处理操作教学，可以直接使用教材资源或在互联网上借用成例的代码，然后示范运行的结果。在教师演示的基础上，让学生自己动手修改代码以加强对操作步骤的理解。互联网是个宝库，里面有很多最新的资源。教师要充分利用这些资源并及时推荐合适的内容给学生进行扩展学习。

学生只有亲自动手练习，才能理解程序代码背后的逻辑，加强对算法的理解。为激发学生的学习主动性，苗夺谦等（2010）提出使用互动式教学法和项目教学法进行教学[5]，是个值得借鉴的思路。于江德、黄继海（2023）指出学生可以在"接受任务—分析任务—求解任务—完成任务"的循环中完成知识的建构[6]。

项目教学法可以给学生分组，把计算机水平稍高的学生分配到不同的组别，带动指导其他学生的学习。采用项目教学法，学生在项目实施中自主学习，同学之间互相讨论，能极大地调动学生学习的积极性，还能培养学生的合作能力，进而促进课程间的整合。而"互动式"教学注重师生的互动强化，可以促进学生更深入地理解教学内容。

（三）理论结合应用，紧扣主题

中文信息处理是要处理具体问题的，可以说是有具体问题导向的，因此教学的内容应该紧扣应用的实际。为加深学生对知识的理解，在教学中需要结合文本分类、信息抽取、问答系统等具体应用问题，把理论和实践结合在一起。例如，讲解了词性标注的内容以后，可以跟文本分类的问题结合起来，看词性知识对分类的帮助在何处；讲解了概念标注的内容以后，可以跟知识图谱的建设结合起来，指明其对于自然语言理解的重要作用。

中文信息处理还可以把基础知识与社会媒体处理、医疗信息处理、隐私计算、智能写作、情感计算等新兴的应用领域结合起来，不仅可以帮助学生厘清技术发展的路径，还可以紧扣学术发展的前沿问题。

（四）适当知识扩展，培养兴趣

基于规则的处理思路目前在中文信息处理领域各个层面都处于式微的局面，因此在教材中所占比例相对较少。但是规则的处理优势在于确定性和可解释性，规则和统计都是中文信息处理可能的路径，两者都不可偏废。

中文信息处理水平的提高越来越依赖于大规模语言数据库的发展以及语言资源的建立。对于文科生来说，他们的长处恰恰在于对规则的分析和描述。因此，基于规则的处理思路在针对文科生的教学中应该特别重视，教师需要及时补充相关教学内容。这样的做法不仅可以为基于规则的研究储备力量，而且有可能带来研究路径的新发展。

中文信息处理课程的内容与社会发展紧密相关，2011年IBM公司的"沃森（Watson）"超级计算机在美国最有影响的竞猜节目《危险边缘》的比赛中胜出，夺得了人机大战的冠军，可以看作是自然语言处理里程碑式的成果。2022年人工智能实验室OpenAI发布的应用软件ChatGPT更是语言处理技术方面的最新发展。在教学过程中，需要根据课本内容结合这些最新应用热点以激发学生的学习兴趣。适当的知识扩展可以开阔学生的视野，使其坚定对本专业的信心，进而热爱对本专业课程的学习。

结语

中文信息处理课程在应用语言学专业课程体系中占有非常重要的地位，随着应用需求的发展，这门课程将会变得越来越重要。由于学生学科背景的差异，在应用语言学专业开设的中文信息处理课程在教学上有异于计算机专业。文科生普遍面临着数学基础弱、程序编写困难等方面的问题，因此在教学策略上需要灵活应对，因材施教，才能达到既定的教学目标。

采用多举例少公式的方式来进行数学基础教学，重在学生的理解和运用；借用教材资源或网上成例代码让学生练习编程；把教材基本知识和应用实际结合在一起进行教学，在一定程度上可以克服学生畏难情绪，增强学生学习信心，培养学生学习兴趣，从而取得较为良好的教学效果。

参考文献

［1］刘云."中文信息处理"课程教学改革探索［J］.江汉大学学报（社会科学版），2008（1）：93-95.

［2］苗夺谦，卫志华，张志飞.中文信息处理原理及应用：第2版［M］.清华大学出版社，2015.

［3］熊玉珍.信息技术与汉语言课程整合的实践探索："中文信息处理"教学实践［J］.电化教育研究，2004（2）：57-60.

［4］张宜浩，刘小洋.新工科背景下自然语言处理课程教学改革［J］.计算机教育，2023（1）：96-99，104.

［5］苗夺谦，卫志华，王睿智，等."中文信息处理"实践教学探索［J］.计算机教育，2010（17）：27-29.

［6］于江德，黄继海.任务驱动教学法在自然语言处理课程中的应用［J］.安阳师范学院学报，2022（5）：122-128.

华侨大学　文学院

公益创业教育如何作用于高校人才培养[①]

——基于华侨大学"侨爱志愿服务项目社区服务学习"课程设计分析

宋宸仪[②]

摘　要：根据社会发展需要，高校开始致力于培养具有创新精神、实践能力、国际视野与社会责任感的高素质人才，这类人才在解决全球日益复杂多变的社会问题上起到重要作用。如何培养这类人才？经过实践验证，公益创业教育对于这类人才所需的素质、能力发展能起到较好的促进效果。聚焦华侨大学公益创业类课程"侨爱志愿服务项目社区服务学习"，解析该课程如何应用活动中心理论及服务学习模式进行公益创业类人才的培养，为高校公益创业教育促进人才培养的实践提供经验参考。

关键词：公益创业教育；人才培养；活动中心理论；服务学习；课程设计

[①] 基金项目：2020年福建省本科高校教育教学改革研究重大项目"'专业、通识、社区'华侨大学多生融合人才培养全生态体系构建与创新"（FBJG202002120）；华侨大学侨爱志愿服务项目课程虚拟教研室立项项目。

[②] 作者简介：宋宸仪，吉林通化人，高等教育学硕士，华侨大学土木工程学院辅导员、讲师。研究方向：大学生思想政治教育、党建与思想政治教育、创新创业教育。

一、公益创业教育的概念与内涵

随着全球社会资源配置问题的日益严峻，20世纪90年代末，以哈佛大学、杜克大学等为首的美国学界在创业教育与非营利组织管理的基础上提出了"公益创业教育"的概念，致力于培养具有社会责任、创新意识和实践能力的社会领袖来解决复杂、多变的社会问题。国内引入"公益创业教育"是在21世纪初，目前还处于融合转化的阶段。国内学者认为"公益创业教育"是进行公益创业的意识、精神、知识、能力培养及开展公益创业实践活动的教育[1]。与传统创业教育不同，公益创业教育是培育个人或社会组织基于社会使命感，根据社会需要，组建新的组织，向公众提供产品或服务。传统创业者获得成就感主要是看盈利和投资回报率，但公益创业者的成就则来自他们为社会解决了问题。在新形势下我国高校开展公益创业教育，有利于促进社会和谐，提高与社区治理能力，有利于促进社会资源配置的公平，有利于大学生思想道德素质和社会责任感的加强。

二、高校开展公益创业教育的现状

在国内，公益创业还处于起步探索阶段。公益创业的成功依赖于公益创业教育，这种教育本质上是以公共服务理念作为指导，以社会责任为驱动的实践育人形式。因此公益创业教育有助于凸显和提高高等院校服务社会的能力，为大学生创业就业提供新途径，同时也能进一步推动学生践行社会主义核心价值观，这是符合高等教育改革和发展趋势的[2]。但任何教育的发展都会受到国情的限制，就目前阶段来说，高校开展公益创业教育有一定的优势，也存在一些不足。

（一）我国高校开展公益创业教育的优势

公益创业教育的发展受到国家的政策法规、组织带动和群体接受程度的影响[3]。高校在这几方面具有一定的优势。

1. 政策优势

2004年10月，中共中央、国务院《关于进一步加强和改进大学生思想政治教育的意见》明确指出："要积极探索和建立社会实践与专业学习相结合、与服务社会相结合、与勤工助学相结合、与择业就业相结合、与创新创业相结合的管理体制。"这为高校开展公益创业教育提供了指南，也能够获得各级党委、政府一定的经费、政策支持。

2. 组织优势

大学生公益创业组织与社会上的公益组织相比，具有较大的灵活性，较少受到社会行政因素的限制，门槛低且较容易组成社团。同时，校外机构或学校通过举办商业和公益性质的比赛，可以给高校公益组织提供一定的资金资助，教育部门和学校还可以对学生公益活动进行表彰和鼓励，这些都能吸引更多的学生组建公益组织或参与公益组织活动。

3. 群体优势

大学生人数多、参与积极性高。学生群体的生活压力相对较小，大学生参与公益组织和公益活动更多地考虑能力素质发展和社会责任感，学生组织能发起很多专业的、涉及各领域的公益活动，参与程度和影响力并不比社会上的公益组织低。

（二）我国高校开展公益创业教育的不足

尽管公益创业教育在我国高校中有一定的发展土壤，但当前还处于浅耕阶段。通过国内学者对湖南大学学生公益社团、商丘市5所高校等公益创业项目的现状调查分析，我们初步总结出了我国高校公益创业教育存在的一些不足。

1. 大学生对公益创业活动中相关理论的学习和认识不足

大学生总体上缺少对相关理论系统性的学习，在从事公益创业活动时只是盲目听从指挥，不知所以然，因而公益创业达到的高度和实际解决的问题有限。

2. 大学生的公益创业活动规模比较小，项目的可持续发展较为困难

大学生的公益创业在资金上普遍存在"自我造血"困难、融资困难、社会关系不足等问题，因此如何整合更多的社会公共资源，为社会提供长久的公共服务，从而创造社会价值，是当前需要突破的瓶颈。

3. 高校对大学生公益创业教育体系的建设不完善

公益创业是一个舶来品，我国高校一直在探索公益创业教育的本土化发展，但显然现阶段相关研究还不够深入，课程体系建设不够完善。其中表现最为明显的是公益创业教育师资力量的缺乏。由于没有专业的教师以及师资力量不足，缺少公益创业领域的科研成果和学术著作，导致相关的公益创业教育无法系统开展。

4. 社区对大学生公益创业的支持不足

社区是学生公益创业活动主要的对接对象。虽然，在高校中很多创业类活动都在积极寻求与社区建立联合机制，但社区在对接学校及学生方面表现得比较被动，校区（高校和社区）合作尚未形成较好模式。

华侨大学是以开设通识课程来对全校学生进行公益创业教育的，与单纯开展公益创业活动相比这种模式更具系统性，因此笔者想通过分析华侨大学开设的公益创业教育课程"侨爱志愿服务项目社区服务学习"来探索高校公益创业教育如何才能利用优势、弥补不足，实现其培养公益领袖的作用。

三、华侨大学"侨爱志愿服务项目社区服务学习"课程设计解析

课程是高校实现人才培养目标的基本载体。要实现公益创业教育的理念，高校应该在课程设置上充分集合各资源主体的优势，扬长避短，进行有

针对性的设计。

（一）课程设计的缘起

2018年，习近平总书记在视察暨南大学时的重要讲话中指出，我国有5000多万海外侨胞，这是我国发展的一个独特优势。改革开放有海外侨胞的一份功劳。因此，华侨大学设计"侨爱志愿服务项目社区服务学习"这门通识课程，借助侨校优势，以境内外生融合，共同融入华侨社区服务的形式，一方面拓宽社区为侨服务内容，提升社区为侨服务质量；另一方面加强学生对社情侨情的了解，以做促学，学有所用，帮助学生树立社会责任感和爱国爱乡意识。这与侨校的办学理念及侨校的人才培养目标是高度契合的。公益创业根据社会需要，在社会使命的激发下，追求创新、效率和社会效果，成立新的组织，以解决社会问题，为目标向公众提供产品或服务。

（二）课程设计的理论模型

公益创业课程想要达到理想的育人效果，必须注重理论及实践的衔接。"侨爱志愿服务项目社区服务学习"课程采用"以学习活动为中心"的教学设计理论来进行设计，编排了对侨政策、实务发展的理论讲授及对应实务分解操作的实践指导，目的是使学生更直观地感受理论指导实践、实践检验理论的过程，从而使公益创业传递的理念入心入脑。"以学习活动为中心"的教学设计是近年来兴起的建立在活动理论基础之上的一套教学设计理论，这一理论主张将教学系统看作学习活动的序列，提出教学应以学习活动设计为中心，将教学传递设计、学习环境设计与学习活动设计整合起来[4]。"以学习活动为中心的教学设计"区别以往"以教师为中心的教学设计"和"以学生为中心的教学设计"的地方在于：第一，教师和学生都是设计活动的主体。它没有将教学设计活动单纯定位于教师"教"或学生"学"，而是将设计定位在"主客统一""教学交关"的学生活动设计上。第二，设计活动的根本宗旨在于引导学生"主动建构"。虽然教和学可以

"合一",但教师的"教"终归是为了学生"学",为了让学生学得更好。所以,教师的主要工作是为学生设计"学习活动",通过引领学生参与学习活动,引导学生在活动中求知,在活动中建构,在活动中发展。第三,设计活动聚焦于学习主体的"行为外化"。既然教学本身无法直接促使学习者内在心理品质的发展,那么教学就只有通过有目的、有计划地组织开展外在行为操作、通过借助心理发展与行为发展互化机制来促进学习者内部心理品质的提高[5]。应用这种教学设计,可以很好地解决学生对教师单方面进行理论讲解和固定课程设计的排斥,可以面向不同专业的学生,因材施教,增强他们接受知识的主动性、合作学习的积极性,指导其思考分析和解决社会问题的能力。

(三)理论模型的实践案例

笔者以"侨爱志愿服务项目社区服务学习"这门课程中的一章——认识服务社区与机构为例,说明该课程设计过程的核心环节。

第一,实践目标。该模块提供了一个教学背景:福建是全国侨务大省,由于历史遗留问题,有些归侨侨眷与亲人离散,现今形成大批鳏寡孤独的老归侨,急需关注帮扶。选修"侨爱志愿服务项目社区服务学习"课程的同学需要组成志愿服务小队,了解厦门涉侨社区情况,选定一个涉侨社区与社区负责部门沟通了解社区中归侨侨眷需求,为他们提供有针对性的帮助。

第二,知识建构。学生在本章需要学习和应用到的社会学知识包括:了解社区的功能;掌握社区的含义;熟悉社区的构成要素;掌握并绘制社区资源地图。需要学习的侨务侨情知识包括国家及地方对侨关怀政策,厦门市归侨群体形成的历史背景等。

第三,活动内容。本课程中,教学目标的达成不单纯是考查学生理论知识的掌握程度,而是以理论知识为基础,在实践中运用并检验。因此教学目标被分配到4节200分钟的课程中,分两周完成情境故事课—知识拓展课—设计实践课—挑战汇报课。情境故事课通过观看图片、视频和分享自身见闻的方式，让学生分组讨论社区的形象，总结出社区的重要作用和社区服务的必要性；知识拓展课讲解社区的概念、构成要素、新时代侨务侨情等，教会学生根据所处社区的位置、面积、特色、便民服务、社区景观等要素绘制出一份完整的资源地图；设计实践课引导学生分组策划，实地走访涉侨社区，与社区机构建立合作并找准服务群体；挑战汇报课要求学生按照工程设计流程（提问、构想、计划、创建、改进）汇报社区服务调研情况，并通过师生评议获得分数评价及建议。

（四）"侨爱志愿服务项目社区服务学习"课程效果评价

该课程在设计上的显著特点是每节课都包含多个学习活动。每个学习活动需完成一部分学习目标。通过师生交互过程引导学生进行"会话"和"互相协作"，最终完成知识探究、实践能力培养及内在价值观的塑造。

通过对选修过该课程的不同专业的187名学生发放问卷调查显示：41.86%的学生认为这门课程与个人成长有着很大的关系，57.36%的学生认为该门课程与个人成长有一定关系。79.07%的学生认为通过这门课程增强了自己对弱势群体的同情心，自己愿意成为一个志愿者，为社会成员服务。84.5%的学生认为通过这门课程提升了自己的社交能力、协作能力及沟通能力。77.52%的学生认为通过这门课程提高了自己解决问题的能力和批判思考的能力；68.99%的学生认为通过这门课程使自己变得更敢于承担责任；73.64%的学生认为通过这门课程增强了自己的公民责任感。90%的被访者参与"归根情·情暖归侨侨眷"志愿服务感到快乐；有95%的志愿者认为自己与同学的合作交流有所增多。选课学生对课程的评价分平均达92.29。

该课程基本从三个方面构建了学生多元智能发展：一是提升学生对社会治理知识的把握和以志愿服务促进社会治理的实践能力水平，为社会治理方案提供创新途径；二是提升学生对服务学习理论的把握，以志愿服务的实践促进学生综合素质发展，培育学生人类命运共同体意识和社会责任感；三是形成学生的结构化知识体系和行动反思，促进境内外生多语言、跨文化的沟通合作，突破学生参与课程的广度和深度。

四、对高校公益创业教育的启示

（一）公益创业教育可以通过课程教学来落实

高校常常会以组织志愿服务活动、社会实践活动、参加挑战杯比赛等形式培养公益创业人才，但这种仅通过第二课堂开展的公益创业教育存在着受众面较小、覆盖的学生群体不足、学生在活动中对公益创业的理论认识不足、功利化严重等问题。但如果在第一课堂设置公益创业教育课程就能将公益创业的理论、公益创业的方向和具体实践技能串联起来，弥补大学生对公益创业活动中相关理论的学习和认识不足的问题。需要注意的是，这种课程最好立足学校服务地方的特色开设，以便获得更多的资源和政策支持，实践活动也更好开展，学生能在公益创业活动中逐渐找到专业落脚点，从而认可其价值，维持项目长久运营。

（二）公益创业课程以"学习活动中心"理论进行设计

很多高校的公益创业课程主要聚焦于公益创业理念、意识的灌输，真正让学生去体验、去实践的活动较少。但一种教育理念如需入脑入心，就必须有真实的体验和反馈。因此，公益创业课程不应只是一门理论课，而应该结合实践课程来进行分类指导。这就需要公益创业教育的师资具备专业的课程设计能力和实操能力。华侨大学以"学习活动中心"理论设计的这门公益创业课程就在框架上比较完整地呈现了公益创业教育的全过程，可以为其他公益创业课程设计提供参考。这种将专业+通识+实践结合起来的课程具有问题驱动、创中学、协作探究和设计制造的特点，适合各专业学生学习[6]。这种课程不仅是让学生"看世界"，而且是让学生"做东西"，学生所做的东西是有真实世界的问题背景的，教师通过对每一实践小组的分类指导，真正解决了学生在现实生活中遇到的某些问题。

（三）高校公益创业教育可以主动与政府、企业、社区合作

学校所教滞后于社会所需是国内高等教育普遍存在的缺陷，原因是大学与社会的交流不足，接洽较少。公益创业教育既然是致力于培养解决社会问题的人才，就应当与政府、企业、社区机构等合作。政府及企业可以为学生的公益创业项目提供管理指导、资金支持，社区可以反映需求、提供相应资源和监督。这种合作教育可以帮助学生的公益创业项目造血延续，从而培养出对社会需要有切实贡献的"公益领袖"。华侨大学"侨爱志愿服务项目社区服务学习"课程就立足侨校使命，在侨联和涉侨社区的支持指导下培养出一批批校园公益领袖，为侨服务作出了实际贡献。

总体而言，高校应结合各自使命，紧抓优势资源，打通资源间的壁垒，健全公益创业教育体系，为培养公益创业人才设计更为合理、可行的培养方案。

参考文献

［1］唐亚阳.公益创业学概论［M］.长沙：湖南大学出版社，2009：68.

［2］高远，张德琴."大众创业，万众创新"视域下大学生公益创业研究［J］.现代教育管理，2017（07），119—123.

［3］赵鹏飞，汪忠，栾巍，等.公益创业：一种创新的社会实践模式［J］.金融经济，2009（20）：116-118.

［4］［5］侯器.以学习活动为中心的教学设计理论述评［J］.教育信息技术，2014（12）：54-55.

［6］杨开城，李波，窦玲玉，等.应用LACID理论进行STEM课程开发初探［J］.中国电化教育，2020（1）：99-103.

华侨大学　土木工程学院

融合自适应测试的微积分在线教学设计探讨[1]

陈应生　林荣德[2]

摘　要：基于微积分在线教学中教师授课与学生学习存在脱节的现象，分析当前在线测试方式存在评测功能不足以及对教学效果表现乏力的问题。鉴于自适应测试良好的能力区分功能和认知诊断功能，提出在微积分课程教学过程中融入自适应测试的新型教学模式，旨在实现对学生知识状态和学习水平的深入了解，达到因材施教的个性化教育目标。最后以华侨大学境外生微积分教学为例，提出融入自适应测试的教学设计方案。

关键词：华侨大学；境外生；微积分；自适应测试；教学评测

一、在线教学现状分析

教育信息化是高等教育发展的一个趋势，《中国教育现代化2035》明确提出，要全面提升教育信息化水平。近年来，在线教学模式被广泛接受并发挥着越来越重要的作用。特别是自2020年新冠疫情发生以来，在线教学大展

---

[1]　基金项目：福建省自然科学基金项目（2022J01306）；国家自然科学基金（11871259）；华侨大学教育教学研究项目（HQJGYB2204）。
[2]　通讯作者：陈应生（1976—　），男，硕士，讲师，研究方向：粗糙集与概念格。

身手，广大教师利用腾讯课堂、雨课堂、超星学习通、腾讯会议等在线教学平台开展教学工作，取得了令人瞩目的成效。近年来，很多教育专家对在线教学进行了一系列的研究，不断完善和优化了在线教学模式，例如寻求有效进行在线教育管理的方法[1]、创设科学的在线教学设计和实践方案[2-5]、探索合理的在线教学评价与测试模式[6-8]、构建高效的在线作业平台[9]等。如今，在线教学已经成为不可或缺的一种重要教育模式。

自2020年新冠疫情暴发以来，在线教学成为主要的教学模式，相对于面对面的线下教学，在线教学仍存在不少问题，主要有以下三点：

（一）学生的学习难以监督

学生是否参加学习根本无从考察，登陆教学平台之后并未参加学习的学生不在少数，课堂随机提问，常常应者寥寥。

（二）教学几乎没有互动

教师无法真正面对学生，看不到学生的真实反应，不能随时随地和学生交流，不能及时掌握学生的听课状态，不能及时听取学生对课堂内容的反馈，所以不能进行良好的教学互动。

（三）考核方式缺乏公正性

现行的课程考核方法是通过"平时成绩+期末卷面成绩"来确定综合成绩的固定模式。

平时成绩以出勤率和作业完成度为主要依据，在线教学无法确定学生是否参加学习，电子作业抄袭比较严重。期末测试采用统一试卷在线测试模式，难以有效杜绝学生的作弊问题，在考试中，学生试卷雷同的现象时有发生。

推其原因，主要是在线教学过程中，学生的学习自觉性不高，难以如期完成学习任务；教师也难以对学生的学习进行有效监督。因此，如何优化在线教学方案和测试方案，如何有效地激发学生的学习积极性，使得学生自觉主动完成学习任务，是当前在线教学亟须解决的重要问题。

二、当前在线测试在微积分教学中的优缺点

测试是教学的重要环节。授课与测试是相辅相成、密不可分的有机教学整体。通过测试可以了解学生对基本知识、基本方法、基本技能的掌握情况，反映学生对重点难点的理解程度，从而使教师在教学过程中及时查缺补漏，有针对性地进行教学补救和后续教学设计。微积分课程的知识点前后联系很强，学好微积分课程需要扎实学好每个知识点，学生在测试复习中也会主动学习，从而巩固所学的知识点。因此，在微积分的教学中应该把测试和教学紧密联系起来。

当前测试模式主要有线下测试和在线测试，线下测试是统一试卷、统一时间进行纸质测试，在线测试是利用信息技术进行测试。相对于线下测试，在线测试具有以下优越性：

（一）推动考试的自动化和灵活性

在线考试将其中的很多步骤进行电子化，由系统批量完成。同时，进行测试也并不强制要求考生在限定的考场内参加考试。现如今电脑、手机等电子设备已经普及，考生甚至可以足不出户完成在线考试，因此考试的便捷性大人增强。

（二）提高命题与批卷的效率

教师批卷和分析试卷都可以通过计算机来完成，教师可以运用已有的系统进行自动化出卷，也可以自己命题，节省了命题批卷的时间，拥有了更多的精力来研究教学。

（三）提高考试的公平性透明度

除正常的考试功能外，在线考试系统一般还会提供其他的辅助功能，比

如试卷题目顺序随机、选择题选项随机等。通过这种随机设置，能够增加考生作弊的难度。

（四）提高成绩统计和试卷分析的效果

在线测试系统不仅能够自动统计汇总数据，而且能够智能计算出其中的核心关键数据，如平均分、及格率等，还能给出学生学习情况和知识状态的诊断报告，为教师帮助学生进行知识点的查漏补缺和后续教学的设计提供重要依据。

随着信息技术和教学工作的深度融合，在线测试在大学数学教学中得到广泛应用，尤其是新冠疫情以后，在线测试成为一种主要的测试方式。但就微积分这门课程而言，当前常用在线测试模式存在以下缺点：

第一，微积分的测试，无论是线下还是线上，都以统一试题为模式，以精确的分数为衡量标准，在线测试只是将线下测试搬到线上来运行而已。

第二，基于微积分的学科特征，大部分题目只有全部掌握知识点才能答对，如果似懂非懂基本无法解答，这就导致测试的评价区分能力不足。因试卷难度偏大而使学生考试结果惨不忍睹的现象屡见不鲜。

第三，部分学生复习迎考有较大的学习压力，考试会产生紧张情绪。久而久之，甚至会使这部分学生产生畏学情绪，挫伤他们的学习积极性。

第四，这种测试方式很难让教师充分了解学生的知识状态，很难对学生的学情进行准确的诊断。

因此，虽然教师意识到测试在教学中的作用举足轻重，在线测试具有方便性和优越性，但就目前常用的在线测试模式而言，在大学微积分教学中很难付诸现实。针对这种情况，我们有必要探索一种科学的在线测试模式，使教学与测试有机结合起来，这样既能使学生不会有过大的测试压力，同时又能客观衡量学生的知识状态和学习水平，从而有效提高微积分课程的教学效果。

三、自适应测试在教学评测和认知诊断中的应用

自适应测试[10-11]是为克服采用统一试卷考试得分来考查学生知识水平方法的不足而发展起来的。这种测试方式充分考虑到学生真正的知识水平和潜在能力，并可借助于计算机程序真正做到"因人施测"。其常用的一种策略是：若答对一个题目，下一个项目就更难；若答错一个项目，下一个项目就更易。该测试的创建者认为，为了衡量一个人的能力，理想的测试项目应难度适中，即得到正确答案或错误答案的概率约为0.5。在测试开始时，计算机通常会给受测者出一个平均难度的题目。如果他答对了，计算机就会估计其成绩高于平均水平，给他出一道难度更大的题目；如果他做错了，计算机就会估计其成绩低于平均水平，给他一道不那么难的题目。然后，计算机依赖参与者对第二个问题的答案，在第二次估计的基础上，在题库中选择最接近其能力估计值的问题，然后根据受测者的反应再次估计其能力。这样，随着受测者做的题越来越多，计算机对其能力的估计准确度也越来越高。最后，估计收敛到一个点，就是受测者能力的准确值。当前，许多在线教学平台和在线学习平台采用自适应测试模式，这种测试模式不但用在考核测试中，也用在平时的教学过程之中。自适应测试具有如下优点：

（一）具备良好的区分度和认知诊断功能

教师在教学实践中利用自适应测试得出学生能力的收敛点，能够对学生的知识状态进行有效的认知诊断。深入了解学生的学习情况，从而更加有针对性地安排本门课程的后续教学。

（二）学生可以找到适合自己的学生方式和学习路径

通过自适应测试，学生可以知道自己的能力值和知识的薄弱点，在线测试系统也可以根据学生的能力值推送合适的在线学习资料和教学视频，从而

使学生找到查漏补缺的学习路径。学生在后续的学习过程中也能够跟上教师的节奏，从而达到良好的学习效果。

（三）实现"因人施测"的个性化功能

自适应测试，可以针对不同的学生出不同的题目，学生输入难度系数，系统会随机跳出与之相关的题目，如果学生会解答，就继续跳出难度系数更高的题目，如果学生不会作答，就跳出难度系数较低的题目，这样通过不断地测试，最终收敛于一个点，这就是学生的能力值。每一个学生都可以得到一个能力值，避免了因学生完全不会做题而成绩极低的现象。

（四）增加考核的合理性和区分度

采用自适应测试的方式，一方面，由于题目顺序及其内容的随机性，可以大幅度降低作弊的可能性；另一方面，每个学生都可以通过自适应测试模式得到自己的能力值。这样的测试更加公平、合理且准确。

优质的教学模式能够让学生通过学习知道自己的不足，教师在授课过程中能够深入了解学生学习的难点和疑点。自适应测试结合心理学，利用在线平台的人工智能功能，实现"因人施测"，良好的能力区分测度和高效的认知诊断功能，使得教与学形成良好的对接，从而达到充分挖掘学生潜力的个性化教学效果。

微积分课程概念抽象、方法技巧性强，教师很难知道学生的疑难点，导致难以科学有效地安排教学。因此，在微积分教学中，引入自适应测试具有重要的意义。

四、融入自适应测试的境外生微积分教学设计

我国有5000多万海外侨胞，随着我国高等教育事业的迅速发展，越来越多的华侨华人决定将子女送回国内接受高等教育。作为中央统战部、教育部、福建省人民政府共同建设的华侨大学，秉承"为侨服务，传播中华文

化"的办学宗旨，是华侨华人子女接受高等教育的重要基地，同时也吸引了众多的海外留学生前来深造。在2020年学校招收的8700多名新生中，境外生比例达31.30%，2021年招收的8700多名新生中，境外生比例达38.30%。境外生教育是凝聚侨心的重要手段，提供优质的境外生教育是华侨大学的一个工作重心。微积分是高等学校必修的一门重要的公共基础数学课程，由于境外生的数学基础普遍比较薄弱，许多境外生存在学习微积分的困难，补考率一直居高不下。学校对此高度重视并采取一系列改革措施。比如，把境外生和境内生分开教育、遴选具有丰富教学经验的教师担任境外生的科任教师、对境外生实行分层教学方法[12-13]等。这些措施，对提高境外生的教学质量起到了积极的推动作用。

近年来，在线教学一直是境外生的主要教学方式，加之境外生基础参差不齐，因此对境外生采用个性化教学非常必要。基于自适应测试的优点和灵活性，在境外生的微积分教学实践中采用自适应认知诊断方法对学生知识水平和潜在能力进行考核和测试，具体如下：

第一，采用多种方式在境外生微积分教学中融入自适应测试，并把测试结果作为平时成绩。例如，在课堂练习中引入自适应测试；分时段、多目标进行微型的自适应评测；利用自适应测试系统给学生布置的作业等。利用自适应测试的方式进行课堂练习与布置作业，因为与教学考核相挂钩，学生就会自觉去完成。基于自适应测试的灵活性和高效性，利用自适应测试进行阶段性的微型测试变得简便易行，教学和测试有机结合起来，从而使教师全程掌握学生的学习动态，制订更为科学的教学方案。

第二，探索具有良好区分度的自适应认知诊断测试来作为境外生微积分期末考试的一个方式。由于自适应测试具有"因人施测"的个性化功能，每个学生可以通过测试得到一个能力收敛点，从而使测试结果更有区分度，避免因出卷偏难出现的大面积补考现象。同时，由于每个人的试卷不一样，可以有效减少抄袭的可能，增加考试公平性。

第三，探索自适应认知诊断评测与其他多种教学测试方式的综合运用。

由于境外生的数学基础比较薄弱，部分学生微积分课程学习困难较大，即使通过平时的不断努力，甚至反复重修，还是无法及格。因此，我们不能完全以测试作为境外生的唯一评价标准，可以引入其他补充的评价模式。比如，可以布置一些有关微积分应用的简单项目，让学生通过查资料来完成；可以设计有关微积分与思政的关系的课题并让学生写心得体会；可以让学生整理有关微积分的数学史等。拓宽考核的方式，避免出现学生反复重修仍然不能及格的情况。

第四，建立面向境外生的微积分自适应测试题库。当前许多教学测试平台和测试系统都具有自适应测试的功能，典型的是数苑校园系统，除了具有传统测试的功能，还具有自适应测试的功能。更为可贵的是，这些测试系统能够充分考虑到各个学校、各个专业学生数学基础的差异性。例如教师可以在现有测试平台的基础上，借鉴参考文献14中的方法，结合学生的实际情况构建试题系统。由于微积分这门课程的概念、知识点纷繁众多，不同专业的学生数学基础千差万别，因此采用教师建立试卷系统将使测试系统更加合理和高效。

第五，提炼教学内容，节省教学时间，为频繁的自适应测试提供保障。对教学内容进行"瘦身"处理，例如可借鉴微学习空间的设计方法[5]，针对授课内容制作一份精简版的PPT或教学视频等媒体资料（内含教学目的、要求及主要的一些定理）推送给学生，充分应用各种教学资源，设计简洁清晰的教案，从而提高上课的效率，也使得安排的自适应测试能够如期顺利进行。例如，在讲授不定积分的第一换元积分法（凑微分法）的时候，境外生会因为凑微分的类型繁杂、方法多样、技巧多变而觉得学习困难，教师讲授这一章也是用尽各种教学手段，然而结果往往不尽人意。由此，我们在教学中引入自适应测试，测试结果与平时考核关联。按教学计划，这个知识点至少要两次课（4个小节）。首先，通过凝练将教学内容压缩成一堂课（譬如可以去掉证明、去掉难题等）。其次，利用数苑校园系统的自适应测试功能，在另外一堂上课进行课堂练习测试。由于系统的个性化功能，每个学生均通过测试—学习—测试的逐步深入的过程，达到对所学知识的理解、巩固、提高的目标。最后，教师加以总结。在半开发式的课堂中，教师很容易对具体学生进行个性化辅导。利用自适应测试平台并根据学生的能力布置个性化作业，难度系数和完成情况与平时的考核挂钩，既激发了学生完成作业的积极性，又避免了作业抄袭的现象。通过这种教学模式，达到教与学的良好互动，实现理想的教学效果。

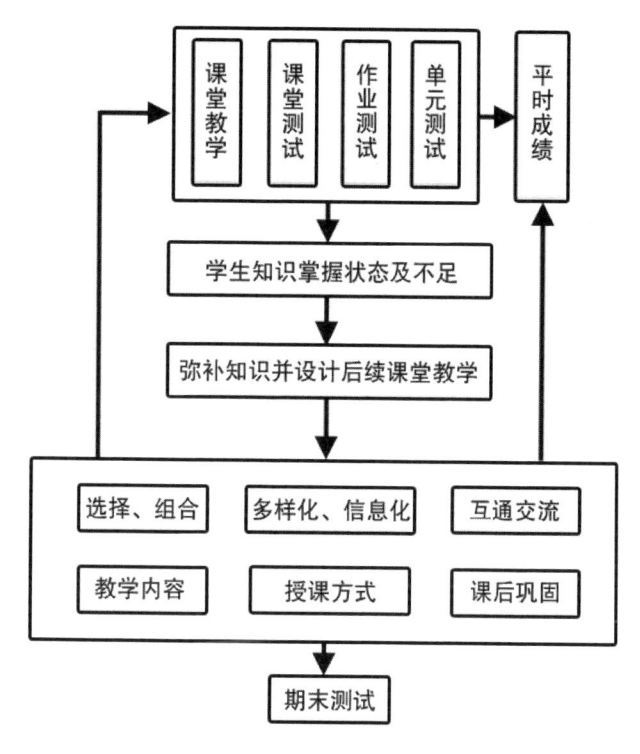

图1　融合自适应测试的教学实践图

总结

测试是检验学生学习水平的重要手段，也是教师了解学生学习情况和科学进行教学设计的重要依据。探索融入自适应测试的微积分新型教学模式，实现教师对学生学情了如指掌、学生对自己知识能力知根知底的目标，从而为教学工作指明正确的方向。科学进行教学设计，达到教与学的良好对接，对提高教学质量、实现素质教育有一定的意义。

参考文献

[1] 刘永林，周海涛. 后疫情时代高等在线教育治理：实践逻辑与政策应对[J]. 中国电化教育，2021（3）：8-14.

[2] 苏永美，刘白羽，范玉妹. 高等数学在线教学的设计与实践[J]. 大学数学，2021，37（1）：22-26.

[3] 鲍威，陈得春，王婧. 后疫情时代线上线下学习范式和教学成效的研究：基于线上线下高校学生调查数据的对比分析[J]. 中国电化教育，2021（6）：7-14.

[4] 米丽根. 大数据、人工智能与学习评价方式[J]. 张忠华，译. 北京大学教育评论，2019，17（4）：45-58.

[5] 王星，李怀龙，徐影. "互联网+"背景下微学习空间设计研究[J]. 中国电化教育，2015（12）：34-40.

[6] 谭畅，马淑芳. 阶段化考试在高校课程考试改革中的探索与实践：以《数学分析》课程为例[J]. 大学数学，2020，36（2）：54-58.

[7] 邢宇明，陈勇，吴勃英. 高校在线考试系统的优化方案设计[J]. 大学数学，2020，36（3）：35-39.

[8] 杨淑辉，张妍. 在线作业平台对学生成绩影响的差异性分析[J]. 大学数学，2020，36（2）：66-69.

[9] 路鹏，丛晓，宋克，等. 计算机自适应测试研究进展与展望[J]. 东北电力大学学报，2015，35（3）：82-90.

[10] 齐斌，王宇，邹红霞，等. 基于认知诊断理论的网络安全自适应测试技术法[J]. 计算机科学，2019，46（7）：102-107.

[11] 张香云，王家军，贺志民. 高等数学课程分层次教学理念的思考和举

措[J].大学数学,2014,30(1):56-59.

[12]宋春合.高等数学分层次教学的效果评估与思考[J].大学数学,2020,36(4):13-19.

[13]胡麒,何华灿.基于试题空间的学习诊断方法[J].微计算机信息,2007(30):238-240.

[14]彭建洲.在线组卷系统的设计与实现[D].武汉:华中师范大学,2017:12-46.

华侨大学　数学科学学院

福建省大学生结构设计竞赛风雨桥模型设计分析[①]

高盈皓　戴思婷　张竣斌　郑双杰[②]　赵珧冰

摘　要：2022年福建省第十四届大学生结构设计竞赛以风雨桥承受竖向荷载和水平向风荷载为题，旨在培养大学生的创新思维、分析方法和团队精神，并通过动手实践解决复杂工程问题。本文介绍华侨大学土木工程学院本科生参加该赛事的全过程，包括研读风雨桥赛题要求、进行桥梁结构设计、开展材料性能试验、应用有限元结构分析软件、现场制作模型并加载测试等关键环节，总结创新实践经验和启发，为后续组织或参加类似的大学生竞赛提供参考和借鉴。

关键词：结构设计竞赛；风雨桥；模型制作；风荷载；创新实践

引言

近年来，为提升高等院校大学生的创新实践能力，在教育部、住建部、

[①] 基金项目：中央高校基本科研业务费（ZQN-813）；华侨大学大学生创新创业训练计划资助项目（202110385030）；华侨大学实验教学与管理改革课题（SY2023J18）。

[②] 通讯作者：郑双杰，工学博士，副教授，硕士生导师，主要从事土木工程专业的教育和科研。

交通部等部委的指导下，全国范围内持续开展了各个级别、多种专业的学生竞赛活动，极大地促进了工程类与相关专业的教育教学和人才培养工作[1]。为贯彻落实《教育部关于加快建设高水平本科教育全面提高人才培养能力的意见》（教高〔2018〕2号）和《教育部关于深化本科教育教学改革全面提高人才培养质量的意见》（教高〔2019〕6号）等文件精神，华侨大学于2022年印发并执行《华侨大学本科生学科竞赛管理办法（试行）》，对竞赛项目、指导教师和获奖学生提供了相当可观的经费和奖励支持，旨在进一步调动广大师生参与学科竞赛的积极性，全面提高人才培养质量。同时，土木工程学院2022年发布的《优秀应届本科毕业生免试攻读硕士研究生推荐工作实施办法》也对竞赛获奖的学生提供了最高8分的加分鼓励。

全国及各省市组织的土木类竞赛均属于华侨大学和土木工程学院优先资助和支持的竞赛类别，如结构设计竞赛、桥梁设计大赛、岩土工程竞赛、测绘技能大赛等，其特点为：一是国际性或全国性、学界业界影响大、对人才培养及学科专业建设有重要作用；二是学院、专业、学生参与面广；三是连续举办5年以上、学科专业影响力大的品牌学科竞赛项目。其中，尤其以结构设计竞赛的参与面最为广泛，对结构力学、建筑材料、结构设计等相关课程的综合应用效果好，参赛所需的材料、设备和人力等成本较低，在土木类专业大学生、专业教师和教育管理者中得到了很好的反响[2-4]。组织与参加结构设计竞赛可多方面培养大学生的创新思维和实际动手能力，培养团队精神，增强大学生工程结构设计与实践能力，丰富校园科技学术氛围，促进高校大学生创新创业和相互交流与学习。

2022年4月初至6月中旬，土木工程学院积极组织参加福建省第十四届大学生结构设计竞赛暨全国大学生结构设计竞赛福建省分区赛。本次竞赛以风雨桥承受竖向荷载和水平向风荷载为题，分为校内初赛、校内决赛与省级竞赛三个阶段。初赛阶段，发放材料由参赛者分散制作模型，再自行加载评分选拔出约20支队伍。决赛阶段，所有参赛者集中制作模型，并在指导教师监督下集中加载评分，选拔出省赛队伍。省赛阶段，各高校参赛队伍在校内集中制作模型，指导教师不得干预和协助，由省内兄弟院校派出裁判现场监督，严格控制材料、用时和评分标准，视频直播加载过程并决出最终优胜者，更加考验学生的团队协作、动手实践、临场发挥等能力。

本文介绍华侨大学土木工程学院本科生在参加福建省第十四届大学生结构设计竞赛过程中，应用力学理论知识、材料性能试验及有限元软件等手段，解决复杂工程问题的创新实践经验与启发，从而为后续组织或参加类似的科创活动及学科竞赛提供参考。

一、风雨桥赛题

（一）比赛模型

如图1所示，风雨桥是我国南方地区较流行的一种蕴含中国古代文化艺术的桥梁，传统的风雨桥由木质的桥、塔、亭组成，承受着自重均匀荷载、游人不均匀动载和台风荷载等作用，而该桥型应用在现代人行桥中仍具有很好的景观效果。为此，本次竞赛选定现代风雨桥梁设计为赛题，旨在通过本竞赛为现代风雨步道桥梁设计提供参考。

(a) 传统形式　　　　　　(b) 现代形式

图1　风雨桥的原型

比赛要求采用竹皮、竹条和502胶水制作风雨桥，承受竖向荷载和水平向风荷载的作用。如图2所示，加载装置共设有三个加载截面，每个截面设有两个加载点，共六个加载点。加载装置提供两对四个支座，横向距离900mm，离桥面竖直距离150mm。桥面尺寸1000mm×200mm，桥面以下100mm为净空区。桥面一侧设置挡雨棚，投影尺寸1000mm×200mm，与水平面夹角不小于15°，其支撑结构距桥面高度小于265mm，横向宽度不超过桥面边缘50mm。

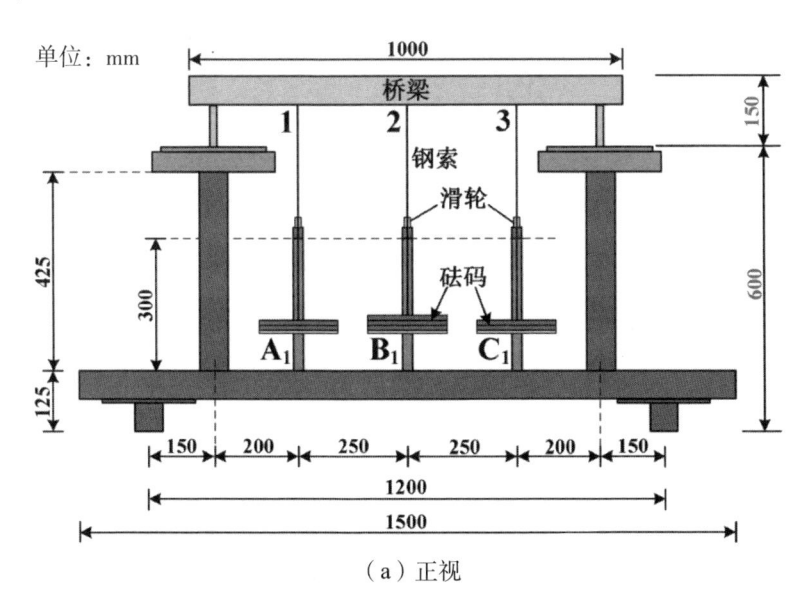

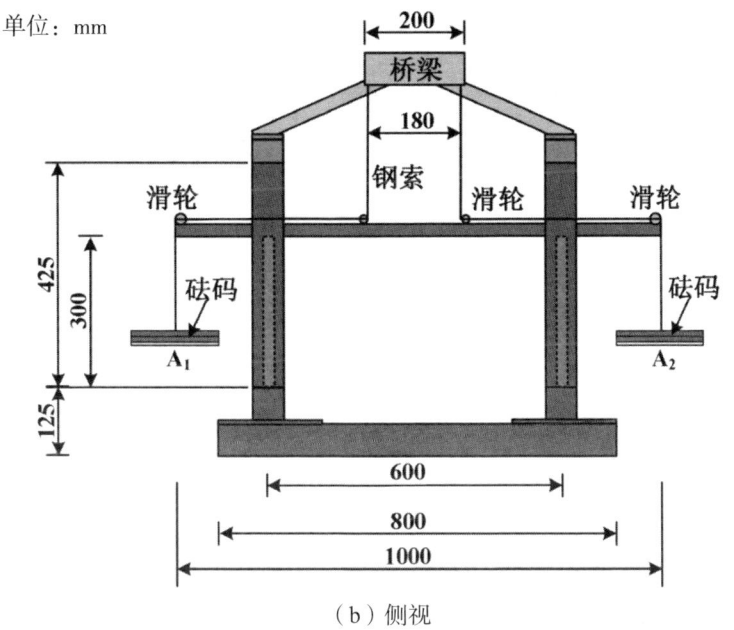

（a）正视

（b）侧视

（c）俯视

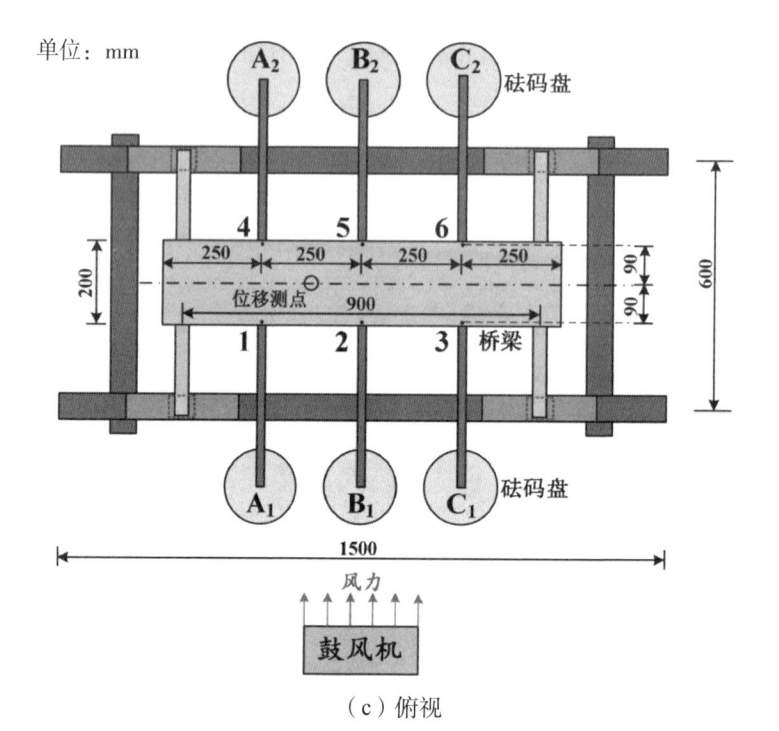

（d）实物

图2 竞赛装置

（二）加载方法

本次比赛要求各参赛队伍的模型经受三个阶段的荷载，第一阶段为小偏心竖向荷载，第二阶段调换砝码转为大偏心竖向荷载，第三阶段保留竖向荷载并增加水平向风荷载。

第一阶段加载为小偏心竖向荷载，共有六个竖向荷载的加载点。其中一个加载点的位置由组委会赛前抽签决定，重量为10kg；其他五个加载点的位置由参赛队自行选择，重量分别为5kg、6kg、7kg、8kg、9kg。第一阶段加载时的允许挠度为10mm，测试方法见图3。

第二阶段加载为大偏心竖向荷载，模型制作前由组委会对A1、B1、C1三个加载位置进行抽签，将抽中的砝码转移至同一加载截面的对侧。假设抽中B1，则二级加载时需将B1的砝码转移至同一加载截面的B2位置。

第三阶段加载为竖向荷载+水平向风荷载。统一抽签从挡雨棚三个位移测点中选择一个，在加载前粘贴的50mm×50mm的铝片作为激光标靶，激光测距仪定位孔必须对准挡雨棚位移测点的活动区域。模型需在竖向荷载+水平向风荷载作用下坚持30s以上，杆件不脱落、模型不倒塌，且挠度不超过30.0mm。

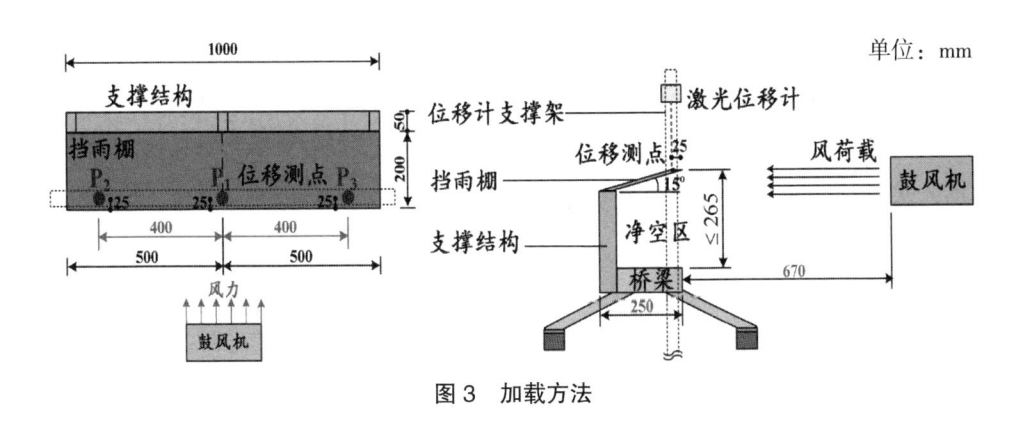

图3 加载方法

（三）计分规则

各参赛队的结构模型评分按总分S≤100分计算，包含材料效率分值A≤20分、加载表现分值B≤80分和违规处罚分值C≤0分，计算方法为S=A+B+C。

A为材料效率分值：$A=20 \times M/M_m$，其中M为模型最终质量，M_m为领用材料质量；

B为加载表现分值：B=（25+20×G/Gmax+35）×Mmin/M，其中G为第二阶段加载后位于A2、B2和C2加载点的砝码总重量，Gmax为通过第二阶段加载的所有队伍中G的最大值，Mmin为通过第三阶段加载的所有队伍中M的最小值；

C为违规处罚分值：模型安装超时扣1分/min，尺寸超限扣5分/项，等等。

二、桥梁结构设计

（一）赛题分析

依据赛题说明可知，本次竞赛要求制作大跨度竹结构模型，主要材料为竹材和竹皮，其力学特点为抗拉性能远高于其抗压性能。从增加结构强度和刚度、抵抗荷载静力效应的角度出发，未经处理的集成竹材可直接作为高强度受拉构件使用，而受压构件往往需要由几根集成竹材拼接制成空心杆件。为提高材料利用效率，桥梁模型应尽可能利用受拉构件承载，尽量避免使较长的构件受压或受弯。具有相近受力特点的桥型为斜拉桥、悬索桥、张弦梁与桁架桥等。

风雨桥模型除了强度和刚度的要求以外，还需要同时满足稳定性的要求。一方面是防止构件发生局部屈曲失稳，主要考虑第二阶段在大偏心竖向荷载作用下，因部分细柔构件受压屈曲而导致整体结构失效，这就需要控制构件的最大长细比，增加横向构件的数量和强度。另一方面是防止结构模型整体倾覆失稳，主要考虑第三阶段的风荷载是水平作用，将在雨棚结合处产生很大的弯矩，而且动力效应将使结构产生明显的受迫振动，模型易整体倾覆或雨棚倒塌，这就要求增加节点强度，减小风振效应对节点的削弱作用。

（二）方案比选

如图4所示，依据赛题要求不断试制模型并优化筛选，最终得到两种较为合理可行的结构设计方案，即桁架桥方案与张弦梁方案。

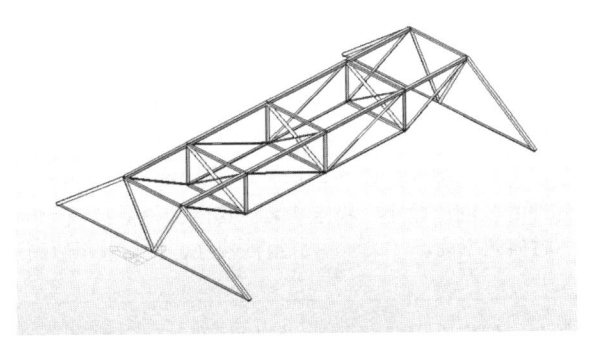

（a）桁架桥

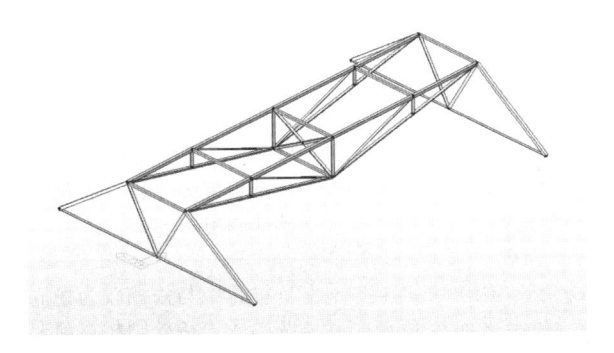

（b）张弦梁

图4　结构方案比选

从材料利用效率、抵抗竖向荷载、承受水平向风荷载等方面，比较桁架桥与张弦梁方案的优缺点，如表1所示。由比较结果可知：

（1）张弦梁仅在竖向荷载位于两端时略优于桁架桥，在其他情况下则在材料效率和结构受力上都不及桁架桥方案；

（2）两种结构加载表现差异主要在于弦杆转角的不同，梯形桁架结构在有限的净空高度下能适应最大的弦杆转角，既能改善弦杆受力，同时也能减小主梁所受压力；

（3）张弦梁结构下弦杆的柔度较大，处理不当易出现局部应力集中和节点破坏，同时刚度减小不利于保持在竖向和水平向荷载耦合作用下的整体稳定性。

故在省赛阶段，我校参赛队伍决定选用桁架桥作为总体结构设计方案，制作的风雨桥模型实物如图5所示。

表 1　模型方案比选

项目	桁架桥	张弦梁	优势方案
材料利用效率	结构全部为拉压杆件组成，且受压杆件的长细比较小，稳定性好，材料效率高。	主要承载构件为受拉的张弦梁，其余构件受拉或受压，稳定性较好，材料效率较高。	桁架桥
最大竖向荷载位于跨中	结构强度与稳定性较好，且各位移测点处的挠度能得到控制。易发生倾覆破坏，可增强横向联结加以改善。	结构强度与稳定性好，但位移测点处的挠度可能偏大。抗横向倾覆稳定性较好，通过横向联系增强整体性。	张弦梁
最大竖向荷载位于两端	结构强度与稳定性较好，且各位移测点处的挠度能得到控制。受梁端部约束，不易发生横向倾覆破坏。	梁端因截面尺寸减小，整体强度和刚度明显较弱，主梁和弦杆都可能发生破坏，从而引发整体倾覆。	桁架桥
风荷载效应	沿桥跨全长与雨棚的连接较为稳固，在水平向风荷载作用下，能够抵抗桥面处的节点弯矩，避免整体倾覆破坏。	桥梁跨中与雨棚较为稳固，而两端的连接处则相对薄弱，在水平向风荷载作用下易发生局部节点失效，导致整体破坏。	桁架桥

（a）正视

（b）侧视

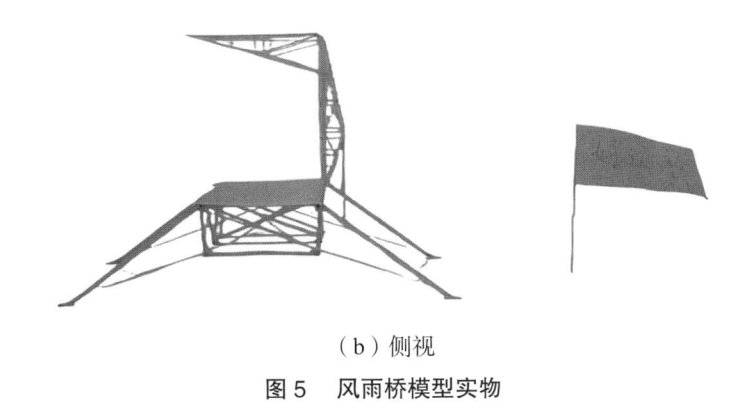

图 5　风雨桥模型实物

（三）雨棚设计

风雨桥模型的结构可分为桥梁主体和雨棚两大部分，由结构力学的分析可知，桥梁主体为基本结构可独立承受荷载，而雨棚为附属结构仅可将荷载传递至桥梁主体。为此，在结构设计过程中，可考虑让桥梁主体承受全部的竖向荷载，并通过桥面结合部抵抗雨棚承受并传递的荷载，而雨棚本身可视为独立承载构件，仅承受水平向风荷载的作用。

为减轻雨棚重量，应尽量避免构件受弯的情形，故雨棚部分仍然采用桁架结构。如果雨棚与桥面的连接点仅有一个，桥梁主体就很可能在风荷载作用下发生明显的扭转变形，使构件处于复合应力状态，同时也增大了位移测点处的挠度。因此，在加强桥梁主体的同时还应该增加雨棚的支撑。将雨棚与桥面的结合部位置选在可能抽取的几个位移测点附近，以增强位移测点处的结构刚度，减小风荷载作用下测得的挠度，从而提高材料利用效率并减小雨棚质量。

三、材料性能试验

桥梁结构的总体设计方案拟定以后，仍需要进一步确定所有构件的用材和截面，细化节点构造，从而使设计方案真正落地化为实物模型。构件是由材料所黏合而成的杆件，构件的力学性能是指在不同环境（温度、介质、湿度）下，构件承受各种外加载荷（拉伸、压缩、弯曲、剪切、扭转、冲击、交变应力等）时所表现出的力学特征。确定合理、真实的构件力学性能是进行结构整体受力分析和模型制作的前提。为此，我校参赛队伍取常温常压、湿度30%作为实验环境，对制作杆件的竹材、竹皮及连接材料（502胶水）进行力学性能试验，以确定其力学参数。

（一）竹材性能

由集成竹材黏合拼接而成的杆件，是本次赛题所有桥型体系不可缺失的一部分，也是所有受压结构的基础。如大跨度的桥梁主体、结构之间的受压部分、需要抵抗部分弯矩和剪力的构件等，都需要用到集成竹材的杆件。选取不同截面和长度的三角杆、方杆进行抗压强度试验，截面形式及测试结果如表2和图6所示。

表2 竹材抗压性能试验数据

杆件形式	杆件截面/mm×mm	竹材截面/根(mm×mm)	长度/mm	加载压力值/N 1	2	3	4	5	6	平均	抗压强度/MPa
三角杆	7	3（1×6）	150	586.0	522.7	433.6	406.2	501.8	420.0	478.4	26.6
			200	245.5	390.8	418.6	325.3	348.8	266.2	332.5	18.5
			270	202.3	200.5	193.8	136.5	147.1	182.3	177.1	9.8
方杆	7×7	4（1×6）	150	909.2	982.2	806.0	1112.9	864.2	1073.6	958.0	39.9
			200	626.5	959.5	898.4	865.0	878.2	605.8	805.6	33.6
			270	686.5	587.2	395.0	472.8	569.5	518.4	538.2	22.4
方杆	8×9	4（1×6）+2（2×2）	270	931.4	771.2	1004.0	976.5	907.0	840.0	905.0	28.3
	8×10		270	1210.8	1341.0	1124.8	1312.8	1061.1	947.0	1166.3	36.4
	10×10		270	1674.0	1555.1	1351.4	1316.6	1532.1	1826.4	1542.6	48.2

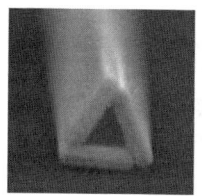

(a) 三角杆7mm　(b) 方杆7mm×7mm　(c) 方杆8mm×9mm　(d) 方杆8mm×10mm　(e) 方杆10mm×10mm

图6　竹材抗压性能试件截面

（二）竹皮性能

竹皮作为制作材料，其力学特性为：顺纹抗拉性能良好且韧性大，逆纹抗撕裂能力不及顺纹抗拉能力，长柱侧向抗弯能力均较弱，竹皮可能存在竹节脆弱区而显著降低其力学性能。为此，沿竹材顺纹制作拉条试件测试抗拉强度，结果用于确定模型制作方案，如表3所示。

表3　竹皮抗拉性能试验数据

杆件形式	杆件截面	竹皮截面/mm×mm	长度/mm	加载拉力值/N 1	2	3	4	5	6	平均	抗拉强度/MPa
拉条	单层	0.35×7	200	98.8	130.6	135.5	134.6	123.0	164.6	131.2	53.5
	双层		200	310.6	233.3	295.2	313.6	318.8	266.9	289.7	59.1
	三层		200	728.4	645.5	506.2	490.7	599.7	512.4	580.5	79.0
拉条	单层	0.50×7	200	192.3	210.6	231.8	235.6	194.8	125.5	198.4	56.7
	双层		200	481.3	656.5	624.5	589.0	542.0	522.0	569.2	81.3
	三层		200	779.5	892.3	736.7	803.2	917.7	938.9	844.7	80.4

如图7所示，将竹皮拉条固定在两固定端，中间预留一配重块自由下落的空隙，将拉条拉直后放下配重块，使拉条受到剪力作用。逐渐增加配重块，使拉条所受剪力逐渐增加，直至拉条被剪断，记录此时配重块的总质量。重复此实验五次，取所有数据的平均值，再根据剪力强度计算公式得出竹皮的抗剪强度。由试验结果可知，在常温常压、湿度30%的条件下，竹皮抗剪强度测试结果为30.0MPa。

图7　竹皮抗剪性能试验方法

（三）构件选型

依据不同截面形式的竹材抗压强度试验结果、竹皮抗拉和抗剪强度试验结果，可得出以下模型制作时的构件选型原则，用以指导参赛队伍进行结构设计方案的落实与优化。

（1）集成竹材粘接的杆件抗压强度高，强度折减大多因杆件细长而失稳所引起，并非杆件的脆性破坏导致，应考虑杆件屈曲稳定对强度的折减。

（2）有竹节缺陷的材料本身强度会偏低，从而导致制作的杆件抗拉、抗压和抗剪等强度降低，因此在选取集成竹材材料时，应尽量截取无缺陷的节段。

（3）集成竹材的强度指标离散度大、变异性强，同时考虑到手工制作存在一定的误差，在确定强度指标时应取较高的安全系数。

（4）150mm长的杆件主要用于桥体的中短距离受压部分，而270mm长的杆件主要用于桥体的支撑结构，直接与底板相连并承受很大的压力，因而要选择截面较大的杆件。

（5）竹皮的抗压及抗拉强度与其厚度成正比，其最大的特点是质量轻，主要用于桥身的短距离承压，并且其所受压力较小。经过比选，本次竞赛采用0.35mm厚的竹皮可满足要求。

（6）相同截面尺寸的杆件，采用打磨后的竹材和竹皮制作，其承载力并未出现明显减弱，而质量得以减轻，也方便构件的黏合与制作，故建议有条件情况下适当打磨材料。

四、结构数值仿真

采用SAP2000有限元软件创建风雨桥的三维空间结构分析模型,如图8所示。以桁架单元模拟所有竹材、竹皮所制成的结构构件,并赋予材料性能试验测定的截面几何与材料特性。按照赛题要求,在桥梁主体的四个支撑点施加固定约束,将三个加载阶段的竖向与水平向荷载等效为模型的节点荷载,计算最不利荷载工况下模型所有杆件的内力与应力分布。依据有限元计算分析结果,进行各部分构件的选型,从而最终确定所有杆件的截面形式与用材。对于材料性能试验与数值仿真计算所发现的结构薄弱点,应尽量增大节点连接的胶结面积,以提高节点承载能力,从而避免因局部失效而导致整体结构提前倾覆破坏。

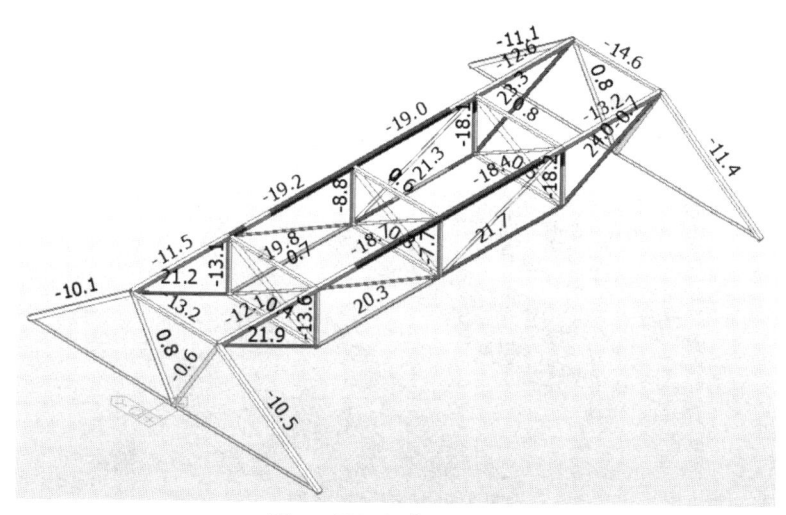

图8 风雨桥有限元模型

五、现场制作加载

正式比赛一般采用线下现场集中制作的方式进行。本次结构设计竞赛出于对疫情防控的考虑,采用线上线下结合的举办方式。各参赛高校自行安排本校赛场用于制作和加载，由组委会统筹安排每个参赛学校派出两名裁判前往其他学校监督，组织巡回裁判组督导各个赛场的执行情况，确保现场加载的公平性，最大程度地避免了人员流动。如图9所示，华侨大学土木工程学院参赛队伍的风雨桥模型，顺利完成了赛题所要求的三个阶段加载要求，并以模型质量204.5g、材料利用效率0.8864、综合得分97.7287的好成绩，获得福建省第十四届大学生结构设计竞赛暨全国大学生结构设计竞赛福建省分区赛的第一名。

（a）制作模型　　　　　　　　（b）加载测试

图9　现场制作加载

图10　模型加载变形

如图10所示，本次竞赛现场加载过程中，风雨桥模型在第一阶段的最大挠度为10mm，险些超过赛题要求的限值。推测可能原因是对弦杆的过度刨切减小了其截面尺寸和刚度，导致桥梁主体的挠度增大。第二、第三阶段的加载情况良好，无明显变形，很好地经受住了竖向荷载和水平向风荷载的考验。在今后的参赛过程中，需对结构优化而引起的强度、刚度和稳定性削弱进行更加细致的校核与验算。

结语

以2022年福建省第十四届大学生结构设计竞赛为例，说明华侨大学土木工程学院本科生参加该赛事的全过程，包括研读风雨桥赛题要求、进行桥梁结构设计、开展材料性能试验、应用有限元结构分析软件、现场制作模型并加载测试等关键环节。参赛队伍在比赛过程中应用力学理论知识、材料性能试验及有限元软件等手段，动手实践解决了复杂的工程问题。这些创新实践经验可为后续组织或参加类似的科创活动及学科竞赛提供有益的借鉴。

参考文献

［1］张迅，肖林，何畏，等.第十届亚洲土木工程邀请赛某参赛模型结构设计与分析［J］.力学与实践，2020，42（5）：671-677.

［2］舒小娟，黄柱，周旭光.纸拱桥结构模型优化建模分析：大学生结构设计竞赛谈［J］.力学与实践，2012，34（4）：89-92.

［3］刁航，段玮玮，马惠彪，等.有限元软件在大学生结构竞赛中的应用研究［J］.机械工程师，2020（7）：48-50.

［4］吴健，罗峥，王新龙，等.结构设计竞赛中悬挑屋盖结构模型的计算机仿真分析［J］.四川建筑，2012，32（2）：135-137.

华侨大学　土木工程学院

基于阻尼器的高层建筑模型设计竞赛实践与总结[①]

何泽宇　韩世瑶　辛　玥　郑双杰[②]　叶　勇　宁西占　陈坤龙

摘　要：为多方面培养大学生的创新思维、实际动手能力和团队精神，华侨大学土木工程学院组织本科生参加2023年"华景杯"福建省第十五届大学生结构设计竞赛。本次竞赛以"基于阻尼器的高层建筑模型设计与制作"为题，其背景是近年来超高层建筑不断涌现，利用阻尼器进行风振、地震等水平作用的振动控制往往成为必要措施，特别是设置转换层的结构对于质量分布、振动频率等参数的影响非常敏感，设计和施工单位面临着更加严峻的考验。在参赛过程中，学生需完成研读赛题要求、试制结构模型、测试材料性能、数值仿真模拟、独立制作模型、现场汇报方案与振动加载测试等一系列任务，极好地锻炼了创新实践能力并取得福建省一等奖的佳绩，为后续组织或参加类似大学生竞赛积累了宝贵的经验。

[①] 基金项目：中央高校基本科研业务费（ZQN-813）；华侨大学大学生创新创业训练计划（202110385030）；华侨大学实验教学与管理改革课题（SY2023J18）。

[②] 通信作者：郑双杰，工学博士，副教授，硕士生导师，主要从事土木工程专业的教育和科研。

关键词： 结构设计竞赛；高层建筑；阻尼器；强迫振动；创新实践

引言

我国高等教育改革持续深化，通过调动广大师生组织和参与各类竞赛的积极性，营造校园创新实践氛围，全面提高人才培养质量已成共识。在校大学生参加学科竞赛具有重要意义[1-4]。一是全面了解自己，锻炼逻辑思维能力、动手实践能力、沟通表达能力等；二是了解大学生活，充实自己，为未来做好规划；三是加深与教师联系，增强同学间协作，灵活应用课程知识，找到兴趣与特长，明确未来目标。

华侨大学土木工程学院对学科竞赛进行了分级管理和重点支持，将26项常见竞赛分为A、B、C、D四类。其中结构设计竞赛有全国大学生结构设计竞赛（A类）、全国大学生结构设计信息技术大赛（B类）、福建省大学生结构设计竞赛（B类）、华东地区高校结构设计邀请赛（B类）等。在校土木类本科生如果没有参加过结构设计竞赛，就是人生一大憾事。竞赛形式的创新实践活动，可以让学生体验团队协作、头脑风暴、设计制作和加载测试，提升专业技能和能力，同时丰富自己的校园生活。

本文介绍华侨大学土木工程学院本科生参加福建省第十五届大学生结构设计竞赛的实践经验。赛题"基于阻尼器的高层建筑模型设计"较为新颖，要求学生使用阻尼器进行建筑框架结构的振动控制，完成研读赛题、试制结构模型、测试材料性能、数值仿真模拟、制作模型、现场汇报与振动测试等任务。

一、建筑减振赛题

（一）赛题概况

超高层建筑的振动控制非常重要，主要采用被动控制、主动控制和混合控制的方式。阻尼器对结构的刚度和阻尼不敏感，仅对质量的变化敏感，因此在传统抗震建筑中采用质量块或阻尼器来减小地震作用。赛题要求参赛者设计制作一种基于阻尼器的高层建筑模型，需满足空间结构要求，能在竖向荷载、阻尼器及模拟地震荷载等多个工况下进行受力分析，并完成振动加载测试。模型共设6个加载截面模拟楼面荷载，其中标准层1、2连接位置需缩小整体截面（以下简称"转换层"），标准层3为阻尼器安装摆动层，还需在模型顶部制作竖向荷载加载点和位移检测点，结构模型示意见图1。

图 1 结构模型示意

（二）加载要求

模型制作完成后，在满足赛题要求下进行加载。模型加载共分为如下3个阶段：

1级加载（基本工况）：在6个加载截面上放置固定竖向荷载砝码，其中加载截面4施加荷载（2/4/6kg，抽签决定），其余加载截面施加1~6kg荷载（由参赛队自行决定），固定竖向荷载砝码总计最多为30kg。荷载安装时间总计为10min，最大频率为0.5Hz。模型未失效则认为该级加载成功。

2级加载（增重工况）：在维持1级荷载不变的情况下，在顶面随机竖向荷载加载点按要求放置荷载砝码（0.5/1/2kg，自行决定），由于其偏离模型中心，加载过程中将对整体模型产生扭转作用。加载最大频率为0.5Hz，模型未失效则认为该级加载成功。

3级加载（加速工况）：在维持1、2级荷载不变的情况下，将最大频率变为1.0Hz，加载过程结束后模型未失效，则认为该级加载成功。

（三）评分标准

结构竞赛评分按总分最高100分计算，各参赛队的实际得分=A+B+C+E−F，其中包括：

（1）理论方案$A \leq 10$分：由专家组根据设计说明书、方案图和计算书内容的科学性、完整性、准确性和图文表达的清晰性与规范性等进行评分。

（2）现场制作模型$B \leq 10$分：按$B=B_1+B_2$计算，B_1为结构模型外观分，不超过5分；B_2为制作时效分，不超过5分。当制作时间$t \leq 13h$，$B_2=5$；当$13h<t \leq 17h$，则按$B_2=(16-t)/3 \times 2+3$计算；当$t>17h$，取消比赛资格。

（3）材料利用率$C \leq 10$分：按$C=10 \times m_0/m$，即模型总质量与领用材料质量的比值，再放大至10倍。

（4）模型加载$E \leq 70$分：按$E=E_1+E_2+E_3$计算，先计算1、2、3级加载的单位质量承载力$k_i=m_i/m_0$，即加载砝码总质量与模型总质量的比值，各级k_i最高者得20分、20分、30分，其余队伍按k_i的比值折减得分。

（5）加载段罚分F：加载每超时1min扣1分，最多扣10分；模型雷同的相关队伍均扣2分。

二、框架结构设计

（一）设计原则

从赛题来看，此次模型整体为竖向、侧向承载结构，在设计和制作中大致提出以下四条荷载要求，主要考验参赛队四个方面的能力：

（1）固定荷载传力需求：考验模型整体的竖向强度，模拟实际工程中的"梁—柱—基础"传力体系，判断总体设计采用框架结构最为合理，对手工提出较高要求；

（2）随机荷载传力需求：考验参赛选手对模型、材料及手工的理解和设计，随机加载点为悬挑结构，在振动荷载作用下对框架结构产生扭转作用，可采用悬臂梁、桁架或斜拉+压杆形式；

（3）阻尼球的选用要求：模拟实际工程中的调谐阻尼器，设计合理有助于消耗振动能量，但阻尼球振动频率与框架结构不匹配时，极有可能产生反作用；

（4）总体结构的稳定性：在结构自重与振动荷载同时作用下，考验模型整体的稳定性，为模型带来失稳的风险，需要合理布置斜向拉条或斜撑，重点提高结构侧向和扭转稳定性。

（二）结构选型

在比赛初期，经过研读赛题和头脑风暴，初步拟定总体结构设计方案为框架结构+横向联结系，以抵抗竖向自重、水平动载和扭转效应，并保证结构稳定性。

方案1：重点考虑随机加载点的不利位置，即模型顶面对角线方向的A/C，转换层上、下部的楼层截面均选用正方形，上部楼层截面以X轴为对称轴，下部楼层截面与X轴成一定角度，从而使上部的4根框架柱支承在下部4根框架梁上。其优点是X/Y轴均为强轴，但楼层尺寸增大，且转换层4根框架梁局部受力大，需要使用更多的材料。

方案2：重点考虑各层固定砝码的放置方法，尽量减小截面尺寸，将转换层上部的楼层截面取为长方形，下部取为正方形，且所有楼层截面均关于X轴对称，上部的4根框架柱支承在下部2根X向的框架梁上。结构短边方向抵抗振动荷载，长边方向保证结构稳定性，转换层仅需加强下部2根框架梁，故整体结构质量得以减轻。

经过方案比选，决定在方案2的基础上继续深化设计，如图2所示。

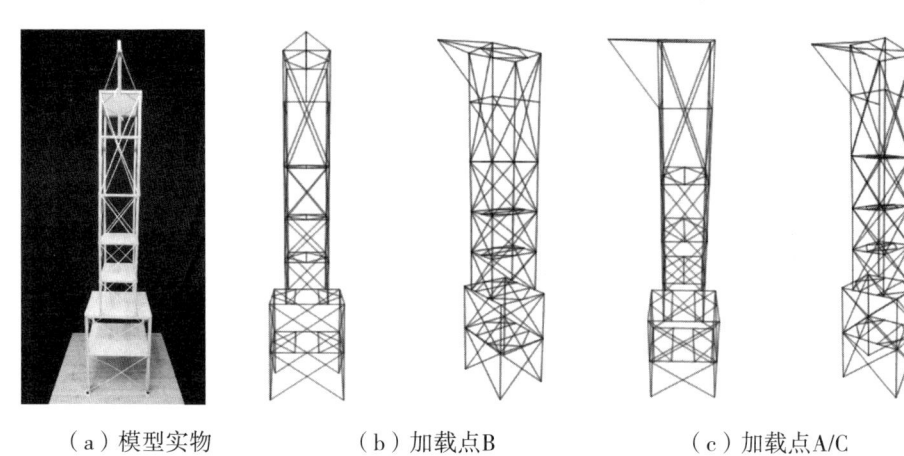

（a）模型实物　　　　（b）加载点B　　　　（c）加载点A/C

图2　框架结构设计

（三）深化设计

1. 构件设计

参赛队员在总体布置方案确定后，对建筑模型所有构件进行详细设计、试制和改进，如图3所示。此建筑采用框架结构，框架柱承受竖向荷载、抵抗水平荷载引起的截面弯矩。标准层1的框架柱采用6×8工形截面，标准层2、3的则为长、短柱对角布置，长柱为7×7B截面，短柱为圆杆截面。框架梁用0.35mm厚竹皮做箱形方杆，楼面板及梁格体系用0.2mm厚竹皮制作，采用菱形分布方式限制变形。转换层的框架梁采用由5根1mm×6mm竹条粘成的箱形+板肋截面的优化设计，顶层悬架由拉条和斜撑组成，并优化设计使砝码在加载时竖向悬挂，降低重心、减小偏心并避免脱落。设计过程注重轻量化及结构稳定性以应对地震等复杂情况。

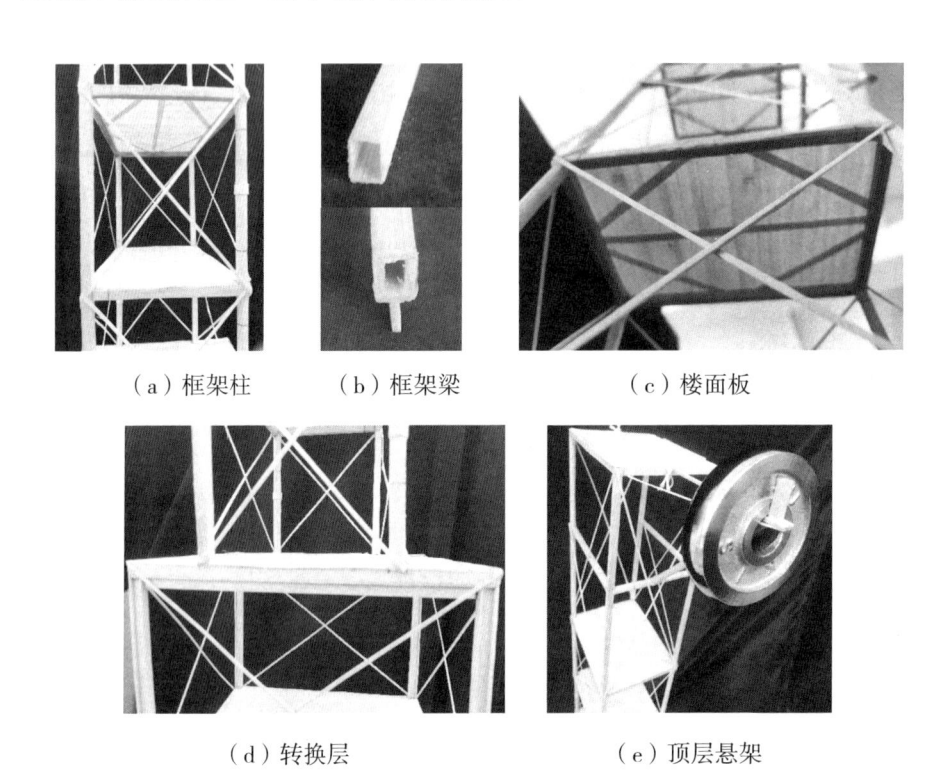

（a）框架柱　　（b）框架梁　　（c）楼面板

（d）转换层　　（e）顶层悬架

图3　构件设计

2. 节点处理

如图4所示，为实现框架结构的稳定性和强度，参赛队员采用了底层、标准层、转换层和顶层悬架的四种节点设计。底层节点采用靴形设计，并通过螺钉连接柱脚与座板，以确保强连接。标准层节点有4种形式，其中节点1位于标准层1的加载截面1，节点2位于标准层1的加载截面2，节点3和4是标准层2/3的梁柱节点，分别采用箱形长柱或圆形短柱截面。转换层中的框架梁采用优化的箱形+板肋截面，框架柱端面与梁顶面粘接，斜向拉条则与框架柱的侧面粘接。顶层悬架的A点采用竹皮包裹后粘接，支撑杆的上端均采用竹条封口，再垂直粘接1根竖向竹条形成钩形以悬挂圆形砝码。这些节点的设计和连接方式都是为了确保框架结构的强度和稳定性，满足随机加载点的布置需求。

(a) 底层框架柱柱脚 　(b) 标准层1加载截面1 　(c) 标准层1加载截面2 　(d) 标准层2/3箱形长柱

(e) 标准层2/3圆形短柱 　(f) 转换层梁柱节点 　(g) 顶层悬架支撑点 　(h) 顶层悬架悬挂点

图4　节点处理

三、材料力学测试

确定框架结构设计方案后,测试材料层面的竹皮抗拉、抗剪性能,以及构件层面的竹杆抗拉、抗压性能,从而为优化结构设计提供定量数据作为参考依据。

(一)材料性能

如图5和表1所示,采用竹皮制成拉条进行抗拉、抗剪等材料力学性能测试,结果表明竹皮在顺纹方向上表现出良好的抗拉强度和韧性,但在横纹方向上的抗撕裂能力较差,且长柱侧向抗弯能力不足。竹皮拉条的抗剪强度约为30.0MPa,建议在制作时避开结疤缺陷,沿顺纹加工成箱形截面的杆件,并取较高的安全系数。建议选择糙面作为胶水加固面,增加胶结面摩擦力,增强粘接效果。针对竹杆较重的问题,可以通过刨削原材使截面减薄,去除竹材中的缺陷,达到轻质高强的选材目的。

（a）拉条抗剪　　　　　　（b）增加荷载

图5　竹皮抗剪试验方法

表1　竹皮抗拉试验数据

试件形式	杆件截面	规格尺寸/(mm×mm×mm)	拉力荷载/N 1	2	3	4	5	6	平均	抗拉强度/MPa
拉条	单层	0.35×7×200	98.8	130.6	135.5	134.6	123.0	164.6	131.2	53.5
拉条	双层	0.35×7×200	310.6	233.3	295.2	313.6	318.8	266.9	289.7	59.1
拉条	三层	0.35×7×200	728.4	645.5	506.2	490.7	599.7	512.4	580.5	79.0
拉条	单层	0.50×7×200	192.3	210.6	231.8	235.6	194.8	125.5	198.4	56.7
拉条	双层	0.50×7×200	481.3	656.5	624.5	589.0	542.0	522.0	569.2	81.3
拉条	三层	0.50×7×200	779.5	892.0	736.7	803.5	917.7	938.9	844.7	80.4

（二）构件性能

利用竹材制成拉杆、压杆试件，测试框架构件层面的力学性能，如图6、图7和表2所示。竹材制成的拉杆截面包括原材和刨削截面，竹杆的抗拉性能优于竹皮，但截面强度富余较多，可通过刨削截面得到减重的拉杆形式。共考虑了5种拉杆截面，长度为200mm，进行了6次加载测试。制作主体结构的构件时，采用不同规格竹材组合截面，形成抗压性能较好的压杆，针对长杆和短杆设计了12种不同的截面形式，并通过了6组抗压性能测试。建议制作时需注意避开竹节缺陷，取较高的安全系数确定强度指标，裁切竹皮时不能歪斜。注意竹材组合截面的强度指标离散性大的问题，以及手工制作圆管卷杆的工艺需要精细。

表2 竹杆抗拉、抗压试验数据

试件形式	竹材/mm	竹材用量规格/根(mm×mm)	长/mm	荷载/N 1	2	3	4	5	6	平均	强度/MPa
拉杆	原材	1×6	200	923.7	883	942.7	767.9	1028.1	833.6	896.5	149.4
拉杆	原材	2×2	200	587.3	656.5	659.4	706.8	743.5	653.9	667.9	167.0
拉杆	刨削	0.8×6	200	875.3	885.7	732.5	892.3	799.6	873.2	843.1	175.6
拉杆	刨削	0.5×2	200	189.5	226.6	196.5	199.6	193.1	232.5	206.3	206.3
拉杆	刨削	1×3	200	753.5	793.4	698.9	869.4	778.3	756.4	775.0	258.3
三角	7	3(1×6)	270	245.5	390.8	418.6	325.3	348.8	266.2	332.5	18.5
工形	6×8	3(1×6)	270	178.3	157.6	179.5	201.3	236.5	210.9	194.0	10.8
箱形	6.5×6.5	4(0.5×6)	270	312.3	314.6	343.5	294.7	320.7	313.5	316.6	26.4
箱形	7×7	4(1×6)	270	686.5	587.2	395.0	472.8	569.5	518.4	538.2	22.4
箱形	7×7	2(1×6)+2(0.5×7)	270	460.6	457.8	338.1	453.5	467.2	432.8	435.0	22.9
箱形	8×8	4(1×6)+1(2×2)	270	690.2	623.5	827.2	741.2	560.2	816.7	709.8	25.4
箱形	8×9	4(1×6)+2(2×2)	270	931.4	771.2	1004.0	976.5	907.0	840.0	905.2	28.3
箱形	8×10	4(1×6)+2(2×2)	270	1210.8	1341.0	1124.8	1312.8	1061.1	947.0	1166.3	36.5
箱形	10×10	4(1×6)+4(2×2)	270	1674.0	1555.1	1351.4	1316.6	1532.1	1826.4	1542.6	38.6
矩形	3×6	2(3×3)	120	80.2	78.3	89.3	82.6	76.4	76.8	80.6	4.5
圆管	φ7	1(0.35×22)	120	273.9	243.3	252.5	264.7	251.2	243.4	254.8	33.1
箱形	6.5×6.5	4(0.5×6)	120	898.1	536.2	666.5	521.8	606.7	714.7	657.3	54.8

(a) 1mm×6mm　　　　(b) 2mm×2mm

图6 竹杆抗拉试件截面

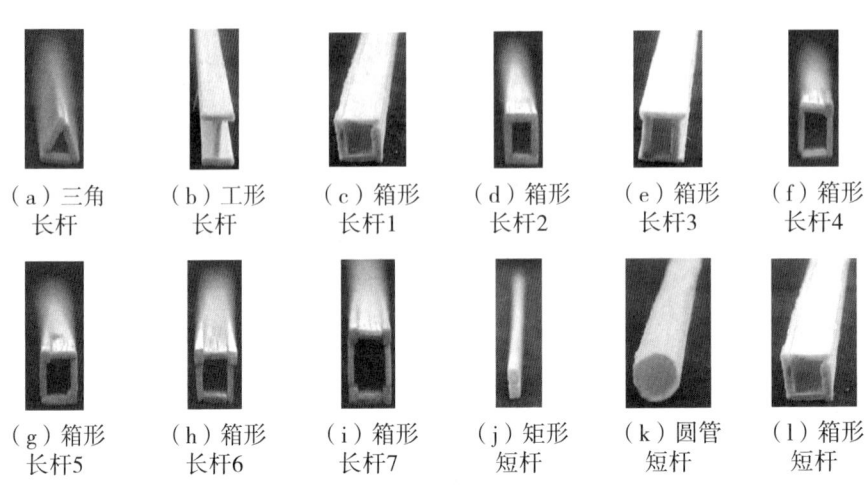

（a）三角长杆　（b）工形长杆　（c）箱形长杆1　（d）箱形长杆2　（e）箱形长杆3　（f）箱形长杆4

（g）箱形长杆5　（h）箱形长杆6　（i）箱形长杆7　（j）矩形短杆　（k）圆管短杆　（l）箱形短杆

图 7　竹杆抗压试件截面

（三）胶水性能

如图8所示，在制作3组6根相同长度、0.35mm厚的薄壁箱形杆试件时，涂抹502胶水的量分别为正常用量的1倍、0.5倍和2倍，以测试不同胶水用量对于杆件抗剪强度的影响。测试结果表明，适量的胶水可以提升模型的性能，但同时也会增加其重量，过量则会导致结构脆化。在竹片抗剪强度为7.5MPa的情况下，建议适量涂抹502胶水以保证拼接处粘贴牢靠。过量涂抹胶水对构件的强度增强作用不大，并会影响美观和增加重量。因此，建议在拼接处打磨掉多余的胶水，以达到更好的粘贴效果。

图 8　胶水性能试验方法

四、数值仿真模拟

（一）有限元模型

本次结构建模采用的分析软件为SAP2000 V22，支持建筑模型、桥梁分析、钢筋配置、钢架搭建等建设行业常用的模型设计和静动力分析，可大幅提高结构设计师的效率。如图9所示，参赛队伍在考虑最不利工况下采用"6+6+6+2+6+4"的荷载分布，创建正向悬架（B）、斜向悬架（A/C）进行有限元建模分析。

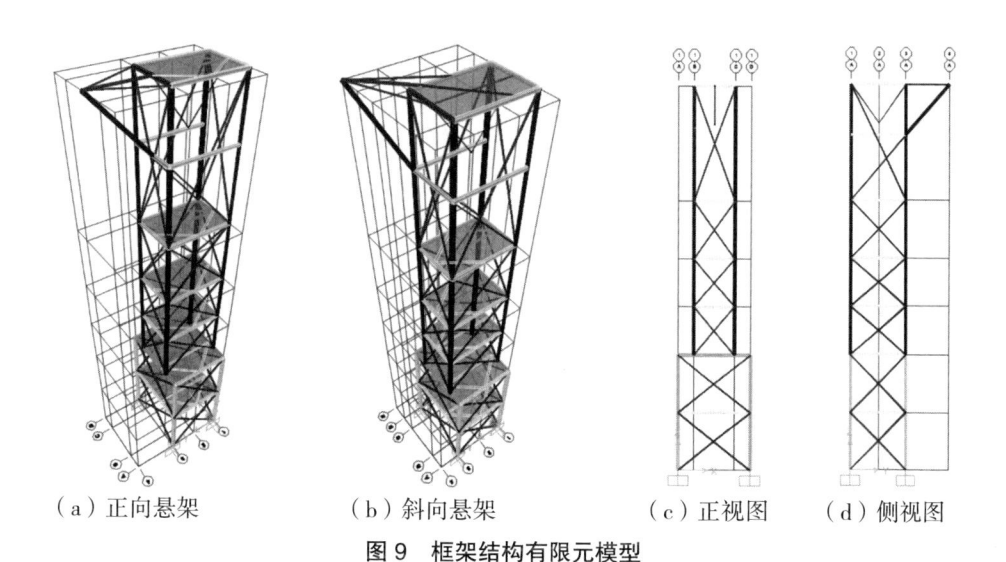

（a）正向悬架　　（b）斜向悬架　　（c）正视图　　（d）侧视图
图9　框架结构有限元模型

（二）建模参数设置

参赛队伍在进行有限元建模时，先依据实际杆件的截面尺寸，利用自定义截面形式建立相应的有限元杆件，包括框架梁的箱形截面，框架柱的工形、箱形和圆形截面，楼板的板壳截面，楼板加劲、斜向拉条和悬架的实心矩形截面等。接着为所有杆件赋予实测的材料属性参数，主要是竹皮和竹材的质量密度、弹性模量、泊松比、抗拉强度和抗压强度等。然后将赛题中各荷载工况指定的各楼层的方形砝码、悬架随机加载点的圆形砝码、顶层悬挂的阻尼铁球均等效为集中质量，分散施加在各层楼面的梁柱节点上；利用材料特性里的截面属性定义框架梁、框架柱、楼面、悬架和斜向拉条等构件的自重。有限元模型中节点连接较强而采用刚接，底层框架柱的柱脚与加载座板采用螺钉固定，故静力分析时约束全部自由度，动力分析时模拟为X向强迫位移。质量分布和静动力边界条件如图10所示。

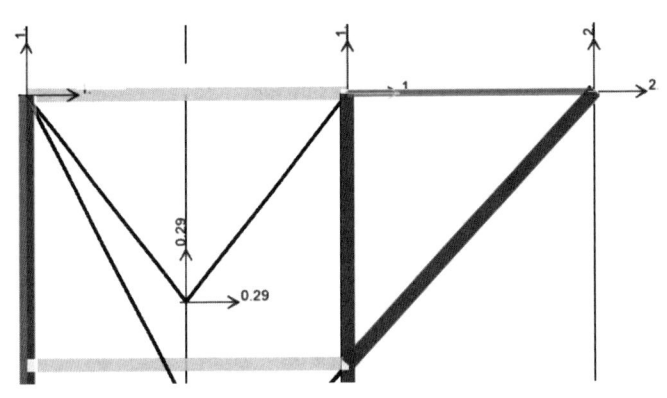

（a）楼板砝码、悬架砝码和铁球质量

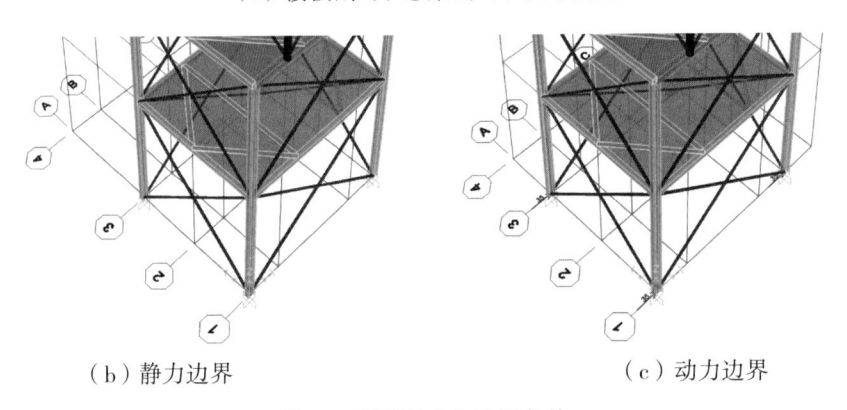

（b）静力边界　　　　　　　（c）动力边界

图 10　质量分布与边界条件

（三）静动力分析结果

1. 静力分析

1级加载的静力荷载包括框架结构自重、各楼层方形砝码和顶层阻尼球重力；2、3级加载的静力荷载相同，是在1级加载的基础上，再增加顶面悬架随机加载点的圆形砝码。静力分析的边界条件均为底层柱的柱脚固结。

如图11所示为1、2、3级加载静力分析的位移结果。1级加载时，B点正向加载的最大位移为1.190mm，悬臂端位移0.014mm；A/C点斜向加载的最大位移为1.190mm，悬臂端下挠0.013mm。2、3级加载时，B点正向加载的最大位移为1.190mm，悬臂端下挠0.014mm；A/C点斜向加载的最大位移为1.190mm，悬臂端位移0.013mm。

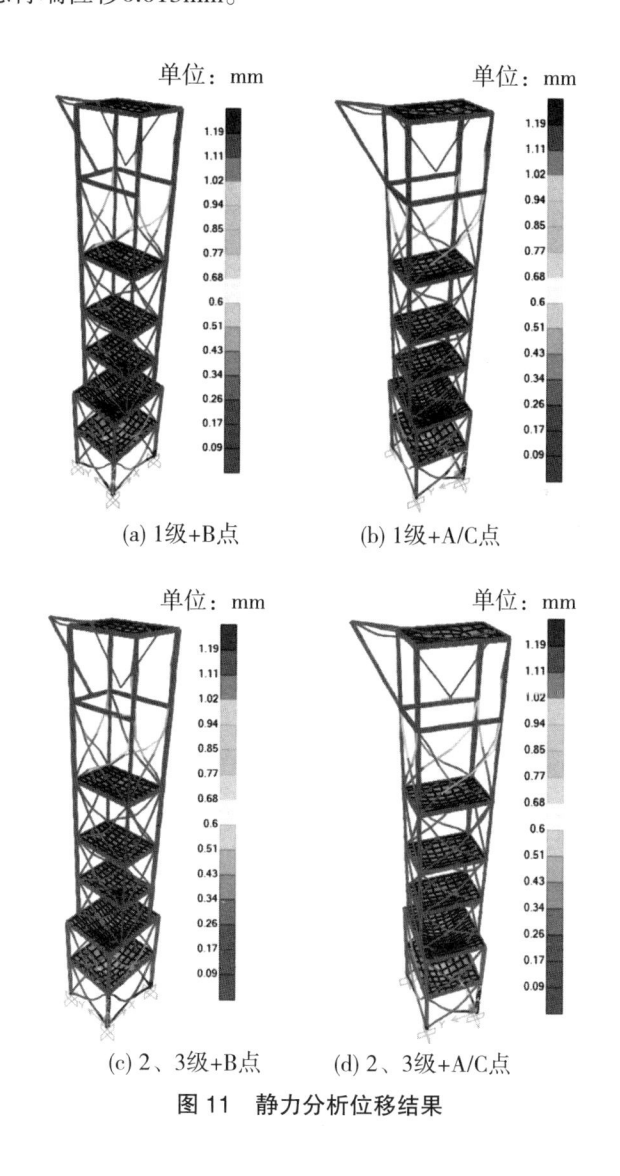

(a) 1级+B点　　(b) 1级+A/C点

(c) 2、3级+B点　　(d) 2、3级+A/C点

图11　静力分析位移结果

如图12所示为1、2、3级加载静力分析的应力结果。框架结构1级加载时，B点正向加载时杆件最大轴向应力为0.595MPa；A/C点斜向加载时杆件最大轴向应力为0.630MPa。框架结构2、3级加载时，B点正向加载时杆件最大轴向应力为0.595MPa；A/C点斜向加载时杆件最大轴向应力为0.630MPa。

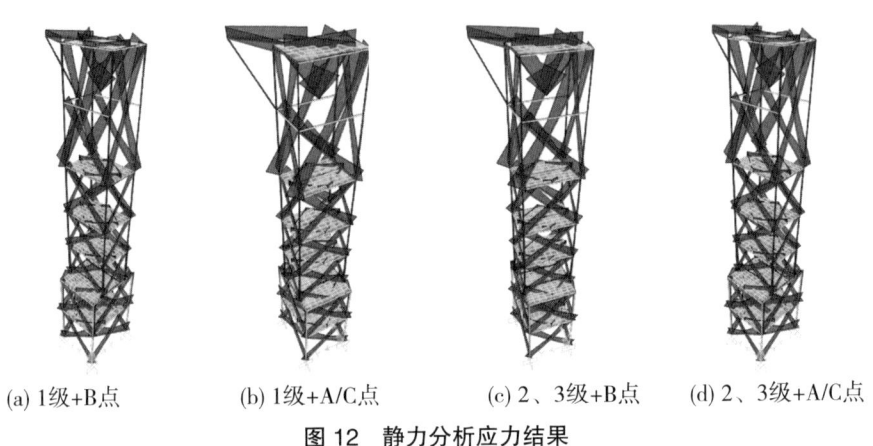

(a) 1级+B点　　(b) 1级+A/C点　　(c) 2、3级+B点　　(d) 2、3级+A/C点

图12　静力分析应力结果

2. 模态分析

采用特征值方法求解框架结构的模态，得到前12阶的振型、频率和周期，从而进一步分析该结构的自振特性。如图13所示，1、2、3级加载时的前4阶出现X向弯曲、Y向弯曲、45°弯曲和扭转等振型。设置B点正向悬架与A/C点斜向悬架的框架结构模型的自振频率接近，1级加载时介于1.768Hz至4.923Hz之间，2、3级加载时介于1.642Hz至3.589Hz之间，如图13所示。

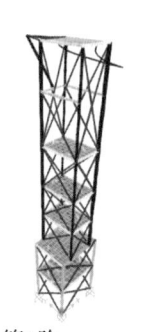

第1阶：
X向弯曲f=1.768Hz

第2阶：
Y向弯曲f=1.925Hz

第3阶：
X向弯曲f=2.321Hz

第4阶：
扭转f=4.923Hz

(a) 1级+B点

第1阶：
45° 弯曲 f=1.768Hz

第2阶：
Y向弯曲 f=1.925Hz

第3阶：
X向弯曲 f=2.320Hz

第4阶：
扭转 f=4.916Hz

(b) 1 级 +A/C 点

第1阶：
Y向弯曲 f=1.647Hz

第2阶：
X向弯曲 f=1.712Hz

第3阶：
X向弯曲 f=1.988Hz

第4阶：
扭转 f=3.589Hz

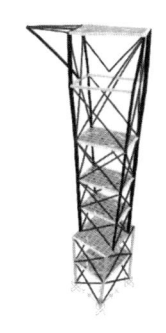

(c) 2、3 级 +B 点

第1阶：
Y向弯曲 f=1.642Hz

第2阶：
X向弯曲 f=1.709Hz

第3阶：
X向弯曲 f=2.003Hz

第4阶：
扭转 f=3.504Hz

(d) 2、3 级 +A/C 点

图 13　模态分析基本结果

3. 时程分析

赛题规定的3级加载实际上均为动力荷载。1级加载是基本工况，仅布置各楼层方形砝码，并对底座施加±35mm，频率0.5Hz，持续时间30s的强迫位移荷载。2级加载是增重工况，在1级加载基础上增加随机加载点的圆形砝码，并对底座施加±35mm，频率0.5Hz，持续时间30s的强迫位移荷载。3级加载是加速工况，质量分布与2级加载相同，并对底座施加±35mm，频率1.0Hz，持续时间30s的强迫位移荷载。各级加载工况的区别仅在配重和频率，且A/C点的3级加载最为不利。

如图14所示为A/C点斜向加载的时程分析结果。由时程分析曲线可知，结构位移和受力均随着时间增加而振荡变化。其中，悬架端部的X向位移介于-93.23mm—+89.76mm；阻尼球X向位移介于-259.0mm—+253.2mm；转换层X向位移介于-40.92mm—40.07mm；柱脚X向反力介于-63.82N—65.94N。

（a）悬臂端X向位移　　　　　（b）阻尼球X向位移

（c）转换层X向位移　　　　　（d）柱脚X向反力

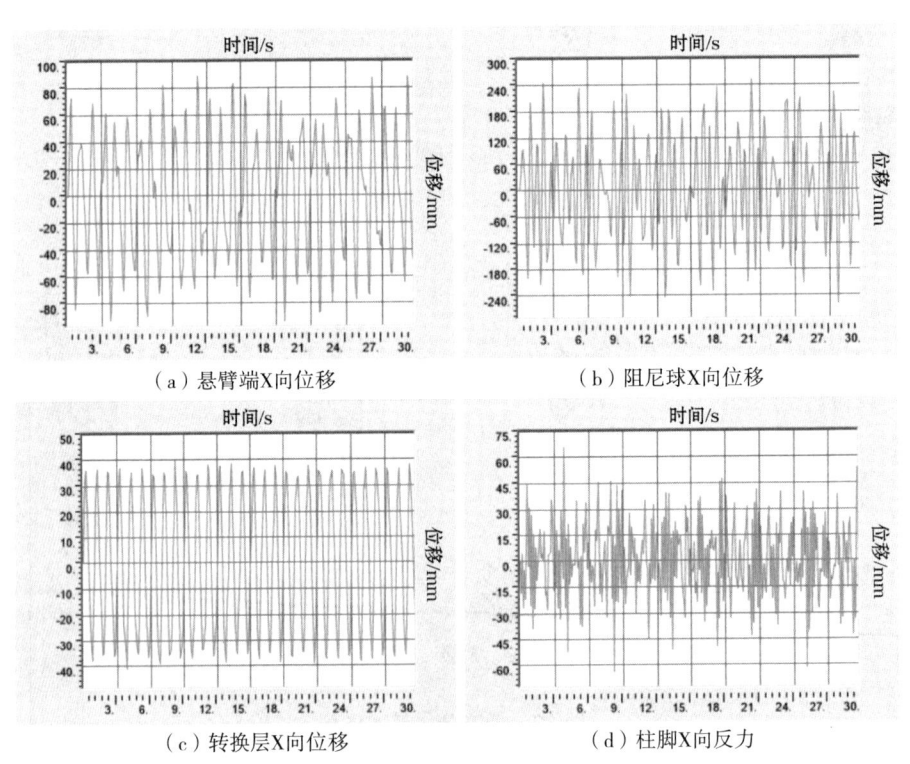

图14　A/C点加载的时程分析结果

五、现场制作加载

（一）确定选材

依据材料力学测试和数值仿真模拟结果，确定转换层为最危险部分，对其框架梁采用较强截面，并进行适当补强处理以避免构件或节点断裂破坏。底层柱脚采用靴形节点板增强柱脚抗拔性能，楼板采用较薄竹皮制作并采用拉条作为次梁以节约加劲用料。在横向联结系方面，采用拉条代替刚度和截面更大的斜撑以降低材料用量和构件质量。最终，根据表3确定所需构件和材料的规格尺寸及数量。

表3 主要构件参数表

编号	截面形式	构件类型	应用位置	规格尺寸/(mm×mm×mm)	数量
L1	6×8工形杆	框架柱	标准层1	6×8×300	4
L2	7×7B箱形杆	框架柱（长）	标准层2、3	7×7×700	2
L3	圆形卷杆	框架柱（长）	标准层2、3	φ7×144	2
L4	圆形卷杆	框架柱（短）	标准层2、3	φ7×119	4
L5	6×8箱形杆	框架梁	转换层	6×8×194	2
L6	5×6箱形杆	框架梁	标准层1	5×6×141	4
L7	5×6箱形杆	框架梁	标准层1	5×6×180	2
L8	5×6箱形杆	框架梁	标准层2、3	5×6×102	7
L9	5×6箱形杆	框架梁	标准层2、3	5×6×151	8
L10	6.5×6.5箱形杆	框架梁	顶层	6.5×6.5×102	1
L11	圆形卷杆	悬架撑杆	随机加载点	φ7×144	2
L12	圆形卷杆	悬架撑杆	随机加载点	φ7×95	1
L13	圆形卷杆	悬架撑杆	随机加载点	φ7×150	1
L14	3×3矩形杆	悬架拉杆	随机加载点	3×3×141	1

（二）制作分工

经过队内对模型的多次制作和磨合，结合个人对于各方面制作工艺的熟练程度，形成全队契合的节奏，最终确定工作分配方案，如表4所示。其中，赛题规定模型制作时间为13+3h，实际约需11h，冗余时间用于防备突发情况及模型检查，为模型制作预留容错时间。

表 4　制作流程与分工协作

历时/h	队员1	队员2	队员3
1	制作转换层部分构件	裁剪杆件	裁切竹皮
2			
3	制作标准层2/3柱体系	制作边梁卷杆	制作拉条
4			
5		拼装标准层1	拼装标准层2/3
6			
7	制作楼面		
8			
9	制作楼面及次梁结构	制作楼面及次梁结构	安装拉条
10			
11	制作随机加载点	制作并安装柱脚	制作随机加载点
12	模型检查	模型检查	模型检查

（三）加载测试

本次竞赛采用线下现场集中制作并加载测试的方式。如图15所示，华侨大学土木工程学院参赛队伍的框架结构模型，顺利完成赛题所要求的3级加载。两支参赛队伍的模型质量分别为162.4g和151.4g，综合得分为85.81（第5名）和89.24（第3名），荣获福建省第十五届大学生结构设计竞赛一等奖2项。

(a) 模型完工 　　(b) 安装模型

(c) 安装砝码 　　(d) 加载测试

图 15　参赛现场模型制作与加载

结语

福建省第十五届大学生结构设计竞赛要求选手设计一个高层建筑模型，并使用阻尼器进行振动控制，以体现对建筑设计思路的理解和运用。这个赛题较为新颖，旨在鼓励创新，提高实践能力和团队协作能力，同时激发学生对结构振动控制的兴趣。华侨大学土木工程学院本科生参加本届竞赛并获得一等奖。虽然竞赛期间时间紧迫，但学生们成功完成一系列任务，包括研读

赛题要求、试制结构模型、测试材料性能、数值仿真模拟、独立制作模型、现场汇报方案与振动加载测试等。这些任务的完成锻炼了学生的创新实践能力。赛后实践经验的总结和分析，可为学生后续组织或参加类似大学生竞赛提供借鉴。

参考文献

［1］何春保，倪春林，李庚英，等.提高大学生学科竞赛实践教学质量的途径［J］.实验技术与管理，2020，37（10）：23-26.

［2］李军成，陈国华，刘成志，等.基于学科竞赛驱动培养地方院校数学类应用型创新人才的探讨［J］.高教学刊，2019（11）：32-35.

［3］董作超.依托学科竞赛推进土木工程专业力学类课程整合的教学实践研究［J］.高教学刊，2015（15）：144-145.

［4］杨祖彬，李平，杜力，等."学、赛、产"联动的制造类专业学科竞赛内涵体系构建［J］.重庆工商大学学报（自然科学版），2017，34（1）：98-103.

华侨大学　土木工程学院

药学专业"滴定分析实验"的教学改革与实践

——以华侨大学药学专业为例

庄贞静　薛佳欣

摘　要：针对我校药学专业分析化学基础实验"滴定分析实验"教学过程中存在的问题，从教学内容和教学方式方法上进行改革与实践，提出相应的解决方案，目的在于规范药学系学生实验技能、提高学生专业素养以及分析问题和解决问题的能力。

关键词：分析化学实验；滴定分析；教学改革；教学实践

引言

分析化学实验是药学系本科生的一门专业基础实验课，而滴定分析实验是分析化学实验的基础，不仅与分析化学课程的理论知识密不可分，同时，涉及除了滴定操作外的诸多基本操作。正确掌握分析化学实验中的基本操作和规范的实验技能，以及定量分析实验结果的正确表达，对于药学生及医学生来说具有重要的意义。

一、药学专业"滴定分析实验"的重要性

首先，滴定分析涉及除了滴定之外的称量、体积量取和溶液配制等基本操作，这些是药学生需要掌握的基本实验技能。通过滴定分析的实验训练，不仅可以教会学生这些基本操作和技能，还可为以后的专业课实验奠定扎实的基础；同时，将有效数字的理论与实践相结合，体会误差在实验过程中的传递，懂得在以后的实验过程中，针对不同的精度要求选用不同的仪器，提高分析问题和解决问题的能力。

其次，在滴定分析实验过程中，学生需要通过观察指示剂颜色的变化，判断滴定终点，因此，通过滴定分析实验，可以很好地提高学生实验观察和判断能力。在接近滴定终点时，需要对滴定剂的加入量进行准确控制，才能有效减小滴定误差。可见，通过滴定实验的训练，能有效提高学生的动手能力和严谨务实的学术精神。

再次，通过对滴定分析实验结果的计算和表达，可以将有效数字的理论与实践相结合，深入理解有效数字的意义及其修约规则，懂得在以后的实验过程中，针对不同的精度要求选用不同的仪器；体会误差在实验过程中的传递，给出合理的计算结果；通过三次平行实验的结果计算精密度，分析实验过程中造成精密度不高的各种因素，进而提高学生发现问题、分析问题、解决问题的能力。

目前，对于滴定分析实验教学的改革已有不少探索。例如，结合最新的虚拟仿真实验，刘志广课题组探索了滴定分析虚拟实验室的构建模式与方法[1, 2]；褚洪图归纳了滴定分析实验中的不规范操作并提出了改进措施[3]；胡红侠提出以相对平均偏差为考核指标的新教学模式和过程性评价方法提升学生的滴定技能[4]；王平在结合教学实践基础上，从理论教学、实验数据的记录与处理、正确选择实验仪器、规范实验操作、化学实验成绩考核办法等方面提出了滴定分析实验教学措施，增强了学生对实验课的积极性及动手能力，提高实验教学质量[5]；毛勋提出创新型分析化学实验教学体系的探索

设想[6]；李金娥提出将微课引入滴定分析实验课教学中，提高学生对相关实验的掌握程度[7]；王海霞从科研角度提出将文献检索结果用于激发学生滴定分析学习的动机，依据ＡＲＣＳ动机设计模型，从注意、关联、信心和满意度四个维度激发学生学习滴定分析的动机[8]。容学德在实验教学的基础上总结和分析了学生在酸碱滴定实验中存在的问题[9]。虽然，他山之石，可以攻玉，但是每个学校软硬件设施不同，教学中遇到的问题不同，因此需要根据自身教学过程中遇到的问题，提出相应的解决策略。

二、我校药学专业"滴定分析实验"教学中存在的问题

华侨大学药学专业分析化学实验安排在第一学期，是普通化学实验中的一部分，仅只有四次实验课，授课学时严重不足，若只是通过传统的教学方式——实验前预习、做实验和写实验报告这些基本环节完成实验的话，学生虽然可以完成滴定分析实验，但是仍然存在诸多实验细节的不规范操作，而这些实验细节的不规范将影响最终结果的精密度和准确度；由于实验次数少，对数据进行处理的案例也较少，造成学生对数据处理的意义包括对有效数字的保留等体会不够深入。这些看似是小问题，实则影响学生的专业素养，并对后续药物分析实验、药代实验、药学综合实验等实验课造成极大影响。因此，如何在有限的教育资源和时间内有效提高实验者在实验操作过程中的基本功，特别是规范实验细节操作，以及正确地输出实验结果，仍是目前尚待解决的课题。

三、针对存在问题进行的教学改革与探索

医学院的滴定分析实验是药学生及医学生第一学期的必修实验课程，是本院本科生接触的第一门实验课，并且课时比较短，仅有四次实验课。如何在四次实验课内让学生掌握基本实验操作，特别是实验细节上的规范操作和实验结果的正确表达，同时，能够理论联系实际达到预期的实验要求，对于

教师和学生来说都是一个挑战。笔者通过查阅大量的文献、调研及近十年的教学摸索，认为在以准确为目标的滴定体系中，应强化过程性评价以扎实学生做实验的基本功。在优化实验课程设计基础上，提出要结合微视频及翻转课堂的分析化学实验教学模式，以规范学生实验操作，扎实学生做实验的基本功，进而提高他们做实验的准确度和精密度，提高学生对有效数字及其修约规则的理解，强化结果输出的准确性。

首先，优化课程设计，循序渐进引入相关实验技能训练。滴定分析实验的实验操作主要包括溶液的配制、滴定管的使用、移液管的使用、容量瓶的使用以及天平的使用。因此，在课程设计上，实验内容由简单到复杂，实验技能由浅入深，由少到多。第一个实验通过"酸碱滴定和浓度比较"的实验，让学生掌握滴定管和移液管的使用，以及对滴定终点的判断；通过实验结果中所消耗的酸碱体积比和对偏差的计算，审查自己在滴定时存在的问题。第二个实验为"氢氧化钠溶液的标定及食醋中醋酸含量的测定"，在实验操作上，安排了天平的使用。第三个实验是"EDTA的标定及自来水硬度的测定"，在实验操作上增加了容量瓶的使用，进一步要求学生懂得如何使用标准物质配置标准溶液。最后一个实验是"高锰酸钾的标定及过氧化氢含量的测定"，该实验要求学生全面掌握滴定分析实验里面涉及的所有实验技能。

其次，在优化实验课程的基础上，提出要结合微视频及翻转课堂的分析化学实验教学模式。在课前预习的基础上，通过实验课前的微视频学习与实验课程相关的实验操作，如滴定管的使用、移液管的使用、称量、溶液配制等，使学生对相关操作有更深入的认识。并且，在每次上课前都会录制学生上次实验课上错误操作的视频，通过翻转课堂的方式让学生观看视频，讨论并指出操作不规范或是错误的地方，以及这些不规范或错误的操作对实验结果的影响，包括对准确度和精密度的影响，以提高学生的观察能力、动手能力、分析能力，潜移默化地规范学生的实验操作，扎实学生的实验基本功，提高学生的专业素养。

最后，通过实验报告的批改、课堂讨论和讲解进一步强化实验结果的表达、分析与处理。在实验过程中，所记录的实验数据不仅表示数字的大小，而且要反映出所使用仪器的精度。在实验结果的输出过程中，通常都要对实验数据进行运算和处理以获得最终的实验结果。但是，由于很多学生对于有效数字及其修约规则掌握效果不佳，导致实验结果输出对有效数字的保留常常出现错误。因此，在反转课堂中，通过学生对实验结果有效数字的保留和计算过程如何修约的纠错和讨论，能够很好地让学生学以致用，更好地理解如何记录数据及运算过程中如何对有效数字进行修约，获得正确的结果，强化结果输出的准确性。

结语

综上，笔者分析了本校药学专业滴定分析实验教学过程中遇到的问题，结合多年的教学实践，摸索出了相应的改善办法并实施。与以往几届学生相比，在课时锐减的情况下，学生在该方面实验技能的掌握程度并没有显著下滑，实验课程考试的成绩也都较为理想，得到了不错的教学效果，可为面临相似问题的其他高校药学专业滴定分析实验教学改革提供一定参考。

参考文献

［1］刘志广，张明旭，张永策，等.滴定分析虚拟实验室的构建模式与方法的研究和探索［J］.计算机与应用化学，2016，33（4）：485—489.

［2］刘哲，张永策，刘志广，等.移动终端下滴定分析虚拟实验室的研究［J］.计算机与应用化学，2015，32（7）：880-884.

［3］褚洪图，苏文斌.对滴定分析实验中不规范操作的归纳及改进措施［J］.廊坊师范学院学报（自然科学版），2012，12（3）：47-50.

［4］胡红侠，张艳秋，金慧，等.滴定分析实验教学模式及过程性评价的探索研究［J］.绿色科技，2018（15）：307-309.

［5］王平，赵桦萍.滴定分析实验教学改革探索［J］.化工时刊，2016，

30（4）：44-46.

［6］毛勋.分析化学实验教学改革的构想［J］.林区教学，2018（10）：93-94.

［7］李金娥，马彩梅，王丽.微课在滴定分析实验教学中的应用［J］.化工管理，2017（20）：147.

［8］王海霞.文献检索结果在激发学生学习动机中的应用：以滴定分析教学为例［J］.化工高等教育，2016，33（5）：87-91.

［9］容学德.酸碱滴定实验的教学实践与思考［J］.广西民族大学学报（自然科学版），2013，19（2）：97-99.

华侨大学　医学院

高校管理

高校高层次人才引育问题与对策研究[①]

张丽萍

摘 要：作为吸纳、汇聚、培育人才的高地，高校在国家高层次人才工作中起着举足轻重之作用，高校高层次人才队伍建设亦是新时代高校提升核心竞争力、实现可持续发展的重要保障。通过明晰高校高层次人才概念界定与高层次人才引育工作的重要性，分析当前高校高层次人才引育工作现状及存在的突出问题，最终提出结合自身发展定位、合理规划人才需求，创新人才引进方式、扩宽人才引进渠道，建立科学系统的人才培育方案、注重引育并举，科学引领形成团队合力、打造优势人才团队等四个可行对策建议，为高校高层次人才引育工作提供参考。

关键词：高校高层次人才；引进；培育；问题与对策

引言

人才是国家和社会发展的重要战略资源，高层次人才更是国家繁荣和

[①] 基金项目：华侨大学教育管理基金项目"新时代高校高层次人才队伍建设问题与对策研究"（2021HJY01）。

经济社会进步的关键核心力量。正如习近平总书记在党的二十大报告中指出的"人才是第一资源",强调要"深入实施人才强国战略"[1]。作为吸纳、汇聚、培育人才的高地,高校加强高层次人才的引进与培育工作,不仅有助于提升高层次人才队伍建设水平,更是高校增强自身核心竞争力、实现可持续发展的必然途径。引进与培育是高层次人才队伍建设过程中的重要环节,引才工作是增加人才总量的首要源泉,而育才工作则是提升人才质量的重要途径[2]。如何厘清引进与培育二者的关系,坚持做到既引得进又育得优,构建引育有机结合的长效机制,是高校高层次人才队伍建设工作需要重点突破的核心问题。高校应该主动科学规划、积极精准施策,最终实现"人尽其才"。只有这样才能在日益激烈的高层次人才竞争中取得优势,从而提升自身办学实力,助力国家高等教育事业长足发展。

一、高层次人才概念界定与高层次人才引育工作的重要性

(一)高校高层次人才概念界定

科学地界定"高层次人才"这一概念是开展高层次人才引育工作的基本前提。由于各高校自身条件不同,因此对于高层次人才的界定因校而异、各有侧重。通常来说,"高校高层次人才"一般是指专家型人才,即有着较高学术水平、专业技术能力的高学历人才。他们往往在所属领域有着卓越的研究能力,并在学术界有着较高的学术声誉和影响力,通常还具有较强的创新研究意识,能够充分把握本学科的前沿发展方向,从而引领本学科的发展与进步。而严格意义上的"高校高层次人才"不仅要求其具有较高的学术科研水平,还要求同时具备一定的管理经验和领导才能,需要在团队管理和组织协调方面具有较强的能力,能够带领本学科中青年学术梯队在前沿领域进行创新性研究和项目实施,从而达到或赶超国际先进水平。

综上,高校高层次人才的主要特征可概括为两个方面。一是专业水平上的硬性条件,要求高层次人才在具备高学历的前提下,还必须有较好的科

研成果，通常以学术论文或科研项目等成果作为硬性指标。二是个人素质上的软性要求，比如，热爱教学与科研工作，责任心强，具有较强的创新意识，有良好的沟通合作协调能力等。高校在高层次人才引进时，可结合人才特征与岗位需求，适当放宽硬性标准，提高对人才个人素质方面的软性要求。

（二）高校高层次人才引育工作的重要性

当前，我国正开启第二个百年奋斗目标新征程，站在新的历史交汇点上，国家和社会比任何时期都需要人才，民族振兴、国家发展、科技创新均离不开人才作为支撑与保障。高校高层次人才是国家人才队伍建设的重要组成部分，更应当深入贯彻实施"人才强国""人才强校"战略，争取在新一轮人才国际竞争中把握优势和主动权，顺应新时代发展的必然趋势。

习近平总书记在党的二十大报告中明确指出，"科技是第一生产力"[3]。突破"卡脖子"技术难题，建设创新型国家，是我国当前的关键任务之一。而重大原始创新成果往往萌发于扎实的基础研究，产生于学科交叉领域，高校在此方面具有天然优势。因此，高校必须坚持从国家的迫切需要和长远发展需求出发，将高层次人才资源引育工作和科技创新发展有机结合，以此引领创新平台体系发展，为国家战略人才力量建设提供源头活水，为经济社会高质量发展提供重要的人才支撑[4]。

目前我国已成为高等教育大国，面对国际上新的机遇与挑战，我国要从高等教育大国走向高等教育强国，必须着力提升大学的国际学术影响力。高校通过引进高层次人才来提升自身学术影响力，通过多措并举引育海内外知名专家学者作为学科带头人，以高层次人才带动师资队伍建设发展，打造科学可持续的人才梯队，营造浓厚的学术氛围，可从根本上提升我国高校的国际学术影响力，从而促进我国高校在世界高等教育领域占有一席之地。

二、高校高层次人才引育工作现状及存在的问题

近年来，随着国家层面一系列高层次人才政策的出台，高校在高层次人才工作中逐渐明确了努力方向和目标[5]，其对高层次人才的重视程度亦不断提高。为了在新一轮的人才竞争中取得优势地位，各高校积极出台多样化的激励措施和优惠政策，成功吸引了更多的高层次人才加入高校的教学科研工作中来，为高校科研创新作出巨大贡献。然而，随着经济社会的飞速发展和全球化进程愈加迅猛，高校对高质量高层次人才的需求愈来愈迫切，新的时代环境对于高校高层次人才引育工作提出全新挑战，高校在高层次人才引育工作中存在的问题亦逐渐暴露出来。主要体现在如下方面：

（一）缺乏科学、合理的高层次人才引进规划

在新一轮的激烈"抢人"大战中，高校为了抢占人才，在人才引进工作中往往缺乏"科学引才"的长期意识，忽略本校的实际需求，采取功利化、短期化的做法，盲目以高薪引进发达地区"高、精、尖"头衔的人才来扩充师资队伍，此举虽从数量上看来效果显著，但因缺乏规划而导致人才结构严重不合理的问题日益突出。具体表现为：在人才资源统筹方面，所引进的高层次人才研究方向与高校学科建设方向不相适应，导致人才资源不能充分发挥价值，甚至成为学校的"学术摆设"；在人才队伍建设方面，教师队伍年龄结构比例失衡，引进中青年教师的数量显著增加，导致对其进行后期培育的难度加大；在岗位适配方面，人才的知识、能力和经验与新任岗位不匹配，导致适应周期过长、压力和消极情绪过多，影响工作效率。由此可见，高校对高层次人才引进若缺乏科学合理的规划，对高校现有人才发展现状、学科发展需要、人才供需情况缺少深入调查和研究，对现有人才结构掌握得不够清晰全面，则较易导致上述问题，影响高层次人才引进效率与效益。

（二）人才引进机制灵活性和开放性不够

随着高层次人才工作的深入推进，各高校在人才引进的程序、条件、待

遇等方面都已形成较为完善的工作制度，但在具体实施过程中却易因过于程式化，缺乏"因人施策"的考量和更具柔性的衔接方法[6]。具体表现为如下几个方面：第一，引进模式较为被动。高校在高层次人才引进过程中常采用最为传统的"守株待兔"模式，等待符合条件的高层次人才主动递交简历，而较少主动出击。第二，引进渠道和信息发布渠道相对单一，高校通常仅通过网络或国内招聘会等渠道进行招聘，导致在招聘过程中高校与高层次人才之间相互了解不够深入，人岗匹配程度不高。第三，引进标准存在僵化和"一刀切"问题。目前大部分高校的人才引进机制都较为僵化，过于注重学历、学位和职称等硬性条件，而忽视对高层次人才个人素质和发展潜力的考量。

（三）重引进而轻培育，人才培育模式僵化

因高校普遍认为高层次人才已接受过较为系统完整的培育过程，不再需要对其进行二次培育。因此，许多高校虽非常重视前期的人才引进工作，出台了大量举措吸引人才来校，却忽视了要对引进后人才进行科学引导与持续培育，在引进高层次人才后，没有以长效性人才培育机制来引导新引进人才做好专业成长规划，实现其个人可持续发展[7]，最终导致新引进人才在新工作环境中出现"水土不服"之现象。同时，许多高校虽有制定相应的人才培育制度，却因人才培育模式较为单一和僵化，无法做到"因人施策"，阻碍了新引进人才充分发挥自身优势价值，导致新引进的高层次人才用不上也留不住，加剧了人才的非正常流动。

（四）过度注重对个体的培育，而忽视团队培育

许多高校虽已意识到人才团队建设的重要性，但仍存在过度重视个体人才培育，而人才团队建设相对薄弱的问题。在目前的高校管理体制中，不少高校都缺乏完善的人才团队引进、培育考核办法。在高校人才团队建设工作中，高层次人才团队拼凑的现象仍然十分常见，常常出现个人的专业领域与

团队发展方向不匹配甚至相错位的问题。同时，不少高校因未充分意识到人才团队建设的重要性，缺乏对高层次人才团队意识与凝聚力的培养，导致同一个高层次人才团队中出现个人意志与团队意志相冲突之现象。

三、高校高层次人才引育工作的对策与建议

（一）结合自身发展定位，合理规划人才需求

"凡事预则立，不预则废。"科学合理的规划是高校实施人才队伍建设工作的基础。国家和政府各项人才引进政策的出台为高校人才工作的具体实施指明了方向。但是从长远发展的角度看来，各高校仍需结合自身实际情况与人才需求进一步将政策细化，使其更具实际可操作性，从而做到"精准引育"。各高校因自身发展定位不同，对高层次人才的需求、评价标准也各有不同。因此，高校在开展高层次人才工作前，首先需充分明确自身发展定位和学科建设目标，建立制度严谨、层次分明、科学可行的人才队伍建设规划，真正做到"因校而异"精准施策。要做到合理规划用人需求，首先必须摒弃保量不保质的观念，充分考量现有人才存量，结合自身学科建设定位和未来发展定位，从所需人才的数量、质量和年龄结构出发，制订更加合理的人才需求方案，保证人才研究方向与学科发展相适应、年龄结构与梯队设置更加合理。高校在人才引育工作推进过程中，还需根据实际情况定期评估与调整用人需求，注重人才引进和岗位的精准匹配。

（二）创新人才引进方式，扩宽人才引进渠道

在高层次人才引进工作中，高校既要从思想上重视人才引进工作，还需注重提升人才引进方式的主动性和灵活性，创新人才引进方式方法，充分拓宽人才引进渠道，为人才的引、留、用工作打下坚实基础。首先，高校应主动开拓思维、积极打破常规，充分调动各界资源，拓宽人才信息互通渠道和网络[8]，促进互动交流，主动求贤揽才，甚至依托人才机构来制订专业化

人才引进方案，通过多途径引进优秀高层次人才。其次，高校应主动创新人事制度，采用"刚柔并济"的制度引进和培育高层次人才，采取灵活多样的引进机制和动态管理方式，将刚性与柔性引进相结合，有效降低人才引进成本，提高高层次人才引进效益。最后，注重采取"走出去、请进来"的高层次人才引进策略，在全球化大环境中积极与国际接轨，通过与海内外高校开展交流合作，引进有国际竞争力和具有国际视野的高级人才[9]，建设具有全球视野和国际竞争力的高层次人才队伍。

（三）建立科学系统的人才培育方案，注重引育并举

引进与培育是高层次人才工作的两大抓手，缺一不可，若能将二者互相衔接，相辅相成，则会收到较好效果。虽然高层次人才在其研究领域已经接受过较为系统的学术训练，但是随着世界科技不断发展，知识体系更新迭代迅速，只有不断学习才能防止思维固化。因此，对人才进行二次培育是提升人才素质的重要途径。首先，要制订符合高层次人才成长规律的专业培育方案，注重因材施策，制定与之学术背景、研究方向相适应的培育机制。其次，高校应切实做到待遇留人、感情留人、事业留人[10]，切实了解高层次人才的内在需求，既保证有足够的资金投入其科研教学之中，为其科研工作提供重要的资金支持和政策保障，同时也为高层次人才解决好住房、子女入学、配偶工作等实际困难，让其无后顾之忧地投入教学科研工作，提高科研创新成果产出。第三，注重从现有人才中挖掘具有较大潜力的青年教师，为其提供良好的提升发展平台，通过积极培育现有人才，实现人才"引进"与"培育"相互转化[11]。

（四）科学引领形成团队合力，打造优势人才团队

高层次人才团队对于高校的专业建设和学科发展起着积极作用。高层次人才通过在团队中取长补短发挥各自优势特长，加强了团队建设，发挥了团队效应，并以此带动高层次人才的个人发展，起到事半功倍之效果。优秀

的科研团队更是能够引领人才队伍自觉投入科研工作，提升学术水平、业务能力和职业幸福感。首先，高校应着力提升高层次人才的团队意识，充分引导高层次人才将个人的发展目标与团队目标紧密结合，提高团队协作能力和凝聚力，真正实现高校、团队、个人的共同发展[6]。第二，建立健全团队的培育、评价、考核制度，鼓励团队建设与发展，通过科学考量和规划，建立团队业绩与个人成果相结合的全方位考核评价机制；推动团队建设与学科建设各要素相互促进；推动团队阶梯建设，以高水平高层次人才为核心组建团队，实现"以才聚才"的磁场效应，尝试突破重点领域的核心难题。此外，有些高层次人才已在原团队中组建较高水平的科研团队，不仅有着较好的科研成果产出，团队成员之间的配合协作也已达成默契，此类团队起步较高，合作效率佳，较易形成带头学科和核心学科，针对此类情况，高校可采取引进整个团队的方式，并以此打造优势人才团队。

结语

"济济多士，乃成大业；人才蔚起，国运方兴。"面对日趋激烈的高层次人才竞争，高校亟须转变高层次人才引育观念，充分顺应社会发展趋势，紧抓当前人才工作良好机遇，针对高层次人才引进与培育工作存在的种种问题，进一步科学规划、创新机制，提高管理过程中"以人为本"的人才主体地位，充分考量学校发展定位、学科建设需求等综合因素，施行精准引育策略，提升人才管理质量和服务水平，以高层次人才队伍建设带动整个师资队伍建设，为高校事业发展奠定坚实基础，最终实现高校"双一流"建设战略目标。

参考文献

［1］［3］习近平.高举中国特色社会主义伟大旗帜 为全面建设社会主义

现代化国家而团结奋斗：在中国共产党第二十次全国代表大会上的报告［J］. 共产党员，2022（21）：4-26.

［2］林新奇. 不仅要"引才"，还要"育才""用才""留才"构建完善的"引育用留"人才制度体系［J］. 人民论坛，2018（15）：34-36.

［4］雷朝滋. 十年攻坚克难 创新引领发展［J］. 中国高等教育，2022（Z3）：7-9.

［5］［10］张丽萍，万校基. 高校高层次人才队伍建设问题与对策［J］. 继续教育研究，2021（3）：96-100.

［6］张静辉. 高校高层次人才引育"三重三轻"问题及解决策略初探［J］. 价值工程，2020，39（1）：42-43.

［7］马妮娜，姜柏生. 高校高端人才队伍国际化建设机制探论［J］. 黑龙江高教研究，2018，36（9）：110-113.

［8］施俊，陆伟刚. 地方高校高端人才队伍长效建设机制论析［J］. 黑龙江高教研究，2016（4）：71-73.

［9］喻雯，梁瑾，徐旭璐. 江苏高端人才引育的对策研究［J］. 江苏科技信息，2018，35（5）：1-3.

［11］陆媛，王伟. 高校高层次人才引育机制的探索与构建［J］. 黑龙江高教研究，2016（2）：149-151.

华侨大学　法学院

高校档案馆、校史馆与文博馆一体化建设浅析

——以华侨大学为例

任智勇

摘　要：高校档案馆、校史馆与文博馆独立管理模式不利于档案资源的有效整合，限制着各自作用的最大发挥。档案馆、校史馆与文博馆"三位一体"建设不仅具有无与伦比的优势，而且符合国家的"大档案"管理理念，有其存在的合理性，代表着高校发展的方向。

关键词：档案馆；校史馆；文博馆；一体化

一、华侨大学档案馆、校史馆与文博馆建设现状

华侨大学档案馆于2011年6月在华侨大学综合档案室的基础上成立，2012年8月31日正式开始独立运行，为正处级独立建制，在泉州校区和厦门校区分别设馆，负责对两校区文书档案、外事档案、重大活动档案、教学档案、科研档案、基建档案、仪器设备档案、出版物档案、实物档案、专题档案、声像档案、电子档案等档案进行统一管理和提供利用。共有专职管理人员2人，专职档案业务人员3人。

华侨大学校史馆于学校复办后设立，厦门校区校史馆于厦门校区成建制

运作后，为迎接校庆50周年由宣传部负责筹建。两校区校史馆仅用于展览，没有校史编研职责，现挂靠宣传部，主要用于接待校友及校外来客，也用于对大一入学新生进行校史校情教育。校史馆无专职管理人员，讲解人员为学生志愿者及退休教师，展厅所需校史资料来自档案馆，无固定开放时间。

华侨大学四端文博馆由我校校董杜祖怡教授为纪念其祖父、厦门爱国侨领杜四端先生而捐资捐物新建，2009年6月正式在厦门校区对广大师生开放。四端文博馆的藏品大部分为杜祖怡教授在海内外搜集的中华文物，包括书法、绘画、陶瓷、雕刻、碑拓、图书等，以书画作品为主。四端文博馆现挂靠华侨华人研究院，设有专职管理人员一人，兼职教师两人。每周开放三天。

二、档案馆、校史馆与文博馆一体化建设的优势

档案馆、校史馆与文博馆三种机构在各自的职责范围内发挥着重要作用。但分立山头、各自为战的现状，限制着各自作用的最大发挥，不利于档案资源的整合，不容易形成合力。比如，档案馆的展览与校史馆、文博馆的展览有时会内容重复，造成资源浪费；校史馆与文博馆因人员紧缺，对展厅档案的保管缺乏有效的措施，对校史和文物的编研工作滞后，开放时间的缩短也影响着利用效率。而档案馆、校史馆与文博馆的一体化建设则具有无与伦比的优势。

一是有利于开拓档案工作新领域，提升档案工作地位，扩大档案工作影响力。各高校档案馆明显边缘化的原因，除了广大师生档案意识不强之外，也和档案工作领域狭窄有关。大多数高校档案馆的工作仅仅局限于档案的收集、整理、归档、立卷、编目、上架以及提供利用等传统的档案基础业务。虽然基础工作扎实，但创新力和活力不足。只有更新观念，调整思路，主动寻求拓宽档案工作领域，才能有更大的作为，档案工作的地位才能得以提升。

二是有利于整合各类资源，形成合力，达到三赢。一方面，档案馆丰富

的馆藏是校史馆和文博馆建设的基石。档案馆珍藏了"今世赖之以知古，后世赖之以知今"的历史文化财富。近年来，华侨大学档案馆征集到很多珍贵的领导人批示、名人档案、早年老照片、实物档案等，都是校史展览馆或文博馆建设所需的珍贵史料。档案馆、校史馆、文博馆的一体化建设，将丰富校史馆与文博馆的展览内容，扩充校史馆与文博馆的展品类型，有利于校史馆与文博馆进一步探索富有创造性的展览形式和展览活动，提高校史馆与文博馆的展出水平和展品质量。另一方面，校史馆、文博馆的建设又将大大促进档案的开发利用。通过校史展览馆和文博馆，以图文、实物、音响、灯光等相结合的方式将学校历史、大学文化、科研成果等直观生动地展现出来，其受众面广，能吸引更多人的关注，也将让更多人了解档案馆，从而认可档案工作，进而起到一种良好的宣传作用[1]。同时，也将推动档案资源的进一步开发与利用，增强档案工作活力。

三是有利于将档案工作纳入学校整体发展规划。档案馆、校史馆、文博馆管理的都是"档案"，其专业人员的配备、工作制度、库房设备管理等都需要整体统一科学规划，只有这样，才能协调各方力量，避免重复低水平建设，节省各方面的人力、财力、物力，实现效益最大化。

三、档案馆、校史馆与文博馆一体化建设的合理性

档案馆、校史馆、文博馆一体化建设不仅有利于整体工作的开展，而且也符合国家的管理理念，有其存在的合理性，代表着高校发展的方向。

一是符合国家"大档案"的管理理念。2008年教育部办公厅主任牟阳春在解读《高等学校档案管理办法》的特色及现实意义时强调了高校档案资源建设的"大档案"理念。2009年在全国档案局长馆长会议上，时任国家档案局局长杨冬权明确提出，要突破档案资源建设传统模式，从实际出发，采用现代化手段，对档案实体或档案信息进行科学整合，包括整合同一地区内不同档案机构的档案资源，整合同一系统、不同地区档案机构的档案资源，整合不同系统、不同地区档案机构的档案资源，促进档案资源配置更加科学合

理[2]。杨冬权的讲话进一步为高校大档案管理体制的建立指明了方向，提出了要求。档案馆、校史馆、文博馆一体化建设正是切实贯彻了"大档案"管理理念。只有这样，才能真正将档案馆建设成学校重要档案保管基地、校史研究基地、爱国爱校教育基地、为学校各项工作提供依据性材料基地以及档案校史信息资源的开发利用中心。

二是"文件双重价值论"是其理论支撑。20世纪50年代，美国档案学者谢伦伯格提出"文件双重价值论"，将公共文件的价值分为第一价值和第二价值。第一价值是原单位的原始价值，包括行政管理价值、法律价值、财务价值和科技价值。第二价值是原单位以外的利用者的从属价值，包括证据价值和情报价值[3]。档案利用服务的被动性制约了档案价值尤其是第二价值的充分运用。而档案馆与校史馆、文博馆的一体化建设正是扩大档案馆影响，提高档案价值的有效途径。

三是文化传承是档案馆、校史馆、文博馆的共同功能，也是维系三者联系的纽带。档案馆是大学文化的蓄水池与大学精神的养成所。校史馆是校园文化的重要载体，是学校传统与校园文化集中表现的舞台。文博馆则是文化的窗口，大学生的爱国主义教育基地，是传递中华侨情、展现侨校文化、弘扬中华文化的场所。做好档案馆、校史馆、文博馆的三位一体建设，能充分发挥其文化传承功能，更好地践行我校"为侨服务，传播中华文化"的光荣使命。

四、档案馆、校史馆与文博馆一体化建设具体思路

（一）一个实体、三块牌子是一体化建设的机制保证

档案馆、校史馆与文博馆与按照一个实体、一套人马，三块牌子运行，由校长领导，将档案馆、校史馆、文博馆工作纳入学校整体发展规划。寻求校董或校友资助，兴建一座集档案馆、校史馆、四端文博馆的"三位一体"的馆舍，集档案保管、管理服务、陈列展览、文化教育、学术编研等多种功

能于一身。学习兄弟院校先进经验，理顺各馆职责，设置合理高效的内设机构，落实人员编制及岗位责任制，保证日常运转经费，建立健全一整套规章制度，逐步建设成"四个基地、一个中心"，即学校重要档案的保管基地、校史研究基地、爱国爱校教育基地、为学校各项工作提供依据性材料基地、档案校史信息资源的开发利用中心，促进档案馆、校史馆、文博馆工作与学校其他工作同步发展。

（二）丰富的馆藏是一体化建设的源头活水

校史馆、文博馆的建设只有以档案馆馆藏资源为基础，挖掘出能真正反映高校发展历史特色的资源，才能真正将高校的文化形象充实起来，更加自信地展示给社会。要主动出击，增加历史建筑、绿化、道路、重要人物的个人档案资料等方面的鲜活内容。要出台相关鼓励措施，广泛发动全校师生、离退休教师、海内外校友、社会各界人士，参与征集杰出校友、名师、领导的照片、书信、讲义、手稿、著作、荣誉证书等个人重要档案资料和学校珍贵档案史料。此外，档案馆要克服等靠要观念，主动收集和整理一些交叉领域如校园历史建筑物变迁、绿化的空间布局等的档案资料。上海理工大学档案馆就曾指导大学生社团在后勤部门的支持下，对素有"香樟园"之称的原沪江大学校区中的香樟树进行了摸底调查，为香樟树建立了档案[4]。

（三）高品位的展馆建设是一体化建设的切入点

实施档案馆、校史馆、文博馆一体化建设，建设高品位的展厅将会大大提升档案馆的社会功能，推动档案资源的开发和利用。网上展厅在展览的内容上具有开放性、成长性和包容性，在展览的时间和空间上具有灵活性，弥补了传统实体场馆的不足。建立突破时空的网络展厅，实现丰富的档案、校史、文物资源共享，是一体化建设的必由之路。如兰州理工大学网上校史馆（展厅）共设有"亲切关怀""岁月如歌""今日风采""未来展望""校友风华""教师风范""实业救国""我们的第一"等八个板块，因设置了虚拟参观功能，观者有身临其境之感。

（四）编研工作是一体化建设的深化

档案编研和校史、文物编研都是以档案馆藏为基础，按照一定的课题目标，对相关资料进行收集、挑选、编辑和评议，以满足高校和社会利用档案的需要。它是使档案管理"深化"，档案资料"活化"，主动有效提供档案服务的重要手段。近年来，高校档案编研水平不断提高，许多高校编辑出版了校史资料和文博资料。如记录校史校志的《复旦大学百年志》《华侨大学史（1960—2020）》等；描写学校人物的《水木清华，群星璀璨》《中山大学专家小传》等；介绍文物藏品的《侨艺萃珍：华侨大学四端文博馆藏品集》等。档案编研工作的深入有效地优化和盘活了馆藏档案资源，为举办各种档案展览、校史展览积累了大量素材，也对文博馆资源的开发起到了积极的推动作用。

参考文献

[1]欧阳慧芳.高校档案馆校史馆博物馆一体化建设探讨：以华南理工大学为例[J].华南理工大学学报（社会科学版），2014，16（2）：117-123.

[2]杨冬权.在全国档案局长馆长会议上的讲话[J].中国档案，2010（1）：14-22.

[3]黄丽雯，曹玲，颜祥林.我国高校档案馆与校史馆资源整合模式探析[J].云南档案，2013（9）：45-46.

[4]章华明.高校档案馆的功能定位与发展路径选择：以上海高校为例[J].池州学院学报，2009，23（3）：154-157.

华侨大学　华文教育研究院